Informatik — Fachberichte

Band 206: P. Horster, H. Isselhorst, Approximative Public-Key-Kryptosysteme. VII, 174 Seiten. 1989.

Band 207: J. Knop (Hrsg.), Organisation der Datenverarbeitung an der Schwelle der 90er Jahre. 8. GI-Fachgespräch, Düsseldorf, März 1989. Proceedings. IX, 276 Seiten. 1989.

Band 208: J. Retti, K. Leidlmair (Hrsg.), 5. Österreichische Artificial-Intelligence-Tagung, Igls/Tirol, März 1989. Proceedings. XI, 452 Seiten. 1989.

Band 209: U. W. Lipeck, Dynamische Integrität von Datenbanken. VIII, 140 Seiten. 1989.

Band 210: K. Drosten, Termersetzungssysteme. IX, 152 Seiten. 1989.

Band 211: H. W. Meuer (Hrsg.), SUPERCOMPUTER '89. Mannheim, Juni 1989. Proceedings, 1989. VIII, 171 Seiten. 1989.

Band 212: W.-M. Lippe (Hrsg.), Software-Entwicklung. Fachtagung, Marburg, Juni 1989. Proceedings. IX, 290 Seiten. 1989.

Band 213: I. Walter, Datenbankgestützte Repräsentation und Extraktion von Episodenbeschreibungen aus Bildfolgen. VIII, 243 Seiten. 1989.

Band 214: W. Görke, H. Sörensen (Hrsg.), Fehlertolerierende Rechensysteme / Fault-Tolerant Computing Systems. 4. Internationale GI/ITG/GMA-Fachtagung, Baden-Baden, September 1989. Proceedings. XI, 390 Seiten. 1989.

Band 215: M. Bidjan-Irani, Qualität und Testbarkeit hochintegrierter Schaltungen. IX, 169 Seiten. 1989.

Band 216: D. Metzing (Hrsg.), GWAI-89. 13th German Workshop on Artificial Intelligence. Eringerfeld, September 1989. Proceedings. XII, 485 Seiten. 1989.

Band 217: M. Zieher, Kopplung von Rechnernetzen. XII, 218 Seiten. 1989.

Band 218: G. Stiege, J. S. Lie (Hrsg.), Messung, Modellierung und Bewertung von Rechensystemen und Netzen. 5. GI/ITG-Fachtagung, Braunschweig, September 1989. Proceedings. IX, 342 Seiten. 1989.

Band 219: H. Burkhardt, K. H. Höhne, B. Neumann (Hrsg.), Mustererkennung 1989. 11. DAGM-Symposium, Hamburg, Oktober 1989. Proceedings. XIX, 575 Seiten. 1989

Band 220: F. Stetter, W. Brauer (Hrsg.), Informatik und Schule 1989: Zukunftsperspektiven der Informatik für Schule und Ausbildung. GI-Fachtagung, München, November 1989. Proceedings. XI, 359 Seiten. 1989.

Band 221: H. Schelhowe (Hrsg.), Frauenwelt – Computerräume. GI-Fachtagung, Bremen, September 1989. Proceedings. XV, 284 Seiten. 1989.

Band 222: M. Paul (Hrsg.), GI – 19. Jahrestagung I. München, Oktober 1989. Proceedings. XVI, 717 Seiten. 1989.

Band 223: M. Paul (Hrsg.), GI – 19. Jahrestagung II. München, Oktober 1989. Proceedings. XVI, 719 Seiten. 1989.

Band 224: U. Voges, Software-Diversität und ihre Modellierung. VIII, 211 Seiten. 1989

Band 225: W. Stoll, Test von OSI-Protokollen. IX, 205 Seiten. 1989.

Band 226: F. Mattern, Verteilte Basisalgorithmen. IX, 285 Seiten. 1989.

Band 227: W. Brauer, C. Freksa (Hrsg.), Wissensbasierte Systeme. 3. Internationaler GI-Kongreß, München, Oktober 1989. Proceedings. X, 544 Seiten. 1989.

Band 228: A. Jaeschke, W. Geiger, B. Page (Hrsg.), Informatik im Umweltschutz. 4. Symposium, Karlsruhe, November 1989. Proceedings. XII, 452 Seiten. 1989.

Band 229: W. Coy, L. Bonsiepen, Erfahrung und Berechnung. Kritik der Expertensystemtechnik. VII, 209 Seiten. 1989.

Band 230: A. Bode, R. Dierstein, M. Göbel, A. Jaeschke (Hrsg.), Visualisierung von Umweltdaten in Supercomputersystemen. Karlsruhe, November 1989. Proceedings. XII, 116 Seiten. 1990.

Band 231: R. Henn, K. Stieger (Hrsg.), PEARL 89 – Workshop über Realzeitsysteme. 10. Fachtagung, Boppard, Dezember 1989. Proceedings. X, 243 Seiten. 1989.

Band 232: R. Loogen, Parallele Implementierung funktionaler Programmiersprachen. IX, 385 Seiten. 1990.

Band 233: S. Jablonski, Datenverwaltung in verteilten Systemen. XIII, 336 Seiten. 1990.

Band 234: A. Pfitzmann, Diensteintegrierende Kommunikationsnetze mit teilnehmerüberprüfbarem Datenschutz. XII, 343 Seiten. 1990.

Band 235: C. Feder, Ausnahmebehandlung in objektorientierten Programmiersprachen. IX, 250 Seiten. 1990.

Band 236: J. Stoll, Fehlertoleranz in verteilten Realzeitsystemen. IX, 200 Seiten. 1990.

Band 237: R. Grebe (Hrsg.), Parallele Datenverarbeitung mit dem Transputer. Aachen, September 1989. Proceedings. VIII, 241 Seiten. 1990.

Band 238: B. Endres-Niggemeyer, T. Hermann, A. Kobsa, D. Rösner (Hrsg.), Interaktion und Kommunikation mit dem Computer. Ulm, März 1989. Proceedings. VIII, 175 Seiten. 1990.

Band 239: K. Kansy, P. Wißkirchen (Hrsg.), Graphik und KI. Königswinter, April 1990. Proceedings. VII, 125 Seiten. 1990.

Band 240: D. Tavangarian, Flagorientierte Assoziativspeicher und -prozessoren. XII. 193 Seiten. 1990.

Band 241: A. Schill, Migrationssteuerung und Konfigurationsverwaltung für verteilte objektorientierte Anwendungen. IX, 174 Seiten. 1990.

Band 242: D. Wybranietz, Multicast-Kommunikation in verteilten Systemen. VIII, 191 Seiten. 1990.

Band 243: U. Hahn, Lexikalisch verteiltes Text-Parsing. X, 263 Seiten. 1990.

Band 244: B. R. Kämmerer, Sprecherunabhängigkeit und Sprecheradaption. VIII, 110 Seiten. 1990.

Band 245: C. Freksa, C. Habel (Hrsg.), Repräsentation und Verarbeitung räumlichen Wissens. VIII, 353 Seiten. 1990.

Band 246: Th. Bräunl, Massiv parallele Programmierung mit dem Parallaxis-Modell. XII, 168 Seiten. 1990

Band 247: H. Krumm, Funktionelle Analyse von Kommunikationsprotokollen. IX, 122 Seiten. 1990.

Band 248: G. Moerkotte, Inkonsistenzen in deduktiven Datenbanken. VIII, 141 Seiten. 1990.

Band 249: P. A. Gloor, N. A. Streitz (Hrsg.), Hypertext und Hypermedia. IX, 302 Seiten. 1990.

Band 250: H. W. Meuer (Hrsg.), SUPERCOMPUTER '90. Mannheim, Juni 1990. Proceedings. VIII, 209 Seiten. 1990.

Band 251: H. Marburger (Hrsg.), GWAI-90. 14th German Workshop on Artificial Intelligence. Eringerfeld, September 1990. Proceedings. X, 333 Seiten. 1990.

Band 252: G. Dorffner (Hrsg.), Konnektionismus in Artificial Intelligence und Kognitionsforschung. 6. Österreichische Artificial-Intelligence-Tagung (KONNAI), Salzburg, September 1990. Proceedings. VIII, 246 Seiten. 1990.

Band 253: W. Ameling (Hrsg.), ASST '90. 7. Aachener Symposium für Signaltheorie. Aachen, September 1990. Proceedings. XI, 332 Seiten. 1990.

Band 254: R. E. Großkopf (Hrsg.), Mustererkennung 1990. 12. DAGM-Symposium, Oberkochen-Aalen, September 1990. Proceedings. XXI, 686 Seiten. 1990.

Band 255: B. Reusch, (Hrsg.), Rechnergestützter Entwurf und Architektur mikroelektronischer Systeme. GME/GI/ITG-Fachtagung, Dortmund, Oktober 1990. Proceedings. X, 298 Seiten. 1990.

Informatik-Fachberichte 302

Herausgeber: W. Brauer
im Auftrag der Gesellschaft für Informatik (GI)

Susanne Biundo

Automatische Synthese rekursiver Programme als Beweisverfahren

Springer-Verlag

Berlin Heidelberg New York London Paris
Tokyo Hong Kong Barcelona Budapest

Autor

Susanne Biundo
Deutsches Forschungszentrum für Künstliche Intelligenz (DFKI)
Stuhlsatzenhausweg 3, W-6600 Saarbrücken 11

CR Subject Classification (1991): I.2.2-3

ISBN-13:978-3-540-55300-7   e-ISBN-13:978-3-642-84744-8
DOI: 10.1007/978-3-642-84744-8

Satz: Reproduktionsfertige Vorlage vom Autor

33/3140-543210 – Gedruckt auf säurefreiem Papier

Vorwort

In der formalen Programmverifikation sind Induktionsbeweise dann von
zentraler Bedeutung, wenn man es mit induktiv definierten Datenstrukturen und rekursiven Prozeduren zu tun hat. Zur Verifikation größerer Programme setzt man daher möglichst automatische Induktionsbeweissysteme
ein. Alle bisher aus der Literatur bekannten Induktionsbeweiser haben
jedoch gemeinsam, daß sie ausschließlich mit allquantifizierten Formeln
umgehen können. Sollen Formeln bewiesen werden, die einen Existenzquantor enthalten, so muß der Benutzer eingreifen und dem System zusätzliche Information zur Verfügung stellen.

In diesem Buch stellen wir ein Verfahren vor, mit dem Induktionsbeweise
von Existenzaussagen automatisch geführt werden können. Es ist ein deduktives Programmsyntheseverfahren, das, ausgehend von Existenzaussagen, die als formale Spezifikationen von Programmen aufgefaßt werden,
rekursive Programme erzeugt. Kann ein solches Programm korrekt erstellt
werden, so beschreibt der Syntheseprozeß gleichzeitig einen Induktionsbeweis der entsprechenden Existenzaussage.
Auf der Basis dieses Verfahrens wurde ein automatisches Programmsynthesesystem entwickelt, das als Komponente des Karlsruher Induktionsbeweisers INKA implementiert worden ist und dort zum Beweis von Existenzaussagen eingesetzt wird.

Die Intention, die dieser Arbeit zugrunde liegt, ist in erster Linie ein Bei-
trag zur Automatisierung von Induktionsbeweisen. An den Programmen,
die entstehen, ist man eigentlich nur insofern interessiert, als sie eine Lösung des in der entsprechenden Existenzaussage formulierten Problems
darstellen. Der Aspekt der "automatischen Softwareentwicklung" steht also
im Hintergrund, wenngleich zahlreiche, auch der hier aufgeführten, Beispiele dazu motivieren, diesen Aspekt weiter auszubauen.

Die Arbeit ist im Rahmen des von der *Deutschen Forschungsgemeinschaft*
geförderten Sonderforschungsbereiches 314 *"Künstliche Intelligenz und*

Wissensbasierte Systeme" entstanden und wurde unter dem Titel *"Automatische Synthese rekursiver Algorithmen als Beweisverfahren"* von der Fakultät für Informatik der Universität Karlsruhe als Dissertation angenommen.

Zu diesem Erfolg haben viele beigetragen, denen ich an dieser Stelle danken möchte: zuallererst meinem Doktorvater, Herrn Prof. Dr. P. Deussen, an dessen Institut diese Arbeit entstanden ist und der nicht zuletzt durch viele wertvolle Hinweise zum Entstehen dieser Arbeit beigetragen hat. Ihm danke ich herzlich für die guten Bedingungen, unter denen ich dort arbeiten konnte, und für seine wohlwollende Unterstützung während all der Jahre.

Herrn Prof. Dr. M. M. Richter danke ich sehr für die Übernahme des Koreferates und für viele wichtige Hinweise und Anmerkungen zur Erstellung der hier vorliegenden Fassung. Mein Dank gilt auch dem Gutachter der Informatik Fachberichte, dessen Vorschlag zu einer entscheidenden Verbesserung der Darstellung geführt hat.

Werner Stephan und Christoph Walther haben durch viele gemeinsame Diskussionen und konstruktive Kritik, von Beginn an, sehr zum Gelingen dieser Arbeit beigetragen. Ihnen danke ich herzlich.

Meinen Kollegen aus dem INKA-Projekt, Birgit Hummel und Dieter Hutter, danke ich sehr für ihre kollegiale Unterstützung und ihre hilfreichen Kommentare zu früheren Versionen dieser Arbeit.

Andreas Meixner, Michael Mill und Michael Straub haben das Synthesesystem implementiert und, insbesondere durch die strenge Evaluierung der Heuristiken, zur Abrundung des Verfahrens beigetragen. Ihnen gilt mein besonderer Dank ebenso wie Sabine Lückehe, die in mühevoller Arbeit das endgültige Manuskript geschrieben hat.

Schließlich möchte ich mich an zwei Menschen erinnern, die mit dieser Arbeit in besonderer und sehr unterschiedlicher Weise verbunden sind, aber heute nicht mehr leben, meinen Vater Wolfgang Biundo und meine Kollegin Hilde Wittek-Weber.

Saarbrücken, im November 1991   Susanne Biundo

INHALT

1. Einführung

Eines der ältesten Teilgebiete der künstlichen Intelligenz beschäftigt sich mit der Mechanisierung einer menschlichen Tätigkeit, die ein hohes Maß an Intelligenz und Kreativität erfordert: dem automatischen Beweisen mathematischer Sätze.

Seit 1954 von Martin Davis das erste Computerprogramm zum Beweisen mathematischer Aussagen entwickelt wurde (vgl. [Davis 57] und [Siekmann/Wrightson 83]), ist eine Vielzahl von Beweissystemen entstanden. Neben sehr leistungsfähigen universellen Beweissystemen sind dabei auch zahlreiche Spezialbeweiser entwickelt worden, die sich mit der Lösung von Problemen einer bestimmten Klasse beschäftigen oder auf bestimmte Beweismethoden spezialisiert sind.

Ein Beispiel dafür sind automatische Induktionsbeweiser: Systeme, die mathematische Beweise nach dem Induktionsprinzip durchführen.

Die vorliegende Arbeit beschäftigt sich mit einem Teilaspekt des automatischen Induktionsbeweisens, der in der Literatur bisher noch nicht befriedigend gelöst worden ist: dem automatischen Beweisen von *Existenzaussagen* durch Induktion.

Dazu haben wir, basierend auf Methoden der *deduktiven Programmsynthese*, ein Verfahren entwickelt, mit dem Existenzaussagen durch die Synthese algorithmischer Definitionen für Skolemfunktionen bewiesen werden können. Aufbauend auf diesem Verfahren wurde ein System implementiert, das mit Hilfe von Strategien und zahlreichen Heuristiken solche Funktionsdefinitionen automatisch erzeugt. Es ist als eine Spezialkomponente für den Beweis von Existenzaussagen in das Karlsruher Induktionsbeweissystem INKA integriert worden, so daß in diesem System auch Induktionsbeweise von *Existenzaussagen* automatisch geführt werden können (vgl. [Biundo et al. 86], [SFB 87], [SFB 90]).

Der anschließende Teil dieses Kapitels gibt zunächst eine kurze Einführung in das Automatische Induktionsbeweisen und die Deduktive Programmsynthese. Es folgt eine informelle Beschreibung des in diesem Zusammenhang entwickelten Beweisverfahrens für Existenzaussagen, sowie des automatischen Systems, das daraus entstanden ist. Den Abschluß bilden ein Vergleich mit anderen Arbeiten auf diesem Gebiet und ein Hinweis auf die erzielten Ergebnisse.

Kapitel 2 skizziert dann detailliert Inhalt und Aufbau der Arbeit, so daß der Leser auch einzelne Kapitel gezielt herausgreifen kann.

Automatisches Beweisen mit Induktion.

Induktion ist eine zentrale Beweistechnik in vielen Teilgebieten der Mathematik. Am geläufigsten ist die *vollständige Induktion* auf den natürlichen Zahlen:

Um zu zeigen, daß eine Eigenschaft P für alle natürlichen Zahlen gilt, zeigt man sie zunächst für 0. Kann anschließend unter der Voraussetzung, daß P bereits für n gilt, auf die Gültigkeit von $P(n+1)$ geschlossen werden, so gilt P für alle natürlichen Zahlen.

Aber nicht nur in der Arithmetik spielt die Beweismethode der Induktion eine wichtige Rolle. Sie ist auch in anderen Bereichen der Mathematik immer dann von zentraler Bedeutung, wenn es Eigenschaften induktiv definierter Mengen zu beweisen gilt. Dies ist z.B. in der formalen Logik der Fall (Induktion über den Aufbau von Termen und Formeln) oder auf dem Gebiet der formalen Sprachen (Induktion über die Länge von Ableitungen).

In der Informatik benötigt man Induktion als Hilfsmittel in der Programmverifikation: Dort hat man es mit induktiv definierten *Datenstrukturen* und *rekursiven Programmen* zu tun, die auf diesen Datenstrukturen arbeiten. Will man nun diese Programme verifizieren, oder überhaupt Eigenschaften dieser Programme formal beweisen, so kommt man im allgemeinen nicht ohne Induktion aus (vgl. [Burstall 69], [Manna et al. 73], [Reynolds/Yeh 76]).

Automatische Induktionsbeweiser, wie etwa der von Boyer und Moore entwickelte [Boyer/Moore 79], das System von Aubin [Aubin 76] oder der Karlsruher Induktionsbeweiser INKA, sind Systeme, mit denen *rein funktionale* Programme automatisch verifiziert werden können. Der Benutzer definiert Datenstrukturen und Programme und gibt schließlich Sätze ein, die Eigenschaften dieser Programme beschreiben. Das Induktionssystem beweist dann diese Sätze automatisch, wobei es nach dem Induktionsprinzip vorgeht.

Jedes der oben genannten Systeme verfügt über einen eigenen Formalismus, mit dessen Hilfe Datenstrukturen und Programme angegeben und Eigenschaften dieser Programme formuliert werden können.

Das System von Boyer und Moore beispielsweise stellt dem Benutzer eine LISP-ähnliche Programmiersprache zur Verfügung. Sie erlaubt die Definition von Datenstrukturen (genannt *shells*) mit Hilfe des sogenannten *shell principle* und besitzt ein Definitionsschema (genannt *definition principle*), mit dem Funktionen durch (rekursive) (LISP-) Programme beschrieben werden können.

Auch im Karlsruher Induktionsbeweiser werden Datenstrukturen und Programme in einer funktionalen Programmiersprache notiert. Wir wollen diesen Formalismus im folgenden kurz beschreiben, denn auf seiner Grundlage arbeitet auch die Systemkomponente zum Beweis von Existenzaussagen.

Datenstrukturen werden im INKA-System durch sogenannte *structure*-Ausdrücke (Signaturen) angegeben, die ihre *Konstruktoren* festlegen. Zum Beispiel wird die Datenstruktur *nat* der natürlichen Zahlen durch den Ausdruck

$$\textbf{\textit{structure}} \quad 0 \quad s(nat) \ : nat$$

dargestellt. *0* und *s* sind null- bzw. einstellige Konstruktorsymbole, wobei *s* reflexiv ist. Wir nennen einen Konstruktor *reflexiv*, wenn seine Ergebnissorte (hier *nat*) auch die Sorte eines oder mehrerer seiner Argumente ist. Nullstellige Konstruktoren heißen auch *Basiskonstanten*.
Listen von natürlichen Zahlen können nun durch

$$\textbf{\textit{structure}} \quad empty \quad mklist(nat \ list) \ : list$$

definiert werden:
empty ist die Basiskonstante und der reflexive Konstruktor *mklist* erzeugt aus einer natürlichen Zahl und einer Liste eine neue Liste.

Aus den *structure*-Ausdrücken erzeugt das Induktionssystem prädikatenlogische Formeln, sogenannte *Repräsentationsformeln*, die diese Datenstrukturen beschreiben, soweit das in der ersten Stufe möglich ist.

Funktionen werden durch funktionale Programme, sogenannte *function*-Ausdrücke, definiert. Function-Ausdrücke erlauben die Verwendung von Rekursion, Funktionalkomposition und vollständigen Fallunterscheidungen.

Beispielsweise kann eine Funktion *member*, die entscheidet, ob eine natürliche Zahl in einer Liste enthalten ist, durch folgendes Programm beschrieben werden; vorausgesetzt es existiert bereits eine Definition der Datenstruktur *bool*:

function   member(n:nat x:list) : bool $\Leftarrow$
        if x$\equiv$empty   *then* F
        if x$\equiv$mklist(u v) *and* u$\equiv$n   *then* T
        if x$\equiv$mklist(u v) *and* $\neg$u$\equiv$n   *then* member(n v) .

Auf ähnliche Weise kann auch ein Programm für die *minimum*-Funktion *(min)* angegeben werden, die das kleinste Element einer Liste bestimmt.

Auch function-Ausdrücke werden in prädikatenlogische Formeln übersetzt. Es entstehen sogenannte *Definitionsformeln* (bedingte Gleichungen), die zusammen mit den Repräsentationsformeln und einer (unendlichen) Menge von *Induktionsaxiomen* die axiomatische Basis des Induktionssystems bilden. Die Induktionsaxiome kann man sich durch ein *Formelschema* repräsentiert denken.

Eigenschaften der Programme, wie z. B. der Satz

$$(*) \qquad \forall \text{x:list} \; [\neg\text{x}\equiv\text{empty} \; \rightarrow \; \text{member(min(x) x)}\equiv\text{T}] \; ,$$

werden nun dadurch bewiesen, daß die *Induktionsregel* aus Instanziierungen dieses Formelschemas Ziele, sogenannte *Induktionsformeln*, erzeugt, die dann in einem korrekten und vollständigen Kalkül aus der Axiomenmenge Ax (bestehend aus den diversen Repräsentations- und Definitionsformeln) hergeleitet werden.

Für den obigen Satz beispielsweise generiert das System (implizit) folgendes Induktionsaxiom:

$$[\varphi_1 \wedge \varphi_2] \; \rightarrow \; \forall \text{x:list} \; [\neg\text{x}\equiv\text{empty} \; \rightarrow \; \text{member(min(x) x)}\equiv\text{T}] \qquad \text{mit}$$

$\varphi_1 = \forall x,y\text{:list } \forall n\text{:nat}$

    $[x \equiv mklist(n\ y) \wedge y \equiv empty \ \rightarrow \ member(min(x)\ x) \equiv T]$

und

$\varphi_2 = \forall x,y\text{:list } \forall n\text{:nat}$

    $[x \equiv mklist(n\ y) \wedge \neg y \equiv empty \wedge member(min(y)\ y) \equiv T$

                                  $\rightarrow \ member(min(x)\ x) \equiv T]$.

Der ursprüngliche Satz (∗) wird nun gezeigt, indem die Induktionsformeln φ_1 und φ_2 aus der Axiomenmenge Ax abgeleitet werden.

Die Erzeugung der Induktionsschemata erfolgt hier (wie auch in den Systemen von Boyer und Moore und Aubin) nach einem festen Verfahren. Für dieses Verfahren spielt die *Struktur* der zugrundeliegenden Axiomenmenge, die Datenstrukturen und Funktionen beschreibt, eine entscheidende Rolle.

Ist eine Formel φ zu beweisen, so wird *algorithmische* Information (z.B. Fallunterscheidungen oder Rekursionen betreffend) aus den (konstruktiven) Definitionen der in φ vorkommenden Funktionen verwendet, um ein geeignetes Induktionsschema auszuwählen. Im allgemeinen reicht natürlich diese Information nicht aus, um einen Induktionsbeweis zu finden. In vielen Fällen ist es z.B. notwendig, die zu beweisende Formel zuerst zu *generalisieren*, bevor man auf diese Weise eine erfolgreiche Induktion durchführen kann (vgl. [Boyer/Moore 79], [Aubin 76]).

Ähnlich verhält es sich, wenn der zu beweisende Satz Existenzquantoren enthält. Existenzaussagen sind im allgemeinen *inkonstruktiv*. Daher kann die algorithmische Information, die das System zur Erzeugung eines geeigneten Induktionsschemas benötigen würde, i.a. nicht gewonnen werden. Will man Existenzaussagen in einem solchen Induktionssystem dennoch beweisen, so muß zusätzliche Information zur Verfügung gestellt werden.

Das geschieht durch Finden eines *lösenden Terms*, der für die existenzquantifizierte Variable eingesetzt wird, und mit dessen Hilfe das Induktionsschema passend instanziiert werden kann. Der lösende Term darf natürlich nur solche Funktionssymbole enthalten, für die Programme, d.h.

Definitionsformeln in der Axiomenmenge, vorhanden sind. Diese Funktionssymbole müssen geeignet ausgewählt und kombiniert werden, was zum einen sehr aufwendig sein kann; zum anderen ist es möglich, daß sich gar keine passenden Funktionsdefinitionen in der Axiomenmenge finden lassen.

Aus diesem Grund sind in den Induktionsbeweissystemen von Aubin und Boyer und Moore nur Formeln erlaubt, die weder explizit noch implizit Existenzquantoren enthalten:

"Advocates of quantification may feel that our lack of quantification makes it difficult for us to state certain conjectures. We agree, but we observe that the use of explicit existential quantification makes it more difficult to find constructive proofs." [Boyer/Moore 79, S. 84]

Auch Induktionsbeweissysteme, die auf dem Knuth-Bendix-Vervollständigungsverfahren basieren, lassen Existenzquantoren nicht zu (vgl. [Goguen 80], [Huet/ Hullot 80], [Kapur/Musser 87]).

Im System von Boyer und Moore können Existenzaussagen nur dann bewiesen werden, wenn der *Benutzer* einen lösenden Term für die existenzquantifizierte Variable angibt.
Will er z.B. den Satz beweisen

$$\forall x{:}list \ \exists y{:}list \ [permutation(y\ x) \land ordered(y)] \ ,$$

so muß der Benutzer die Variable *y* durch einen Term, z.B. *f(x)*, ersetzen und eine konstruktive Funktionsdefinition in Form eines LISP-Programmes für *f* angeben (in diesem Fall die Definition für eine Sortierfunktion).
Das System beweist dann unter Verwendung dieser Funktionsdefinition die Formel

$$\forall x{:}list \ [permutation(f(x)\ x) \land ordered(f(x))]$$

und hat damit (implizit) auch die Existenzaussage gezeigt.

Ziel der vorliegenden Arbeit ist es, diese Aufgabe, die beim Beweis von Existenzaussagen im System von Boyer und Moore dem Benutzer obliegt, zu automatisieren.

Dazu wird ein Verfahren vorgestellt, mit dem konstruktive Definitionen für Skolemfunktionen *automatisch* erzeugt werden können. Es ist ein *deduktives Programmsyntheseverfahren* und wurde auf der Basis verschiedener Methoden und Techniken aus dem Bereich der formalen Programmsynthese (engl. *automatic programming*) entwickelt (vgl. [Biermann 85]).

Deduktive Programmsynthese.

In der deduktiven Programmsynthese (vgl. [Bibel 80], [Manna/Waldinger 80]) werden *konstruktive* Funktionsdefinitionen aus formalen *Spezifikationen* abgeleitet. Eine Spezifikation ist eine Beschreibung der gesuchten Funktion in einer hohen Programmier- oder *Spezifikationssprache*. Diese Beschreibung kann vollkommen *inkonstruktiv* sein, ohne irgendeinen Hinweis darauf, wie die beschriebene Funktion zu "implementieren" ist.

Angegeben werden dabei die Eingabeparameter, Bedingungen an diese Parameter, sowie eine Relation, die die Beziehung zwischen Ein- und Ausgabe beschreibt, etwa in der Form

$$\textit{input}\ \ x, y;$$
$$\textit{find}\ \ z\ \textit{such}\ \textit{that}\ \ R(x\ y\ z)$$
$$\textit{where}\ \ P(x\ y)\ .$$

Aus einer solchen Spezifikation wird nun unter Verwendung von *Transformationsregeln* [Manna/Waldinger 79] ein Programm in einer einfachen Zielsprache (Programmiersprache) synthetisiert, das die gesuchte Ausgabe, hier z, berechnet.

Eine formale Spezifikation, wie die oben angegebene, kann als eine prädikatenlogische Formel aufgefaßt werden:

$$\forall x,y\ [P(x\ y)\ \rightarrow\ \exists z\ R(x\ y\ z)]\ .$$

Mit Hilfe eines *konstruktiven* Beweises dieser Formel kann nun ein

Programm gewonnen werden, das diese Spezifikation erfüllt.

Im Ansatz von Manna und Waldinger [Manna/Waldinger 80], beispielsweise, wird Programmsynthese mit Hilfe eines resolutionsbasierten Beweisverfahrens durchgeführt. Eine Spezifikationsformel, wie die oben angegebene, wird bewiesen, und das gesuchte Programm entsteht dabei durch Substitutionen, die während des Beweises auf die Ausgabevariable z angewandt werden.

Andere Ansätze verwenden bereits existierende Beweise, die automatisch oder auch per Hand erzeugt worden sind, und extrahieren daraus Programme (vgl. etwa [Goad 80] oder [Hsiang 83]).

Im Unterschied zu diesen Verfahren, die Programmsynthese in erster Linie als ein Beweisproblem auffassen ("Synthese durch Beweisen"), wird in dieser Arbeit der umgekehrte Weg beschritten: Hier wird, ausgehend von einer Existenzaussage, ein Programm synthetisiert. Verläuft die Synthese erfolgreich, so erhält man damit gleichzeitig einen Induktionsbeweis dieser Existenzaussage ("Beweisen durch Synthese").

Automatischer Beweis von Existenzaussagen durch Programmsynthese.

Das Programmsyntheseverfahren, das im folgenden beschrieben werden soll, verwendet Prädikatenlogik sowohl zur Spezifikation als auch als Programmiersprache.

Eine zu beweisende Existenzaussage der Form

$$\forall x^* \; \exists y \; \varphi[x^* \; y]$$

wird zunächst skolemisiert. Die neue Formel

$$\forall x^* \; \varphi[x^* \; f(x^*)]$$

wird als eine Spezifikation der (unbekannten) *Skolemfunktion f* aufgefaßt.

Ziel ist es nun, aus dieser Spezifikation eine algorithmische Definition (Programm) für f zu synthetisieren. Dazu werden, ausgehend von der Spezifikationsformel, wiederholt Transformationsregeln angewandt. Sie erzeugen aus einer (Ziel-) Formel (engl. *goal*) solange neue Formeln (*Unterziele*, engl. *subgoals*), bis eine Formelmenge entsteht, die sich syntaktisch in zwei Teilmengen zerlegen läßt:

$$\forall x^* \; \varphi \;\Rightarrow\; \ldots \;\Rightarrow\; DEF_f \cup REST_f \, .$$

DEF_f ist eine Menge von Definitionsformeln für die Skolemfunktion, d.h. eine Menge bedingter Gleichungen, die das Programm für f beschreiben.

$REST_f$ ist eine (evtl. leere) Menge sogenannter *Restformeln*. Das sind Formeln, die während des Syntheseprozesses entstanden sind, aber keine Definitionsformeln für f darstellen. Sie können als *Verifikationsbedingungen* aufgefaßt werden und müssen, um sicherzustellen, daß das synthetisierte Programm DEF_f auch die Spezifikation erfüllt, im Anschluß an den eigentlichen Syntheseprozeß noch bewiesen werden.

Gelingt dieser Beweis, so stellt der Syntheseprozeß gleichzeitig einen Induktionsbeweis der ursprünglichen Existenzaussage $\forall x^* \; \exists y \; \varphi[x^* \, y]$ dar (Beweis durch Synthese).

Zur Automatisierung des Verfahrens wurden Strategien entwickelt, die einen zielgerichteten Ablauf des Syntheseprozesses gewährleisten.

Das Synthesesystem verwendet eine globale Suchstrategie nach der alle eingegebenen Spezifikationsformeln in gleicher Weise bearbeitet werden. Ein Syntheseprozeß besteht aus vier verschiedenen Phasen, die in einer festen Reihenfolge ablaufen. Diese Phasen sind

- Induktion und Normalisierung
- Evaluierung
- Extraktion und
- Elimination.

In jeder Phase sind nur bestimmte Regelanwendungen zugelassen. Innerhalb einer jeden Phase wird die Regelauswahl von *Heuristiken* gesteuert. Die Heuristiken bewerten alle Regelanwendungen, die in einer aktuellen Situation ein bestimmtes Problem lösen, sorgen also dafür, daß in jeder Situation die beste Lösungsmöglichkeit gewählt werden kann.

Die Transformationsregeln erzeugen aus einer Formel eine Formelmenge. Dadurch entsteht ein Transformationsbaum, dessen Knoten Formeln sind und dessen Kanten die jeweilige Regelanwendung repräsentieren. Ein Knoten heißt *geschlossen*, wenn er entweder eine Definitionsformel oder eine Verifikationsbedingung darstellt. Ziel des Syntheseprozesses ist es, einen (möglichst minimalen) Transformationsbaum zu erzeugen, dessen Blätter alle geschlossen sind.

Da auf eine Formel im allgemeinen mehrere Regeln anwendbar sind, besitzt der Suchraum die Struktur eines *UND/ODER-Baumes*. Mit Hilfe der genannten Strategien und Heuristiken kann der Suchraum stark eingeschränkt und der UND/ODER-Baum in *zielgerichteter* Weise aufgebaut werden, so daß ein möglichst kurzer Lösungsweg gefunden wird.

Vergleich mit anderen Arbeiten und Ergebnisse.
Erste Ansätze zur Automatisierung des Beweisens durch Induktion resultierten in der Entwicklung *interaktiver* Systeme (vgl. etwa [Brotz 74] oder [Cartwright 76]).

Das 1976 von Aubin vorgestellte Induktionssystem beweist Eigenschaften rekursiver Funktionen dagegen *vollautomatisch* (vgl. [Aubin 76]).

Es verwendet eine typisierte Sprache zur Definition von Datenstrukturen und Funktionen. Mit Hilfe der Induktionsregel werden dann aus einer zu beweisenden Formel Induktionsziele nach dem Prinzip der *strukturellen* Induktion (vgl. [Burstall 69], [Hoare 75]) erzeugt. Dabei werden nur quantorenfreie Formeln als Eingabe akzeptiert, deren Variablen dann als allquantifiziert angesehen werden.

Das System verfügt über zahlreiche Strategien, beispielsweise zur Auswahl der Induktionsvariablen, zur Generalisierung und zur Simplifikation von Formeln.

Der Beweiser von Boyer und Moore [Boyer/Moore 79] ist das leistungsfähigste und bisher am weitesten entwickelte Induktionssystem.

Anwendungen dieses Systems reichen vom Beweis mathematischer Sätze (vgl. [Russinoff 85], [Shankar 86], [Boyer/Moore 88]) bis zur vollständigen Verifikation eines Computersystems (vgl. [JAR 89]).

Die Stärke dieses Beweisers liegt zum einen in seinem (gegenüber dem Aubinschen Ansatz) flexibleren Induktionsschema: neben der strukturellen können hier auch andere Ordnungen zur Erzeugung von Induktionszielen verwendet werden.

Zum zweiten hat der Benutzer die Möglichkeit, über "Hinweise", die er dem System gibt, steuernd in den Beweisablauf einzugreifen; beispielsweise indem er angibt, welche der bereits bewiesenen Sätze für einen bestimmten Beweis verwendet werden sollen.

Beweise von Existenzaussagen können jedoch, wie bereits beschrieben, auch in diesem System nicht automatisch geführt werden.

Der Karlsruher Induktionsbeweiser INKA ist aufbauend auf den Arbeiten von Boyer und Moore entwickelt worden [SFB 87]. Ergebnis dieser Entwicklung ist eine weitere Automatisierung verschiedener Aspekte des Induktionsbeweisens:

❑ Es wurde eine Ansteuerung für den dem INKA-System zugrundeliegenden Resolutionsbeweiser entwickelt, die ein zielgerichtetes Führen von Induktionsbeweisen auch unter Verwendung bereits bewiesener Lemmata erlaubt (vgl. [Hutter 90]). Dadurch entfällt im INKA-System die bei Boyer und Moore oft notwendige Benutzerunterstützung zum zielgerichteten Finden von Beweisen.

❑ Eine wichtige Eigenschaft, die die vom Benutzer eingegebenen Programme in jedem der genannten Induktionssysteme aufweisen müssen, ist die *Terminierungseigenschaft*. Das heißt, die Argumente im rekursiven Aufruf eines Programms müssen (im Sinne irgendeiner fundierten Ordnung) kleiner sein als die Argumente des ursprünglichen Aufrufs. Im System von Boyer und Moore werden zum Nachweis dieser Eigenschaft vom Benutzer "Induktionslemmata" eingegeben, die das System dann beweist. Im Rahmen des INKA-Systems wurde nun ein Verfahren entwickelt, mit dem Terminierungsbeweise für rekursive Programme *vollautomatisch* geführt werden können, indem diese Induktionslemmata vom System erzeugt werden (vgl. [Walther 90]).

❑ Induktionsbeweise scheitern häufig daran, daß die aus der zu beweisenden Formel gewonnenen Induktionshypothesen zu schwach sind, um im Induktionsschritt auch verwendet werden zu können. In solchen Fällen muß die zu beweisende Formel generalisiert werden. Das heißt, es muß eine stärkere Formel gefunden werden, die hinreichend für die Ausgangsformel ist, und deren Induktionsbeweis mit Hilfe der stärkeren Induktionshypothesen dann gelingt. Dazu wurden, ausgehend von verschiedenen Ansätzen aus der Literatur, heuristische Methoden zur Generalisierung entwickelt und implementiert (vgl. [Hummel 90]).

Der Aspekt des mechanischen Induktionsbeweisens, der im folgenden behandelt werden soll, betrifft die Automatisierung von Existenzbeweisen. Es wird ein deduktives Programmsyntheseverfahren zur automatischen Synthese algorithmischer Definitionen für Skolemfunktionen vorgestellt (vgl. auch [Biundo 87], [Biundo 88]), das als Systemkomponente für den Beweis von Existenzaussagen in das Karlsruher Induktionssystem INKA integriert worden ist.

Aus dem Bereich der deduktiven Programmsynthese muß in diesem Zusammenhang besonders auf die Arbeiten von Manna und Waldinger, Bibel und Franova eingegangen werden.

Das von Manna und Waldinger in [Manna/Waldinger 80 und 85] vorgestellte ist bis heute das am weitesten entwickelte und leistungsfähigste deduktive Programmsyntheseverfahren. Es ist an umfangreichen Beispielen evaluiert worden. In [Manna/Waldinger 83] wird z.B. die Synthese eines Unifikationsalgorithmus beschrieben; eine vollständige Sammlung aller synthetisierten Sortierprogramme findet sich in [Traugott 86].
Manna und Waldinger verwenden ihr Verfahren auch zur *deduktiven Plangenerierung* [Manna/Waldinger 86]. Zu diesem Zweck wurde es so modifiziert, daß auch *imperative* Programme synthetisiert werden können [Manna/Waldinger 87].
Eine Automatisierung des Verfahrens existiert nicht (vgl. [Traugott 86] und [Manna/Waldinger 87]). Es steht ein interaktives System zur Verfügung, mit dem die Programmsynthese vom Benutzer gesteuert durchgeführt werden kann.

Die von Bibel in [Bibel 80] beschriebene Methode wurde in Form des interaktiven Programmsynthesesystems LOPS [Bibel/Hörnig 84] implementiert. Dieses System verfügt über Strategien, die u.a. Fallunterscheidungen durchführen, die Rekursion für das zu synthetisierende Programm festlegen und Lemmata erzeugen, die die Korrektheit der Transformationsschritte gewährleisten. Die Ansteuerung dieser Strategien erfolgt auch hier größtenteils durch den Benutzer.

Franova hat in [Franova 84] einen Ansatz zur deduktiven Programmsynthese vorgestellt, der auf Beths Beweismethode der semantischen Tableaus beruht [Beth 59]. Ausgehend von diesem Ansatz wurde ein System implementiert [Franova 88], mit dem Induktionsbeweise von Existenzaussagen interaktiv geführt werden können. Eine Extraktionskomponente erzeugt dann aus einem solchen, konstruktiv geführten Existenzbeweis ein Programm für eine Skolemfunktion.

Das Programmsynthesesystem, das hier vorgestellt werden soll, synthetisiert rekursive Programme *vollautomatisch*. Seine Leistungsfähigkeit ist durch zahlreiche Beispiele belegt worden. Unter anderem werden rekursive Definitionen für verschiedene arithmetische und Funktionen auf Listen synthetisiert. Einige der wichtigsten, auch weniger naheliegenden Beispiele werden in Kapitel 9 detailliert behandelt.

2. Übersicht

Die Arbeit gliedert sich in einen theoretischen und einen praxisbezogenen Teil. Im erstgenannten (er umfaßt die Kapitel 3, 4 und 5) wird der Synthesekalkül definiert; der zweite Teil (Kapitel 7 und 8) beschreibt die Strategien und Heuristiken, die notwendig sind, um auf dieser Basis eine automatisch arbeitende Systemkomponente zu entwickeln.

Kapitel 3 enthält die formalen Grundlagen für das Beweisverfahren.

Zunächst werden Syntax und Semantik einer sortenlogischen Sprache erster Ordnung angegeben. Zur Repräsentation von Datenstrukturen und Programmen wird der Begriff der *Theoriespezifikation* eingeführt. In Theoriespezifikationen werden Datenstrukturen und Programme durch prädikatenlogische Formeln (Repräsentations- bzw. Definitionsformeln) dargestellt.

Falls diese Formeln bestimmten syntaktischen Kriterien genügen, d.h. *zulässig* sind, werden Theoriespezifikationen durch *initiale Konstruktortermalgebren* gedeutet.

Auf dieser formalen Basis wird in Kapitel 4 ein Verfahren angegeben, mit dem die Gültigkeit einer Existenzaussage in solchen *Standardmodellen* einer Theoriespezifikation nachgewiesen werden kann.

Das Verfahren benutzt *Transformationsregeln*, die aus einer Existenzaussage unter Verwendung der Axiome in der Theoriespezifikation zwei Formelmengen ableiten: eine Menge von Definitionsformeln, die ein Programm zur Berechnung einer Skolemfunktion beschreiben, sowie eine Menge von Verifikationsbedingungen.
Der Korrektheitssatz für den Synthesekalkül besagt nun:
- Sind die abgeleiteten Definitionsformeln zulässig und
- gelten die Verifikationsbedingungen in allen Standardmodellen der um die neuen Definitionsformeln erweiterten Theoriespezifikation,
so gilt die Existenzaussage in jedem Standardmodell der ursprünglichen Theoriespezifikation. Eine wichtige Voraussetzung für die Korrektheit des Verfahrens ist die Korrektheit der einzelnen Transformationsregeln.

In Kapitel 5 werden die Transformationsregeln angegeben und mit ausführlichen Beispielen illustriert. Zudem wird für jede Regel ein Korrektheitsbeweis geführt.

Damit ist der theoretische Teil der Arbeit abgeschlossen. Lesern, die hauptsächlich an den Strategien und Heuristiken zur Ansteuerung des Synthesesystems interessiert sind (Kapitel 7 und 8) genügt die Lektüre von Abschnitt 4.1 und Kapitel 5 zum Verständnis.

Der zweite Teil der Arbeit zeigt in Kapitel 6 zunächst die Praktikabilität des Verfahrens für das automatische Induktionsbeweisen.

Anhand von Beispielen wird deutlich gemacht, wie das Verfahren eine zielgerichtete Beweisführung ermöglicht. Entscheidend ist dabei, daß nicht nur eine passende Einsetzung für die existenzquantifizierte Variable gefunden, sondern auch algorithmische Information zur Verfügung gestellt wird, mit der die entstandenen Verifikationsbedingungen anschließend *automatisch* bewiesen werden können.

Kapitel 7 behandelt die Suchstrategie des Synthesesystems. Die einzelnen Transformationsphasen werden beschrieben und an einem einheitlichen Beispiel veranschaulicht. Schließlich wird gezeigt: Falls das Synthesesystem *erfolgreich* terminiert, so ist das synthetisierte Programm auch zulässig. Das heißt, zum Beweis der zugrundeliegenden Existenzaussage müssen dann nur noch die eventuell vorhandenen Verifikationsbedingungen gezeigt werden.

In jeder Phase eines Syntheseprozesses fallen Aufgaben an, die, um möglichst schnell zum Ziel zu gelangen, mit Hilfe von Heuristiken gelöst werden. Diese Heuristiken werden in Kapitel 8 ausführlich beschrieben und anhand zahlreicher Beispiele erläutert. Sie betreffen u.a. die Auswahl der Induktionsaxiome, die Wahl derjenigen Terme in einer Formel, die symbolisch evaluiert werden, sowie die Verwendung von Induktionshypothesen und die Erkennung von Verifikationsbedingungen.

Zum Abschluß der Arbeit zeigen in Kapitel 9 einige größere Beispiele die Leistungsfähigkeit des gegenwärtig implementierten Systems, sowie die des Verfahrens allgemein.

Ein Verzeichnis der Symbole und Abkürzungen findet sich in Anhang B.

3. Formale Grundbegriffe

Dieser Abschnitt führt die zentralen logischen Grundbegriffe und Schreib-
weisen ein, die in den nachfolgenden Abschnitten Verwendung finden.

Zunächst werden Syntax und Semantik einer sortenlogischen Sprache
erster Ordnung angegeben. Wir orientieren uns dabei an den formalen
Grundbegriffen der Prädikatenlogik erster Stufe, wie sie etwa in [Ebbing-
haus et al. 78] dargestellt werden, und an den Grundlagen eines mehrsorti-
gen Resolutionskalküls (vgl. [Walther 87]).

Zur formalen Repräsentation von Datenstrukturen und Programmen
werden sogenannte *Theoriespezifikationen* eingeführt (vgl. [Walther 88]).
Sie beschreiben Datenstrukturen und Programme durch prädikatenlogische
Formeln. Genügen diese Formeln bestimmten Bedingungen, so werden
Theoriespezifikationen durch initiale Konstruktortermalgebren gedeutet
und besitzen ein (bis auf Isomorphie) eindeutig bestimmtes solches *Standardmodell*.

3.1 Syntaktische Grundbegriffe

Sorten und Signaturen

Sorten werden in Anhang A in der üblichen Weise eingeführt.
Im folgenden sei S eine nicht leere Menge von *Sortensymbolen*. Sorten-
symbole sind Namen für Datenstrukturen.

Eine *S-sortierte Signatur* $\Sigma = (\Sigma_{w,s})_{w \in S^*, s \in S}$ ist eine S^+-indizierte Fa-
milie von Mengen. Diese Mengen seien paarweise disjunkt:
Für jede Signatur Σ sei $\Sigma_{w,s} \cap \Sigma_{v,d} = \emptyset$ für alle $ws, vd \in S^+$ mit
$ws \neq vd$.
Ein $g \in \Sigma_{w,s}$ heißt ein *Funktionssymbol* der *Stelligkeit* w und der
Sorte s.

Eine Menge von Funktionssymbolen $\Sigma_{w,s}$ mit $w \in S^*$ und $s \in S$ besteht aus einer Menge von *Konstruktoren* und einer Menge von *definierten Funktionssymbolen*, d.h. $\Sigma_{w,s} = \Sigma^c_{w,s} \cup \Sigma^d_{w,s}$, wobei

(1) $\Sigma^c_{w,s} \subseteq \Sigma_{w,s}$ (2) $\Sigma_{\varepsilon,s} \subseteq \Sigma^c_{\varepsilon,s}$ und   (3) $\Sigma^d_{w,s} = \Sigma_{w,s} \setminus \Sigma^c_{w,s}$.

Eine S-sortierte Signatur Σ besteht also aus zwei disjunkten Teilsignaturen Σ^c und Σ^d :

$\Sigma = \Sigma^c \cup \Sigma^d$ mit $\Sigma^c = (\Sigma^c_{w,s})_{w \in S^*, s \in S}$ und $\Sigma^d = (\Sigma^d_{w,s})_{w \in S^*, s \in S}$.

Konstruktoren sind Symbole für diejenigen Funktionen, die die Elemente der betrachteten Datenstrukturen induktiv erzeugen, während die definierten Funktionssymbole die Algorithmen bezeichnen, die auf diesen Datenstrukturen operieren. Eine Klassifizierung der Funktionssymbole erfolgt über die Eingabesprache des INKA-Systems (vgl. Abschnitt 1): *structure*-Ausdrücke definieren Datenstrukturen, indem sie eine Konstruktorsignatur angeben. *function*-Ausdrücke führen definierte Funktionssymbole ein.

Wir beschreiben nun noch die Erweiterung einer Signatur um ein neues Funktionssymbol.
Seien $w \in S^*$, $s \in S$, Σ und Σ' S-sortierte Signaturen und $g \in \Sigma_{w,s}$.
Dann ist Σ' die Erweiterung der Signatur Σ um das Funktionssymbol g (geschrieben: $\Sigma' = \Sigma \cup \{g\}$), falls gilt:
$g \notin \Sigma_{w,s}$ und $\Sigma'_{v,d} = \Sigma_{v,d}$ für alle $vd \in S^*$ mit $vd \neq ws$.

Statt $g \in \Sigma'_{w,s}$ steht oft auch $g \in \Sigma'$.

$V = (V_s)_{s \in S}$ ist eine S-indizierte Familie nicht leerer, unendlicher Mengen mit $V_s \cap V_d = \emptyset$ für alle $s,d \in S$ mit $s \neq d$ und $V \cap \Sigma = \emptyset$ für jede Signatur Σ .
Elemente aus V_s heißen *Variable* der Sorte s.

Terme und Formeln

Definition 3.1 Für jedes Sortensymbol $s \in S$ bezeichnet $T(\Sigma,V)_s$ die
Menge aller *Σ-Terme* (über Σ und V) *der Sorte s.*
Für jedes $s \in S$ ist $T(\Sigma,V)_s$ definiert als die kleinste Teilmenge von
$(\Sigma \cup V)^*$, die folgende Bedingungen erfüllt:
(1) $V_s \subset T(\Sigma,V)_s$
(2) $gt^* \in T(\Sigma,V)_s$, falls $g \in \Sigma_{w,s}$, $t^* \in T(\Sigma,V)_w$ und $w \in S^*$.

$T(\Sigma,V) = (T(\Sigma,V)_s)_{s \in S}$ bezeichnet die Menge aller *Σ-Terme* (über Σ und
V).
Für einen Σ-Term $t = gt^*$ mit $t^* = t_1 \ldots t_n$ heißen $t_1,\ldots,t_n$ die *Argu-*
mente von g.
Wir nennen t einen *Funktionsausdruck* oder auch *g-Term.*

In Beispielen schreiben wir der besseren Lesbarkeit wegen häufig $g(t^*)$
anstatt gt^* .   ∎

Definition 3.2 Die Menge $F(\Sigma,V)$ aller *Σ-Formeln* (über Σ und V) ist
die kleinste Teilmenge von $(\Sigma \cup V \cup S \cup \{\neg, \wedge, \forall, :, [,], \equiv\})^*$ mit:
(1) $q \equiv r \in F(\Sigma,V)$, falls $q,r \in T(\Sigma,V)_s$ für ein $s \in S$
(2) $\neg\varphi \in F(\Sigma,V)$, falls $\varphi \in F(\Sigma,V)$
(3) $[\varphi \wedge \psi] \in F(\Sigma,V)$, falls $\varphi,\psi \in F(\Sigma,V)$
(4) $\forall x{:}s\; \varphi \in F(\Sigma,V)$, falls $x \in V_s$, $s \in S$ und $\varphi \in F(\Sigma,V)$.   ∎

Im folgenden bezeichnen φ, ψ und δ (evtl. indiziert) Formeln aus $F(\Sigma,V)$,
während Φ, Ψ und Δ für (endliche) Formelmengen stehen.

Wir benutzen die Junktoren $\vee$ und $\rightarrow$, sowie den Existenzquantor $\exists$ in
folgender Weise als Abkürzungen:
$[\varphi \vee \psi]$ für $\neg[\neg\varphi \wedge \neg\psi]$,
$[\varphi \rightarrow \psi]$ für $[\neg\varphi \vee \psi]$ und
$\exists x{:}s\; \varphi$ für $\neg\forall x{:}s\; \neg\varphi$.
Die Klammern [und] werden häufig weggelassen. Wir schreiben z.B.
$\varphi \wedge \psi \rightarrow \delta$ statt $[[\varphi \wedge \psi] \rightarrow \delta]$.

Seien $w \in S^*$ mit $w = s_1 \dots s_n$, $x^* \in V_w$ mit $x^* = x_1 \dots x_n$ und $\varphi \in F(\Sigma, V)$.
Dann steht $\forall x^* {:} w\ \varphi$ als Abkürzung für $\forall x_1 {:} s_1 \dots \forall x_n {:} s_n\ \varphi$.
$\exists x^* {:} w\ \varphi$ steht entsprechend für $\neg \forall x^* {:} w\ \neg \varphi$.

Wir schreiben auch $\forall y_1, \dots, y_n {:} s\ \varphi$ statt $\forall y_1 {:} s \dots \forall y_n {:} s\ \varphi$ und
$\exists y_1, \dots, y_n {:} s\ \varphi$ statt $\exists y_1 {:} s \dots \exists y_n {:} s\ \varphi$, falls $s \in S$, $y_1, \dots, y_n \in V_s$ und
$\varphi \in F(\Sigma, V)$.

Für eine endliche nicht leere Teilmenge $\Phi \subset F(\Sigma, V)$ bezeichnen $\bigwedge \Phi$ die
endliche Konjunktion $\bigwedge_{\varphi \in \Phi} \varphi$ und $\bigvee \Phi$ die endliche Disjunktion
$\bigvee_{\varphi \in \Phi} \varphi$.

Seien $q^*, r^* \in T(\Sigma, V)_w$ mit $q^* = q_1 \dots q_n$, $r^* = r_1 \dots r_n$, $w \in S^*$ und
$I = \{1, \dots, n\}$.
Dann steht $[q^* \equiv r^*]$ als Abkürzung für $\bigwedge_{i \in I} [q_i \equiv r_i]$.

Eine *atomare* Σ-Formel (kurz: *Σ-Atom*) ist eine Σ-Formel der Form
$q \equiv r$ für $q, r \in T(\Sigma, V)_s$, $s \in S$.

Ein *Σ-Literal* ist ein Σ-Atom oder eine Σ-Formel der Form $\neg \varphi$, wobei
φ ein Σ-Atom ist.
$LIT(\Sigma, V)$ ist die Menge aller Σ-Literale.
Literale werden mit K, L und M bezeichnet.

Eine endliche Konjunktion von Literalen $\bigwedge_{\varphi \in \Phi} \varphi$, $\Phi \subset LIT(\Sigma, V)$, heißt
im folgenden *Elementarkonjunktion*, eine endliche Disjunktion von Lite-
ralen heißt *Elementardisjunktion*.

Freie Variablen und Substitutionen

Für einen Term $t \in T(\Sigma,V)$ ist $Var(t)$ die Menge aller in t vorkommenden Variablen.

Für eine Formel $\varphi \in F(\Sigma,V)$ bezeichnet $Var(\varphi)$ in üblicher Weise die Menge der in φ *frei* vorkommenden Variablen.

Für eine Menge Φ von Σ-Formeln ist $Var(\Phi) = \bigcup_{\varphi \in \Phi} Var(\varphi)$.

$F_0(\Sigma,V)$ bezeichnet die Menge aller *geschlossenen* Σ-Formeln, d.h.
$F_0(\Sigma,V) = \{\varphi \in F(\Sigma,V) \mid Var(\varphi) = \emptyset\}$.

$Var(x^*) = \{x_1,\ldots,x_n\}$ für $x^* \in V_w$ mit $x^* = x_1 \ldots x_n$ und $w \in S^*$.

$\forall \varphi$ steht als Abkürzung für $\forall x^* {:} w \; \varphi$,
falls $\varphi \in F(\Sigma,V)$ mit $Var(\varphi) = Var(x^*)$, $x^* \in V_w$ und $w \in S^*$.

Definition 3.3 Eine Abbildung $\sigma\colon V \to_S T(\Sigma,V)$ heißt Σ-*Substitution* gdw. die Menge $DOM(\sigma) = \{x \in V \mid \sigma(x) \neq x\}$ endlich ist.

Eine Σ-Substitution σ mit $DOM(\sigma) = \{x_1,\ldots,x_n\}$ wird auch als endliche Menge von Paaren $\{x_1 \leftarrow t_1,\ldots,x_n \leftarrow t_n\}$ dargestellt, mit $t_i \in T(\Sigma,V)$ und $\sigma(x_i) = t_i$ für $1 \leq i \leq n$ bzw. es steht $\{x^* \leftarrow t^*\}$ mit $x^* = x_1 \ldots x_n$ und $t^* = t_1 \ldots t_n$.

$SUB(\Sigma,V)$ bezeichnet die Menge aller Σ-Substitutionen.

In üblicher Weise ist $COD(\sigma) = \{\sigma(x) \mid x \in DOM(\sigma)\}$, $VCOD(\sigma)$ die Menge aller durch eine Substitution eingeführten Variablen:
$VCOD(\sigma) = \{Var(\sigma(x)) \mid x \in DOM(\sigma)\}$, und wir definieren
$Var(\sigma) = DOM(\sigma) \cup VCOD(\sigma)$.

Die *Einschränkung* einer Σ-Substitution σ auf eine endliche Teilmenge $V' \subset V$ ist eine Σ-Substitution $\sigma\,|_{V'}$ mit:

$$\sigma\,|_{V'}(x) = \begin{cases} \sigma(x)\,, & \text{falls } x \in V' \\ x & \text{sonst} \end{cases}.$$

Für eine endliche Teilmenge $V' \subset V$ bezeichnet $SUB(\Sigma,V)\,|_{V'}$ die Menge aller auf V' eingeschränkten Substitutionen $\sigma\,|_{V'}$ mit $\sigma \in SUB(\Sigma,V)$.

Wir erweitern eine Σ-Substitution zu einem Endomorphismus
$\sigma: T(\Sigma,V) \to_S T(\Sigma,V)$ in folgender Weise:
Für $w \in S^*$, $s \in S$, $g \in \Sigma_{w,s}$, $t^* \in T(\Sigma,V)_w$ ist

$$\sigma(gt^*) = \begin{cases} g\sigma(t_1)...\sigma(t_n)\,, & \text{falls } t^* = t_1...t_n \\ g\,, & \text{falls } t^* = \varepsilon \end{cases}.$$

Die Erweiterung einer Σ-Substitution zu einer Abbildung
$\sigma: F(\Sigma,V) \to_S F(\Sigma,V)$ ist wie folgt definiert:

$\sigma(q \equiv r) = \sigma(q) \equiv \sigma(r)\,,$ falls $q,r \in T(\Sigma,V)_s$ für ein $s \in S$

$\sigma(\neg\varphi) = \neg\sigma(\varphi)\,,$ falls $\varphi \in F(\Sigma,V)$

$\sigma([\varphi \wedge \psi]) = [\sigma(\varphi) \wedge \sigma(\psi)]\,,$ falls $\varphi,\psi \in F(\Sigma,V)$

$\sigma(\forall x{:}s\ \varphi) = \forall y{:}s\ \sigma(\varphi')\,,$ falls $x,y \in V_s$, $s \in S$, $\varphi \in F(\Sigma,V)$ und
$\qquad\qquad \varphi' = \{x \leftarrow y\}(\varphi)$ mit $y \notin Var(\sigma) \cup Var(\varphi)$
$\qquad\qquad$ (d.h. gebundene Variablen werden umbenannt).

Der besseren Lesbarkeit wegen schreiben wir nachfolgend oft σt und $\sigma\varphi$ statt $\sigma(t)$ bzw. $\sigma(\varphi)$.

Stellen

Um formal mit den Subtermen eines Terms umgehen zu können und einen
Zugriff auf Terme in Formeln zu haben, definieren wir den Begriff der
Stelle (engl. *occurrence*), wie in [Huet/Oppen 80], als eine endliche Folge
natürlicher Zahlen, die einen Zugriffspfad in einem Term darstellt und erweitern diesen Begriff auf Zugriffspfade in prädikatenlogischen Formeln
(siehe Anhang A).

$\varphi[\![\, m, t\,]\!]$ bezeichnet eine Formel $\varphi \in F(\Sigma, V)$, für die gilt:
der Term $t \in T(\Sigma, V)$ tritt in φ an der Stelle m auf.

Wir schreiben $\varphi[\![\, t\,]\!]$ für eine Σ-Formel φ , in der t auftritt. Das heißt, es
gibt mindestens eine Stelle m in φ , an der t auftritt.

3.2 Semantische Grundbegriffe

Wir betrachten Datenstrukturen, z.B. natürliche Zahlen, mit den Konstruktoren $\underline{0}$: $\to$ nat und $\underline{s}$: nat $\to$ nat ,
Listen natürlicher Zahlen mit den Konstruktoren
$\underline{empty}$: $\to$ list und $\underline{add}$: nat $\times$ list $\to$ list
oder die der Programmiersprache LISP [Steele 84] zugrundeliegenden
s-expressions mit den Konstruktoren
$\underline{nil}$: $\to$ sexpr und $\underline{cons}$: atom $\times$ sexpr $\to$ sexpr .

Programme, die auf diesen Datenstrukturen arbeiten, berechnen z.B. die
Enthaltenseinsfunktion: $\underline{member}$: list $\times$ nat $\to$ bool
oder die Konkatenation von Listen: $\underline{append}$: list $\times$ list $\to$ list .

Das heißt, wir haben eine Menge von Sortensymbolen $S = \{$bool, nat, list, atom, sexpr$\}$ und eine Signatur $\Sigma = \Sigma^c \cup \Sigma^d$ mit

$$\Sigma^c = \{ \ T_{\epsilon,bool} \ , \ F_{\epsilon,bool} \ , \ 0_{\epsilon,nat} \ , \ s_{nat,nat} \ , \ empty_{\epsilon,list} \ , \ add_{nat,list,list} \ ,$$
$$nil_{\epsilon,sexpr} \ , \ cons_{atom,sexp,sexp} \ \}$$

und

$$\Sigma^d = \{ \ member_{list,nat,bool} \ , \ append_{list,list,list} \ \} \ .$$

Werden nun diese syntaktischen Objekte wie in der Prädikatenlogik üblich gedeutet, so bilden (vgl. [Goguen et al. 78]) die Grundbereiche *BOOL*, *NAT*, *LIST*, *ATOM* und *SEXPR* zusammen mit den Operationen *T, F, 0, s, empty, add, nil, cons, member* und *append* eine *S*-sortierte Σ-Algebra.

Da wir Datenstrukturen und Algorithmen in dieser Weise deuten wollen, benötigen wir zunächst folgende semantische Grundbegriffe:

Σ - Algebren

Sei Σ eine S-sortierte Signatur. Eine Σ-Algebra $\mathcal{A}$ ist ein Paar (A,a) , wobei $A = (A_s)_{s \in S}$ eine S-indizierte Familie von Mengen und $a = (a_g)_{g \in \Sigma}$ eine Σ-indizierte Familie von Abbildungen ist mit $a_g\colon A_w \to A_s$ für jedes $g \in \Sigma_{w,s}$.

A heißt der *Grundbereich* oder *Träger* von $\mathcal{A}$ und a die Menge der *Operationen* in $\mathcal{A}$.
Für jedes $s \in S$ ist A_s der Träger der Sorte s . Wir gehen im folgenden davon aus, daß $A_s \neq \emptyset$ für jedes $s \in S$ und $A_s \cap A_{s'} = \emptyset$ für alle s, s' $\in S$ mit $s \neq s'$.
Für jedes $g \in \Sigma$ ist a_g die Operation mit dem Namen g .

Seien $\mathcal{A} = (A,a)$ und $\mathcal{B} = (B,b)$ Σ-Algebren , $s \in S$, $w \in S^*$ und $a^* \in A_w$. Eine Abbildung h: $\mathcal{A} \to \mathcal{B}$ ist ein *Σ-Homomorphismus* gdw. $h(a_g(a^*)) = b_g(h(a^*))$ für jedes $g \in \Sigma_{w,s}$.

Eine Σ-Algebra $\mathcal{A}$ heißt *initial* gdw. es zu jeder Σ-Algebra $\mathcal{B}$ einen eindeutigen Homomorphismus h: $\mathcal{A} \to \mathcal{B}$ gibt.

Ein Σ-Homomorphismus h: $\mathcal{A} \to \mathcal{B}$ heißt *Σ-Isomorphismus* gdw. es eine Inverse h^{-1}: $\mathcal{B} \to \mathcal{A}$ gibt mit $h \circ h^{-1} = id_{\mathcal{B}}$ und $h^{-1} \circ h = id_{\mathcal{A}}$.
$id_{\mathcal{A}}$ und $id_{\mathcal{B}}$ sind die Identitätsfunktionen auf den jeweiligen Trägern.
Zwei Σ-Algebren $\mathcal{A}$ und $\mathcal{B}$ heißen *isomorph* gdw. es einen Σ-Isomorphismus h: $\mathcal{A} \to \mathcal{B}$ gibt.

Seien Σ , Σ' und Σ'' S-sortierte Signaturen mit $\Sigma'' = \Sigma \cup \Sigma'$, $\mathcal{A}$ eine Σ-Algebra und $\mathcal{B}$ eine Σ''-Algebra.
Wir nennen $\mathcal{B}$ eine *Σ'-Expansion* von $\mathcal{A}$ und $\mathcal{A}$ ein *Σ-Redukt* von $\mathcal{B}$ gdw. $A_s = B_s$ für alle $s \in S$ und $a_g = b_g$ für jedes $g \in \Sigma$.

Eine *Belegung* in einer Σ-Algebra $\mathcal{A} = (A,a)$ ist eine Abbildung
$\beta: V \to_S A$, die jeder Variablen aus V ein Element aus dem entsprechenden Grundbereich zuordnet.   ■

Interpretation und Modellbeziehung

Eine wichtige Eigenschaft initialer Σ-Algebren beschreibt

Theorem 3.1 [Goguen et al. 78]
Sind zwei Σ-Algebren $\mathcal{A}$ und $\mathcal{B}$ initial, so sind sie auch isomorph.
Ist eine Σ-Algebra C isomorph zu einer initialen Σ-Algebra $\mathcal{A}$, so ist auch
C initial.

Das bedeutet, initiale Σ-Algebren können identifiziert werden: zwei initiale
Σ-Algebren $\mathcal{A}$ und $\mathcal{B}$ sind isomorph, und es gibt einen eindeutig bestimmten Isomorphismus von $\mathcal{A}$ nach $\mathcal{B}$ und umgekehrt.

Wenn wir also die Datenstrukturen, mit denen wir formal umgehen
wollen, als initiale Σ-Algebren deuten, erhalten wir eine bis auf Isomorphie
eindeutige, abstrakte Charakterisierung dieser Datenstrukturen. Wir bezeichnen eine solche Deutung als *Standard-Σ-Interpretation*.

Bei der Definition der Modellbeziehung wird durch die Initialität der
als Interpretationen gewählten Σ-Algebren sichergestellt, daß es sich um
minimale Modelle handelt, d.h. solche, die alle intendierten (induktiven)
Eigenschaften der Datenstrukturen und der auf ihnen operierenden Programme erfüllen, soweit diese in der Prädikatenlogik formuliert werden
können.

Definition 3.4 Eine *Σ-Interpretation* I ist ein Paar $(\mathcal{A},\beta)$, bestehend aus
einer Σ-Algebra $\mathcal{A}$ und einer Belegung β in $\mathcal{A}$. Eine Σ-Interpretation
I $= (\mathcal{A},\beta)$ ist eine *Standard-Σ-Interpretation* gdw. das Σ^c-Redukt von $\mathcal{A}$
eine initiale Σ^c-Algebra ist. Auf den Bezug zur Signatur wird verzichtet,
sofern er aus dem Zusammenhang hervorgeht.

                                                                              ■

Sei β eine Belegung in einer Σ-Algebra (A,a). Dann ist für $x, y \in V$ und $a \in A$ die Belegung $\beta[x/a]$ in (A,a) wie folgt definiert:

$$\beta[x/a]\,(y) = \begin{cases} \beta(y)\,, & \text{falls } x \neq y \\ a\,, & \text{falls } x = y \end{cases}.$$

Wir schreiben $\beta[x*/a*]$ als Abkürzung für $\beta[x_1/a_1]...[x_n/a_n]$, falls $x* \in V_w$ mit $x* = x_1...x_n$ und $a* \in A_w$ mit $a* = a_1...a_n$ für ein $w \in S*$.
Mit $I = (\mathcal{A},\beta)$ ist dann $I[x/a] = (\mathcal{A},\beta[x/a])$ und entsprechend $I[x*/a*] = (\mathcal{A},\beta[x*/a*])$.

Seien $I = (\mathcal{A},\beta)$ eine Σ-Interpretation, $t \in T(\Sigma,V)$ und $\varphi \in F(\Sigma,V)$.
Dann sind die *Interpretation* des Σ-Terms t unter I und der Modellbegriff: I ist ein Σ-Modell von φ (geschrieben: $I \models \varphi$) in der üblichen Weise definiert.

I erfüllt eine Menge Φ von Σ-Formeln gdw. I jede Formel aus φ erfüllt, d.h. es gilt:
$I \models \Phi$ gdw. $I \models \varphi$ für alle $\varphi \in \Phi$.

Bei der Interpretation geschlossener Σ-Formeln werden wir im folgenden auf die Belegung verzichten, d. h. wir schreiben
$(A,a) \models \varphi$ oder $\mathcal{A} \models \varphi$ statt $(\mathcal{A},\beta) \models \varphi$, falls $\varphi \in F_0(\Sigma,V)$.

Für eine Σ-Algebra $\mathcal{A}$ heißt die Menge
$\text{Th}(\mathcal{A}) = \{\varphi \in F_0(\Sigma,V) \mid \mathcal{A} \models \varphi\}$ die *Theorie von* $\mathcal{A}$.

Wir geben nun noch ein Lemma an, das im folgenden oft verwendet wird:

Lemma 3.2 Seien m eine Stelle, $s \in S$, $q, r \in T(\Sigma,V)_s$ und $\varphi \in F(\Sigma,V)$, wobei q an der Stelle m in φ auftritt.
Dann gilt für eine Σ-Interpretation I mit $I \models q \equiv r$:
$I \models \varphi[\![m, q]\!]$ gdw. $I \models \varphi[\![m, r]\!]$.
Beweis: Die Behauptung folgt sofort aus dem Substitutionslemma [Ebbinghaus et al. 78]. ■

I ist ein *Standard-Σ-Modell* von φ gdw. I eine Standard-Σ-Interpretation ist, die φ erfüllt.

Da wir im folgenden nur Standardmodelle betrachten werden, definieren wir die Folgerungsbeziehung gemäß:

Definition 3.5 Seien $\Phi,\Psi \subset F(\Sigma,V)$ und $\varphi \in F(\Sigma,V)$.
φ *folgt aus* Φ (geschrieben: $\Phi \vDash_s \varphi$) gdw. für eine Standard-Σ-Interpretation I mit I $\vDash \Phi$ gilt: I $\vDash \varphi$.
Entsprechend folgt Ψ aus Φ ($\Phi \vDash_s \Psi$) gdw. I $\vDash \psi$ für jedes $\psi \in \Psi$.
∎

Ordnungsrelationen

Um im folgenden die Begriffe *Induktion* und *Rekursion* formal handhaben zu können, wird in Anhang A der Begriff der *fundierten Ordnungsrelation* eingeführt. Wir orientieren uns dabei an [Cohn 81] und [Ebbinghaus 79]. Ordnungsrelationen werden wie üblich mit $<$ oder $\leq$ bezeichnet.

3.3 Theoriespezifikationen

In diesem Teilabschnitt werden, ausgehend von den in Abschnitt 3.1 und 3.2 definierten logischen Grundlagen, diejenigen Begriffe eingeführt, die für den formalen Umgang mit Datenstrukturen und Programmen innerhalb des Induktionsbeweissystems INKA [Biundo et al. 86] entwickelt worden sind. Wir orientieren uns in der Darstellung an [Walther 88].

Zunächst definieren wir den Begriff der *Theoriespezifikation*:

Definition 3.6 Eine *Theoriespezifikation* $\mathcal{T}$ ist ein Tripel (S, Σ, Ax). Dabei ist S eine Menge von Sortensymbolen, Σ eine S-sortierte Signatur und $Ax \subseteq F_0(\Sigma, V)$ eine endliche Menge von Axiomen.
Die Axiome Ax beschreiben, soweit das in der Prädikatenlogik erster Stufe möglich ist, definierende Eigenschaften der Datenstrukturen und Programme, die durch die Symbole in S und in Σ benannt werden.

$$\mathcal{T} = (S, \Sigma, Ax) \quad \text{mit}$$
$$S = \{bool\}$$
$$\Sigma = \Sigma^c_{\varepsilon,bool} = \{T, F\} \quad \text{und}$$
$$Ax = REP_{bool} = \{\ \neg T \equiv F,\ \forall b{:}bool\ [\ b \equiv T\ \vee\ b \equiv F\ ]\ \}$$

heißt die *initiale Theoriespezifikation*. ∎

Eine Σ-Algebra M ist ein *Standardmodell einer Theoriespezifikation* $\mathcal{T} = (S, \Sigma, Ax)$ gdw. M ein Standardmodell der Axiomenmenge Ax ist.

Wir bezeichnen eine Theoriespezifikation $\mathcal{T} = (S, \Sigma, Ax)$ als *zulässig* gdw. $\mathcal{T}$ ein (bis auf Isomorphie) eindeutig bestimmtes Standardmodell besitzt.

Für eine zulässige Theoriespezifikation $\mathcal{T}$ mit Standardmodell M definieren wir die *Theorie* $Th(\mathcal{T})$ *von* $\mathcal{T}$ gemäß:
$$Th(\mathcal{T}) = Th(M).$$

Zulässige Theoriespezifikationen erhält man, indem ausgehend von der initialen Theoriespezifikation (die zulässig ist, vgl. Theorem 3.3), zulässige Theoriespezifikationen *zulässig* erweitert werden. Die *Zulässigkeit* einer möglichen Erweiterung garantiert dabei, daß aus zulässigen Theoriespezifikationen nur wieder ebensolche gewonnen werden können.

Zulässige Theoriespezifikationen können durch
- Datenstrukturen ,
- Programme oder
- geschlossene Formeln erweitert werden.

Wir definieren zunächst die Erweiterung durch Datenstrukturen:

Datenstrukturen werden durch Angabe eines neuen Sortensymbols und einer Signatur Σ^c definiert. Aus diesen Angaben werden dann auf uniforme Weise *Repräsentationsaxiome* erzeugt, die diese Datenstruktur charakterisieren.

Definition 3.7 Seien $I=\{1,...,n\}$ eine Indexmenge, S' eine Menge von Sortensymbolen, Σ' eine S'-sortierte Signatur, $s \in S'$ und $w_i \in S'^*$ für alle $i \in I$, wobei für mindestens ein $i \in I$ gilt:

(*) $w_i = \varepsilon$ oder $w_i = s_1...s_m$ mit $s_j \neq s$ für alle $j \in \{1...m\}$.

Außerdem seien $x \in V_s$, y^*_i , $z^*_i \in V_{w_i}$ für $i \in I$ und $\{c_i \in \Sigma'^c_{w_i,s} \mid i \in I\}$ eine Menge von Konstruktoren der Sorte s mit $c_i \neq c_j$ für $i \neq j$, $i, j \in I$.

Die Menge REP_s der *Repräsentationsformeln der Sorte* s ist dann die kleinste Teilmenge von $F_0(\Sigma',V)$, für die gilt:

(1) $[\forall y^*_i:w_i \; \forall y^*_k:w_k \; \neg c_i y^*_i \equiv c_k y^*_k] \in REP_s$ für alle $i, k \in I$ mit $i \neq k$

Diese Formeln besagen, daß alle Konstruktoren der Sorte s voneinander verschieden sind.

(2) $[\forall y^*_i{:}w_i \ \forall z^*_i{:}w_i \ [c_i y^*_i \equiv c_i z^*_i \ \rightarrow \ y^*_i \equiv z^*_i \,]\,] \ \in \ REP_s$ für alle $i \in I$

Diese Formeln beschreiben die Injektivität aller Konstruktoren der Sorte s.

(3) $[\forall x{:}s \ [\ \bigvee_{i \in I} \exists y^*_i{:}w_i \ x \equiv c_i y^*_i \,]\,] \ \in \ REP_s$

Diese Formel besagt, daß sich jeder Term der Sorte s darstellen läßt als ein Konstruktorterm der Sorte s. Sie wird im folgenden auch als *vollständige Fallunterscheidung der Sorte s* bezeichnet.

∎

Die Repräsentationsformeln oder Repräsentationsaxiome einer Sorte s charakterisieren diese Sorte und damit den entsprechenden Grundbereich.
Die Axiome aus (1) und (2) beschreiben Eigenschaften der Konstruktoren (Konstruktorterme mit unterschiedlichen Funktionssymbolen sind verschieden, und Konstruktoren sind injektive Operatoren). Axiom (3) besagt, daß jeder beliebige Term der Sorte s durch einen Konstruktorterm der Sorte s dargestellt werden kann.

Beispiel 3.1 Die Datenstruktur der natürlichen Zahlen "nat" (vgl. Abschnitt 3.2) mit den Konstruktoren $\underline{0}$ und $\underline{s}$ (Nachfolgerfunktion, engl. *successor*) wird durch folgende Menge von Repräsentationsformeln beschrieben:
$REP_{nat} \subset F_0(\Sigma',V)$, wobei $\Sigma' = \{T, F, 0, s\}$ eine $\mathcal{S}$-sortierte Signatur ist mit $\mathcal{S} = \{bool, nat\}$ und
$REP_{nat} = \{ \ \forall x{:}nat \ \neg s(x) \equiv 0 \ ,$
$\qquad\qquad \forall x{:}nat \ \forall y{:}nat \ [\ s(x) \equiv s(y) \ \rightarrow \ x \equiv y\ ]\ ,$
$\qquad\qquad \forall x{:}nat \ [\ x \equiv 0 \ \vee \ \exists y{:}nat \ x \equiv s(y)\ ]\ \}\ .$

Für Listen natürlicher Zahlen erhalten wir mit
$\mathcal{S}'' = \{bool, nat, list\}$ und $\Sigma'' = \{T, F, 0, s, empty, add\}$
$REP_{list} = \{ \ \forall x{:}nat \ \forall l{:}list \ \neg add(x\ l) \equiv empty \ ,$
$\qquad\qquad \forall x,x'{:}nat \ \forall l,l'{:}list \ [\ add(x\ l) \equiv add(x'\ l') \ \rightarrow \ [x \equiv x' \wedge l \equiv l']\ ]\ ,$
$\qquad\qquad \forall l{:}list \ [\ l \equiv empty \ \vee \ \exists x{:}nat \ \exists l'{:}list \ l \equiv add(x\ l')\ ]\ \}\ .$ ∎

Definition 3.8 Eine Menge REP_s von Repräsentationsformeln (wie in Definition 3.7 beschrieben) ist *zulässig* für eine Theoriespezifikation $\mathcal{T} = (S, \Sigma, Ax)$ gdw.

(1) $s \notin S$

(2) $c_i \notin \Sigma$ für alle $i \in I$

(3) $S' = S \cup \{s\}$

(4) $\Sigma_{w,d} = \Sigma'_{w,d}$ für alle $w \in S^*$ und $d \in S$.

Die Theoriespezifikation $(S \cup \{s\}, \Sigma \cup \{c_i \mid i \in I\}, Ax \cup REP_s)$ heißt dann eine *bzgl. einer Menge von Repräsentationsformeln zulässige Erweiterung* der Theoriespezifikation $\mathcal{T}$. ∎

Die Zulässigkeitsbedingungen für Datenstrukturen sind ausschließlich syntaktischer Natur: Sie garantieren, daß neu eingeführte Sorten- und Konstruktorsymbole nicht bereits in der zugrundeliegenden Theoriespezifikation enthalten sind. Zudem wird sichergestellt (Definition 3.7 (*)), daß der durch die Datenstruktur beschriebene Grundbereich nicht leer ist.

Beispiel 3.2 Die Theoriespezifikation $\mathcal{T} = (S', \Sigma', REP_{bool} \cup REP_{nat})$ (vgl. Beispiel 3.1) ist eine zulässige Erweiterung der initialen Theoriespezifikation $(\{bool\}, \{T, F\}, REP_{bool})$ und $\mathcal{T}' = (S'', \Sigma'', REP_{bool} \cup REP_{nat} \cup REP_{list})$ ist eine zulässige Erweiterung von $\mathcal{T}$. ∎

Bevor wir die Erweiterung von Theoriespezifikationen durch Programme formal beschreiben, müssen noch einige weitere Begriffe eingeführt werden.

Wir wollen im folgenden mit *rekursiven* Programmen umgehen. Im rekursiven Aufruf eines solchen müssen, damit das Programm terminiert, die Argumente (im Sinne irgendeiner fundierten Ordnung) *kleiner* sein, als die Argumente im ursprünglichen Aufruf. Um dieses formal zu beschreiben, verwenden wir Substitutionen, die Variablen (in diesem Fall die formalen Parameter eines Programms) durch "kleinere" Terme ersetzen.

Solche Substitutionen bezeichnen wir als *Rekursionssubstitutionen* und definieren sie wie folgt:

Definition 3.9 Seien $\mathcal{T} = (S, \Sigma, Ax)$ eine zulässige Theoriespezifikation, $\Sigma' = \Sigma \cup \{g\}$ eine S-sortierte Signatur, $v,w \in S^*$, $x^* \in V_w$, $y^* \in V_v$, $t^* \in T(\Sigma',V)_w$, $\varphi \in F(\Sigma',V)$ mit $Var(\varphi) = Var(x^*) \cup Var(y^*)$ und $Var(\varphi) \supseteq Var(t^*)$ und sei $\sigma \in SUB(\Sigma',V)$ mit $\sigma = \{x^* \leftarrow t^*\}$.
Dann ist σ eine *Rekursionssubstitution unter φ in $\mathcal{T}$* gdw.
für jede $\{g\}$-Expansion $I = (A,a)$ eines Standardmodells von $\mathcal{T}$ gilt:
Es gibt eine fundierte Ordnungsrelation R auf A_w, so daß für alle $a^* \in A_w$ und $b^* \in A_v$ gilt:
Wenn $I[x^*/a^*][y^*/b^*] \models \varphi$, dann ist $I[x^*/a^*][y^*/b^*](\sigma x^*) <_R a^*$.

Falls der Bezug zur Theoriespezifikation klar ist, wird σ als Rekursionssubstitution unter φ bezeichnet. ∎

Die Programme, die wir im folgenden betrachten werden, sollen *totale Funktionen* berechnen. Um das zu gewährleisten, fordern wir neben ihrer Terminierung, daß Programme mittels *vollständiger* (alle möglichen Eingaben erfassender) und *deterministischer* (eindeutiger) Fallunterscheidung beschrieben werden.
Formal definieren wir diese Fallunterscheidungen wie folgt:

Definition 3.10 Sei J eine Indexmenge und seien $\mathcal{T}$, w, x^* und Σ' wie in Definition 3.9.
Eine Formelmenge $\Phi = \{\varphi_j \mid j \in J\}$ mit $\varphi_j \in F(\Sigma',V)$ für $j \in J$ und $\bigcup_{j \in J} Var(\varphi_j) = Var(x^*)$ heißt *vollständige Fallunterscheidung in $\mathcal{T}$* gdw.
für jede $\{g\}$-Expansion I eines Standardmodells von $\mathcal{T}$ gilt:
$I \models \forall x^*{:}w\, [\, \bigvee_{j \in J} \varphi_j\,]$.

Φ heißt *deterministische Fallunterscheidung* gdw.
$I \models \forall x^*{:}w\, \neg[\varphi_i \wedge \varphi_j]$ für alle $i, j \in J$ mit $i \neq j$. ∎

Betrachten wir ein Programm, das auf Listen von natürlichen Zahlen arbeitet und die Konkatenation berechnet. In einer (funktionalen) Programmiersprache kann dieses Programm z.B. wie folgt notiert werden:

function append(l,l':list) : list $\Leftarrow$
        if l=empty *then* l'
        if l$\neq$empty *then* add(head(l) append(tail(l) l')) .

"head" und "tail" seien Programme, die das erste Element einer Liste liefern bzw. die Restliste nach Entfernung des ersten Elementes.
Das Programm zur Berechnung der Funktion "append" ist hier mittels *Fallunterscheidung*, *Rekursion* und *Funktionalkomposition* definiert worden.

Formal repräsentieren wir nun ein solches Programm durch eine Menge prädikatenlogischer Formeln, sogenannter *Definitionsformeln*:

Definition 3.11 Seien I=$\{1,...,n\}$ eine Indexmenge, Σ' eine S-sortierte Signatur, $s\in S$, $w\in S^*$, $x^*\in V_w$ und $g\in \Sigma'^d_{w,s}$.
Dann ist $\text{DEF}_g = \{\ \forall[\varphi_i \rightarrow gx^*\equiv t_i]\ |\ i\in I\}$ eine Menge von *Definitionsformeln* für g gdw. für alle $i\in I$ gilt:
(1) $\varphi_i\in F(\Sigma',V)$ mit $\text{Var}(x^*)\cap\text{Var}(\varphi_i) \neq \emptyset$ und
(2) $t_i\in T(\Sigma',V)_s$ mit $\text{Var}(t_i) \subset \text{Var}(\varphi_i)$.

Sei $\text{IR} = \{i\in I\ |\ g$ kommt in φ_i oder t_i vor$\}$.
DEF_g heißt *rekursiv* gdw. $\text{IR} \neq \emptyset$.

Wir verstehen im folgenden unter Programmen (rekursive) Funktionsdefinitionen der obigen Form und werden die Begriffe *Programm* und *Menge von Definitionsformeln* stets synonym verwenden.

Seien $v\in S^*$ und $y^*\in V_v$ mit $\text{Var}(y^*) = \bigcup_{i\in I} \text{Var}(\varphi_i) \setminus \text{Var}(x^*)$. Dann heißt die Menge $\text{FU}_g = \{\exists y^*{:}v\ \varphi_i\ |\ i\in I\}$ die *Fallunterscheidung von* DEF_g.

Beispiel 3.3 Sei $T = (S, \Sigma, Ax)$ mit $S = \{bool, nat, list\}$, $\Sigma = \{T, F, 0,$ s, empty, add$\}$ und $Ax = REP_{bool} \cup REP_{nat} \cup REP_{list}$.

Dann können die Programme zur Berechnung der Funktionen "head", "tail" und "append" durch folgende Mengen von Definitionsformeln beschrieben werden:

$DEF_{head} = \{$ $\forall$l:list [l$\equiv$empty $\to$ head(l)$\equiv$0],

$\qquad\qquad$ $\forall$l,l':list $\forall$x:nat [l$\equiv$add(x l') $\to$ head(l)$\equiv$x] $\}$,

$DEF_{tail} = \{$ $\forall$l:list [l$\equiv$empty $\to$ tail(l)$\equiv$empty],

$\qquad\qquad$ $\forall$l,l':list $\forall$x:nat [l$\equiv$add(x l') $\to$ tail(l)$\equiv$l'] $\}$,

$DEF_{append} = \{$ $\forall$l,l':list [l$\equiv$empty $\to$ append(l l')$\equiv$l'] ,

$\qquad\qquad$ $\forall$l,l':list [$\neg$l$\equiv$empty $\to$ append(l l')$\equiv$

$\qquad\qquad\qquad\qquad\qquad$ add(head(l) append(tail(l) l'))] $\}$.

$\blacksquare$

Wir definieren nun die *Zulässigkeit* einer Menge von Definitionsformeln wie folgt:

Definition 3.12 Eine Menge DEF_g von Definitionsformeln (wie in Definition 3.11 beschrieben) ist *zulässig* für eine Theoriespezifikation $T = (S, \Sigma, Ax)$ gdw.

(1) $g \notin \Sigma$

(2) $\Sigma' = \Sigma \cup \{g\}$

(3) (i) $\quad$ FU_g ist vollständig

$\quad$ (ii) $\quad$ FU_g ist deterministisch

$\quad$ (iii) $\quad$ für jedes $j \in IR$ ist jedes

$\qquad\qquad$ $\sigma \in \{x^* \leftarrow t^*_{j,m1}, \ldots, x^* \leftarrow t^*_{j,mj}\}$ eine Rekursionssubstitution unter

$\qquad\qquad$ φ_j, wobei $\{gt^*_{j,m1}, \ldots, gt^*_{j,mj}\}$ die Menge aller in φ_j oder t_j

$\qquad\qquad$ vorkommenden g-Terme ist.

Bedingung (3) (iii) heißt auch *Terminierungsbedingung*.

Die Theoriespezifikation $(S, \Sigma \cup \{g\}, Ax \cup DEF_g\}$ ist eine *bzgl. einer Menge von Definitionsformeln zulässige Erweiterung* der Theoriespezifikation T.

$\blacksquare$

Die Zulässigkeitsbedingungen für Definitionsformeln stellen also zum einen sicher (Bedingungen (1) und (2)), daß die Signatur einer zulässigen Theoriespezifikation jeweils um (genau) ein *neues* Funktionssymbol erweitert wird. Bedingung (3) garantiert, daß diese neue Funktion eindeutig bestimmt ist: Für jeden möglichen Eingabewert ist, aufgrund der Terminierungsbedingung und der Eigenschaften "vollständig" und "deterministisch" der Fallunterscheidung FU_g , die Ausgabe eindeutig festgelegt.

Damit wird erreicht, daß das Standardmodell einer bzgl. einer Menge von Definitionsformeln zulässig erweiterten Theoriespezifikation bis auf Isomorphie eindeutig bestimmt ist (vgl. Theorem 3.3).

Beispiel 3.4 Untersuchen wir die Definitionsformeln aus Beispiel 3.3 auf ihre Zulässigkeit für die dort angegebene Theoriespezifikation

$\mathcal{T} = (S, \Sigma, Ax)$:

Sei $\Sigma' = \{T, F, 0, s, empty, add, head\}$ mit $head \in \Sigma'^d_{list,nat}$.

Es ist $DEF_{head} \subseteq F(\Sigma',V)$.

$FU_{head} = \{\ l \equiv empty\ ,\ \exists x{:}nat\ \exists l'{:}list\ l \equiv add(x\ l')\ \}$ ist die Fallunterscheidung von DEF_{head} .

Es gilt: Die Formel $\varphi = \forall l{:}list\ [l \equiv empty \lor \exists x{:}nat\ \exists l'{:}list\ l \equiv add(x\ l')]$ entspricht dem dritten Repräsentationsaxiom für Listen.

Also ist $REP_{list} \models_s \varphi$, d.h. φ gilt in jeder $\{head\}$-Expansion eines Standardmodells von $\mathcal{T}$, und damit ist

(i) FU_{head} vollständig .

Die Formel $\psi = \forall l{:}list\ \neg[l \equiv empty \land \exists x{:}nat\ \exists l'{:}list\ l \equiv add(x\ l')]$ folgt unmittelbar aus dem ersten Repräsentationsaxiom für Listen: Konstruktorterme über verschiedenen Konstruktorsymbolen sind verschieden. Das heißt:

$REP_{list} \models_s \psi$, also ist

(ii) FU_{head} deterministisch.

Die Definitionsformeln für *head* enthalten keinen rekursiven Funktionsaufruf.

Offensichtlich ist head $\notin \Sigma$ und $\Sigma' = \Sigma \cup \{head\}$, und damit ist DEF_{head} zulässig für $\mathcal{T}$.

$\mathcal{T}' = (S, \Sigma', Ax')$ mit $\Sigma' = \Sigma \cup \{head\}$ und $Ax' = Ax \cup DEF_{head}$ ist dann eine zulässige Erweiterung der Theoriespezifikation $\mathcal{T}$.

Die Theoriespezifikation $\mathcal{T}'$ kann anschließend in gleicher Weise zu $\mathcal{T}'' = (S, \Sigma'', Ax'')$ erweitert werden mit $\Sigma'' = \Sigma' \cup \{tail\}$ und $Ax'' = Ax' \cup DEF_{tail}$.

Die Zulässigkeitsprüfung für den Algorithmus DEF_{append} (bzgl. der Theoriespezifikation $\mathcal{T}''$) ist, soweit sie die Fallunterscheidung FU_{append} betrifft, trivial.
Zusätzlich muß hier aber die Terminierungsbedingung untersucht werden.
In jeder $\{append\}$-Expansion eines Standardmodells von $\mathcal{T}''$ gibt es eine fundierte Ordnungsrelation $<_s$, die *strukturelle Ordnung* auf Listen, nach der die Argumente im rekursiven Aufruf, unter der entsprechenden Bedingung, kleiner werden als die ursprünglichen Argumente:
Für alle $l \in LIST$ gilt: $tail(l) <_s l$, falls $l \neq empty$.

Damit kann dann $\mathcal{T}''$ in zulässiger Weise um das Funktionssymbol "append" und die Axiome DEF_{append} erweitert werden.

∎

Bemerkung 3.1 Die Zulässigkeitsbedingung (3) (i) (Vollständigkeit der Fallunterscheidung FU_g) erzwingt, daß Funktionen wie "head" und "tail", die (partielle) *Selektor*funktionen darstellen und intensionsgemäß nur auf nicht leeren Listen operieren, vollständig spezifiziert werden müssen.

Mit der Erweiterung von Theoriespezifikationen um neue Datenstrukturen und Programme hat man nun einen formalen Rahmen zur Verfügung, in dem man, mittels geschlossener Formeln, auch *Aussagen* über diese Datenstrukturen und Programme formulieren kann; beispielsweise die Assoziativität der Funktion "append":

$\forall l_1, l_2, l_3 : \text{list}$

$$\text{append}(l_1 \; \text{append}(l_2 \; l_3)) \equiv \text{append}(\text{append}(l_1 \; l_2) \; l_3) \; .$$

Da man grundsätzlich an der Gültigkeit solcher Aussagen im *Standardmodell* der zugehörigen Theoriespezifikation interessiert ist, wird die zulässige Erweiterung einer Theoriespezifikation um geschlossene Formeln nun wie folgt definiert:

Definition 3.13 Eine geschlossene Σ-Formel φ ist *zulässig* für eine Theoriespezifikation $\mathcal{T} = (S, \Sigma, \text{Ax})$ gdw. $\varphi \in \text{Th}(\mathcal{T})$.

Die Theoriespezifikation $(S, \Sigma, \text{Ax} \cup \{\varphi\})$ ist dann eine *bzgl. einer Σ-Formel zulässige Erweiterung* der Theoriespezifikation $\mathcal{T}$.   ∎

Die Erweiterung um geschlossene Formeln dient dazu, Eigenschaften von Programmen und Datenstrukturen explizit zu machen und ihre Gültigkeit im Standardmodell der zugrundeliegenden Theoriespezifikation nachzuweisen: Die Zulässigkeitsprüfung erfolgt dadurch, daß die Formel mit Hilfe eines korrekten Kalküls $\vdash_I$ aus den Axiomen der Theoriespezifikation abgeleitet wird.

Dieser Kalkül verfügt außer über die korrekten Ableitungsregeln der *Resolution* und *Paramodulation* [Chang/Lee 73, Loveland 78] zusätzlich über eine Menge von *Induktionsaxiomen* und ist in Form des Induktionsbeweissystems INKA implementiert [Biundo et al. 86].

Zuletzt sollen noch zwei wichtige Eigenschaften zulässiger Theoriespezifikationen genannt werden (vgl. [Walther 88a]):

Theorem 3.3 Die initiale Theoriespezifikation und jede zulässige Erweiterung einer zulässigen Theoriespezifikation besitzt ein bis auf Isomorphie eindeutig bestimmtes Standardmodell.

                                                                                                    ∎

Das folgende Lemma beschreibt eine *Monotonieeigenschaft* der Standard-
modelle zulässiger Theoriespezifikationen:
Erfüllt ein Standardmodell einer zulässigen Theoriespezifikation T eine
Formel φ, so wird φ auch von jedem Standardmodell einer zulässigen
Erweiterung von T erfüllt.

Lemma 3.4 Seien $\varphi \in F_0(\Sigma, V)$ und T eine zulässige Theoriespezifikation.
Dann gilt $\mathrm{Th}(T) \subset \mathrm{Th}(T')$ für jede zulässige Erweiterung T' von T. ∎

4. Beweis durch Synthese

Im vorangegangenen Kapitel haben wir einen prädikatenlogischen Rahmen angegeben, in dem sich Datenstrukturen und (funktionale) Programme formal beschreiben lassen. Auf dieser logischen Basis stellen wir nun ein Verfahren vor, mit dem *Existenzaussagen* über Eigenschaften dieser Datenstrukturen und Programme konstruktiv bewiesen werden können. Wir beschreiben zunächst den diesem Verfahren zugrundeliegenden *Synthesekalkül* und beweisen anschließend seine Korrektheit.

In Abschnitt 3.3 haben wir gezeigt, wie zulässige Theoriespezifikationen (um Datenstrukturen, Programme und geschlossene Formeln) zulässig erweitert werden können. Die Erweiterung um geschlossene Formeln, die Eigenschaften von Datenstrukturen und Programmen repräsentieren, geschieht, indem die entsprechende Formel aus den Axiomen der zugrundeliegenden Theoriespezifikation und zusätzlichen Induktionsaxiomen abgeleitet wird. Das Induktionsbeweissystem INKA, das diese Beweise automatisch durchführt, läßt jedoch, wie auch die Induktionsbeweiser von Boyer und Moore und Aubin [Boyer/Moore 79, Aubin 79a], nur solche Formeln zu, die keinerlei Existenzquantoren enthalten.

Hier wird nun ein Verfahren angegeben, das in diesem Kontext Formeln *mit* Existenzquantoren behandelt, und zwar speziell Formeln der Form

$$\forall x^*{:}w \; \exists y{:}s \; \varphi[\![\, y \,]\!] \, ,$$

wobei φ quantorenfrei ist.

Das Verfahren prüft die Zulässigkeit einer solchen Existenzaussage für eine zulässige Theoriespezifikation $\mathcal{T}$, (d.h. $\varphi \in \mathrm{Th}(\mathcal{T})$), indem es einen *lösenden Term* sowie eine konstruktive Definition für diesen Term angibt, so daß dieser, eingesetzt für die existenzquantifizierte Variable, die Formel wahr macht.

Das Verfahren verwendet einen korrekten Synthesekalkül, der aus einer skolemisierten Existenzaussage der obigen Form

$$\forall x^*{:}w \; \varphi[\![\, f(x^*) \,]\!]$$

mit Hilfe von *Transformationsregeln* eine Menge von Definitionsformeln für die Skolemfunktion f ableitet, d.h. ein Programm zur Berechnung von f .

Wir geben zunächst ein einfaches Beispiel.

Beispiel 4.1 Sei (S, Σ, Ax) die Theoriespezifikation aus Beispiel 3.3 mit $S = \{\text{bool, nat, list}\}$, $\Sigma = \{\text{T, F, 0, s, empty, add}\}$ und $\text{Ax} = \text{REP}_{\text{bool}} \cup \text{REP}_{\text{nat}} \cup \text{REP}_{\text{list}}$.

Wir modifizieren das Programm für die Funktion "append" geringfügig und erweitern (S, Σ, Ax) in zulässiger Weise um

$$\text{DEF}_{\text{append}} = \{ \; \forall l_1, l_2:\text{list} \; [\; l_1 \equiv \text{empty} \rightarrow \text{append}(l_1 \; l_2) \equiv l_2 \;] \; ,$$
$$\forall l_1, l_2, l_3:\text{list} \; \forall x:\text{nat} \; [\; l_1 \equiv \text{add}(x \; l_3) \rightarrow$$
$$\text{append}(l_1 \; l_2) \equiv \text{add}(x \; \text{append}(l_3 \; l_2)) \;] \; \} \; .$$

Es entsteht die neue Theoriespezifikation
$$\mathcal{T} = (S, \Sigma \cup \{\text{append}\}, \text{Ax} \cup \text{DEF}_{\text{append}}).$$

Angenommen, nun soll geprüft werden, ob die Existenzaussage
$\psi = \forall l:\text{list} \; \exists l':\text{list} \; \text{append}(l \; l') \equiv l$ zulässig ist für $\mathcal{T}$, d.h. gilt $\psi \in \text{Th}(\mathcal{T})$?
Man sieht sofort, daß die leere Liste eine Lösung darstellt: "empty", eingesetzt für l', erfüllt ψ .

Mit den Transformationsregeln des Synthesekalküls kann nun, ausgehend von der sogenannten Spezifikationsformel
$\psi_0 = \forall l:\text{list} \; \text{append}(l \; f(l)) \equiv l$,
die durch Skolemisierung aus ψ entstanden ist, diese Lösung abgeleitet werden: Man erhält folgende Menge von Definitionsformeln:

$$\text{DEF}_f = \{ \; \forall l:\text{list} \; [l \equiv \text{empty} \rightarrow f(l) \equiv l]$$
$$\forall l, l'':\text{list} \; \forall x:\text{nat} \; [l \equiv \text{add}(x \; l'') \rightarrow f(l) \equiv f(l'')] \; \} \; .$$

Dieses Programm berechnet zu jeder Eingabe l die leere Liste "empty", und damit ist f(l) ein lösender Term für die existenzquantifizierte Variable l' in ψ .   ∎

4.1 Der Synthesekalkül

Bevor wir an einem weiteren Beispiel zeigen, *wie* ein Programm synthetisiert wird, charakterisieren wir diejenigen Formeln, die im folgenden eine zentrale Rolle spielen, und definieren den Begriff der Transformationsregel.
Wir gehen aus von einer zulässigen Theoriespezifikation $\mathcal{T} = (S, \Sigma, \text{Ax})$.

Definition 4.1 Seien m eine Stelle, $s \in S$, $w \in S^*$, $x^* \in V_w$, $y \in V_s$ und $\varphi \in F(\Sigma, V)$ mit $\text{Var}(\varphi) = \text{Var}(x^*) \cup \{y\}$. φ enthalte keine Quantoren. Die Σ-Formel $\psi \in F_0(\Sigma, V)$ mit $\psi = \forall x^*{:}w \; \exists y{:}s \; \varphi[\![\, m, y \,]\!]$ heißt dann eine *Existenzformel*.

Eine *Spezifikationsformel* ist eine durch Skolemisierung aus einer Existenzformel ψ entstandene Formel ψ_0 .
Seien etwa $\psi = \forall x^*{:}w \; \exists y{:}s \; \varphi[\![\, m, y \,]\!]$, Σ' eine S-sortierte Signatur, $f \in \Sigma'^d_{w,s}$, $f \notin \Sigma$ und $\Sigma' = \Sigma \cup \{f\}$.
Dann ist die Σ'-Formel $\psi_0 \in F_0(\Sigma', V)$ mit $\psi_0 = \forall x^*{:}w \; \varphi[\![\, m, fx^* \,]\!]$ eine Spezifikationsformel.   ∎

Definition 4.2 Sei Σ' wie in Definition 4.1. Eine *Transformationsregel* $\Rightarrow_R$ ist eine Relation $\Rightarrow_R \subseteq F_0(\Sigma', V) \times P(F_0(\Sigma', V))$.

Wir schreiben $\varphi \Rightarrow_R \Phi$ anstatt $(\varphi, \Phi) \in \; \Rightarrow_R$ und sprechen von der "Anwendung" einer Transformationsregel $\Rightarrow_R$ auf eine Σ'-Formel φ .
Manchmal steht $\varphi \Rightarrow_{R,\delta} \Phi$ statt $\varphi \Rightarrow_R \Phi \cup \{\delta\}$, falls $\delta \in \text{Ax}$.

Für $\Psi \subseteq F_0(\Sigma', V)$ ist die zugehörige Reduktionsrelation auf $P(F_0(\Sigma', V)) \times P(F_0(\Sigma', V))$ definiert durch:

$$\Psi \cup \{\varphi\} \Rightarrow_R \Psi \cup \Phi \quad \text{gdw.} \quad \varphi \Rightarrow_R \Phi \, .$$

Eine *Transformation* $\Phi_0 \Rightarrow^+ \Phi_n$ ist eine nicht leere Folge von Reduktionsschritten $\Phi_0 \Rightarrow_{R_1} \Phi_1 \Rightarrow_{R_2} \ldots \Rightarrow_{R_n} \Phi_n$ mit Transformationsregeln $\Rightarrow_{R_i}$ $(1 \leq i \leq n)$. ∎

Eine zentrale Eigenschaft der Transformationsregeln ist ihre *Korrektheit* bzgl. einer zulässigen Theoriespezifikation, die wie folgt definiert wird:

Definition 4.3 Sei $\Sigma' = \Sigma \cup \{f\}$ die Erweiterung der Signatur Σ um das Funktionssymbol f.

Eine Transformationsregel $\Rightarrow_R$ ist *korrekt* bzgl. der zulässigen Theoriespezifikation $\mathcal{T}$ gdw.:

Für alle $\varphi \in F_0(\Sigma', V)$ und $\Phi \subset F_0(\Sigma', V)$ mit $\varphi \Rightarrow_R \Phi$ gilt:

$$Ax \models_s \bigwedge \Phi \to \varphi.$$

Das heißt, für jede $\{f\}$-Expansion I eines Standardmodells von $\mathcal{T}$ gilt:
$I \models \bigwedge \Phi \to \varphi$.

Entsprechend heißt eine Transformation korrekt bzgl. $\mathcal{T}$, wenn alle in ihr angewandten Transformationsregeln bzgl. $\mathcal{T}$ korrekt sind.
Auf den Bezug zur Theoriespezifikation wird verzichtet, sofern er aus dem Zusammenhang hervorgeht. ∎

In Abschnitt 5 werden die Transformationsregeln angegeben. Dabei wird für jede Regel nachgewiesen, daß sie korrekt ist bzgl. einer zulässigen Theoriespezifikation $\mathcal{T}$.

Wir zeigen aber zunächst, wie eine Transformation aussieht, die aus der Spezifikationsformel ψ_0 aus Beispiel 4.1 eine Menge von Definitionsformeln ableitet.

Beispiel 4.2 Seien $\mathcal{T} = (S, \Sigma \cup \{append\}, Ax \cup DEF_{append})$ und $\psi_0 = \forall l{:}list\; append(l\; f(l)) \equiv l$. Wir beschreiben nun in informeller Weise die

Transformation $\{\psi_0\} \Rightarrow^+ DEF_f$ mit

$DEF_f = \{\ \forall l\text{:list } [l\equiv empty \rightarrow f(l)\equiv l]$
$\qquad\qquad \forall l,l''\text{:list } \forall x\text{:nat } [l\equiv add(x\ l'') \rightarrow f(l)\equiv f(l'')] \ \}\ .$

Das Programm, das, ausgehend von der Spezifikationsformel ψ_0, für f abgeleitet werden soll, beschreibt f durch eine Menge von Definitionsformeln. Dazu müssen zunächst eine geeignete Fallunterscheidung sowie ein Rekursionsschema gefunden werden. In diesem Zusammenhang spielt die *Induktionsregel* eine zentrale Rolle im Transformationsprozeß: Sie erzeugt eine Fallunterscheidung für das neue Programm und liefert durch eine geeignete Induktionshypothese die Substitutionen für den rekursiven Aufruf.

Aus der Spezifikation ψ_0 erhält man durch Anwendung der Induktionsregel zwei Formeln: eine Induktionsbasis, aus der die Definition für den Basisfall abgeleitet wird, und einen Induktionsschritt, der die rekursive Definitionsformel liefert:

$\psi_1 = \forall l\text{:list } [l\equiv empty \rightarrow append(l\ f(l))\equiv l]$ und

$\psi_2 = \forall l,l''\text{:list } \forall x\text{:nat } [\ [\ l\equiv add(x\ l'') \wedge append(l''\ f(l''))\equiv l'']$
$\qquad\qquad\qquad\qquad\qquad\qquad \rightarrow append(l\ f(l))\equiv l]\ .$

Die Transformationsregel für *symbolische Evaluierung* ersetzt mit Hilfe des ersten Definitionsaxioms für append in ψ_1 den Term $append(l\ f(l))$ durch f(l) und erzeugt damit die erste Definitionsformel für f :

$\psi_3 = \forall l\text{:list } [l\equiv empty \rightarrow f(l)\equiv l]\ .$

Aus ψ_2 erzeugt die gleiche Regel zusammen mit dem zweiten Definitionsaxiom für append die Formel

$\psi_4 = [\ [\ l\equiv add(x\ l'') \wedge append(l''\ f(l''))\equiv l''] \rightarrow add(x\ append(l''\ f(l)))\equiv l]\ .$

(Die Allquantoren haben wir der Übersichtlichkeit wegen weggelassen.)

Die Transformationsregel der *Substitution* modifiziert ψ_4 , indem sie die
Variable l auf der rechten Seite der entsprechenden Gleichung durch den
Term add(x l'') ersetzt:

$$\psi_5 = [\ [\ l \equiv add(x\ l'') \ \wedge \ append(l''\ f(l''))\equiv l''\ ]$$
$$\rightarrow \ add(x\ append(l''\ f(l)))\equiv add(x\ l'')\ ]\ .$$

Man erhält also (in der Konklusion) eine Gleichung, deren Terme identische
führende Funktionssymbole aufweisen und im ersten Argument (x) überein-
stimmen. Die *Extraktionsregel für Funktionsausdrücke* ersetzt diese Gleichung durch eine neue, indem sie die beiden zweiten Argumente identifiziert:

$$\psi_6 = [\ [\ l\equiv add(x\ l'') \ \wedge \ append(l''\ f(l''))\equiv l''] \ \rightarrow \ append(l''\ f(l))\equiv l''\ ]\ .$$

Die Korrektheit dieser Transformationsregel folgt aus der Funktionalität
der Funktion add.
In ähnlicher Weise arbeitet die *Extraktionsregel für die Gleichheit*, indem
sie die Transitivität des Gleichheitsprädikates ausnutzt: Sind die rechten Seiten von Konklusion und Prämisse identisch, so werden ihre linken Seiten
identifiziert. Wir wenden diese Regel auf ψ_6 an und erhalten:

$$\psi_7 = [\ l\equiv add(x\ l'') \ \rightarrow \ append(l''\ f(l))\equiv append(l''\ f(l''))\ ]\ .$$

Aus dieser Formel können schließlich durch erneute Extraktion die beiden
Skolemterme isoliert und identifiziert werden, und wir erhalten folgende
Definitionsformel:

$$\psi_8 = \forall l,l'':list\ \forall x:nat\ [\ l\equiv add(x\ l'') \ \rightarrow \ f(l)\equiv f(l'')\ ]\ .$$

Das heißt, die Transformation

$$\{\psi_0\}\ \Rightarrow_{IND}\ \{\psi_1,\psi_2\}\ \Rightarrow_{EV,APPEND1}\ \{\psi_3,\psi_2\}\ \Rightarrow_{EV,APPEND2}\ \cdots$$

$$\cdots\ \Rightarrow_{EX.F}\ \{\psi_3,\psi_8\} = DEF_f$$

hat ein Programm zur Berechnung der Skolemfunktion f erzeugt. ∎

Ein solcher Transformationsprozeß stellt unter bestimmten Voraussetzungen einen konstruktiven Beweis der ursprünglichen Existenzaussage ψ dar. Um dies zu erläutern, geben wir nun eine abstrakte Beschreibung des Verfahrens und zeigen anschließend seine Korrektheit.

Das Syntheseverfahren prüft, ob eine Existenzformel ψ zulässig ist für eine zulässige Theoriespezifikation $\mathcal{T} = (S, \Sigma, \text{Ax})$, d.h. ob $\psi \in \text{Th}(\mathcal{T})$ gilt, auf folgende Weise:
Die Existenzformel $\psi = \forall x^*{:}w \; \exists y{:}s \; \varphi[\![\,y\,]\!]$ wird skolemisiert. Dadurch entsteht eine Spezifikationsformel $\psi_0 = \forall x^*{:}w \; \varphi[\![\,fx^*\,]\!]$, wobei f ein neues Funktionssymbol ist, d.h. es ist $f \notin \Sigma$.

Die Formel ψ_0 wird als eine *Spezifikation* dieser neuen Funktion aufgefaßt. Ausgehend von dieser Spezifikation ψ_0 wird nun unter Zuhilfenahme der Axiome aus Ax eine Transformation aufgebaut:

$$\{\psi\} \; \Rightarrow_{\text{SKO}} \; \{\psi_0\} \; \Rightarrow_{R_1} \; \Phi_1 \; \Rightarrow_{R_2} \; \cdots \; \Rightarrow_{R_n} \; \Psi \; .$$

Diese Transformation stellt einen Problemreduktionsprozeß dar. Sie erzeugt aus der Formel ψ , dem ursprünglichen Problem oder *Ziel* (engl. *goal*), sukzessive Formeln, die Teilprobleme oder sogenannte *Unterziele* (engl. *subgoals*) darstellen. Die "Lösung" dieser Teilprobleme ist hinreichend dafür, daß $\psi \in \text{Th}(\mathcal{T})$ gilt.

Wie sehen nun diese Teilprobleme aus?

Der Transformationsprozeß resultiert in einer Formelmenge Ψ , und ein Teil der Formeln aus Ψ stellt eine Menge von Definitionsformeln für die Skolemfunktion f dar. Das heißt, Ψ läßt sich syntaktisch in zwei Teilmengen zerlegen: $\Psi = \Psi_D \cup \Psi_R$.
$\Psi_D = \text{DEF}_f$ ist eine Menge von Definitionsformeln für f .

Ψ_R ist eine Menge sogenannter *Restformeln*. Das sind Formeln, in denen f zwar vorkommen kann, die aber keine Definitionsformeln im Sinne von Definition 3.11 darstellen.

Die Lösung der Teilprobleme aus Ψ erfolgt nun in zwei Schritten:

(1) Es muß gezeigt werden, daß DEF_f zulässig ist für $\mathcal{T}$.

Die Bedingungen (1) und (2) aus Definition 3.12 an das Funktionssymbol f sind durch die Konstruktion der Spezifikationsformel gemäß Definition 4.1 bereits erfüllt.

Also bleiben noch die Terminierungsbedingung und die Fallunterscheidung von DEF_f zu untersuchen.

In Abschnitt 7.5. wird gezeigt, wie erreicht werden kann, daß ein synthetisiertes Programm DEF_f zulässig ist für die zugrundeliegende Theoriespezifikation. Diese Eigenschaft wird im wesentlichen von der Induktionsregel bestimmt, die im Syntheseprozeß eine entscheidende Rolle spielt. Wie in Beispiel 4.2 bereits angedeutet, erzeugt sie eine vollständige und deterministische Fallunterscheidung für das zu synthetisierende Programm. Anschließend stellt eine *gezielte* Anwendung der Transformationsregeln sicher, daß diese Eigenschaften der Fallunterscheidung während des gesamten Syntheseprozesses erhalten bleiben.

Die Terminierungsbedingung wird garantiert, indem für rekursive Funktionsaufrufe nur Skolemterme aus der Induktionshypothese verwendet werden.

Ist DEF_f also zulässig für $\mathcal{T}$, so kann $\mathcal{T}$ zu einer zulässigen Theoriespezifikation $\mathcal{T}' = (S, \Sigma \cup \{f\}, Ax \cup DEF_f)$ erweitert werden.

Die Forderung, die nun noch zu erfüllen ist, lautet:

(2) Falls $\Psi_R \neq \emptyset$, muß gezeigt werden, daß $\Psi_R \subset Th(\mathcal{T}')$ gilt.

Das bedeutet, jede Restformel aus Ψ_R muß zulässig sein für die neue Theoriespezifikation $\mathcal{T}'$. Diese Prüfung erfolgt, indem die Restformeln zum Beweis an das Induktionssystem gegeben werden. Erhalten wir für jede

Restformel $\varphi \in \Psi_R$: $Ax \cup DEF_f \vdash_I \varphi$,   so ist Forderung (2) erfüllt.

Mit Erfüllung der Forderungen (1) und (2) ist nun auch das ursprüngliche Problem ψ gelöst: Für die Existenzformel ψ gilt dann: $\psi \in Th(\mathcal{T})$.

Das bedeutet, eine erfolgreiche Anwendung des Syntheseverfahrens liefert einen Induktionsbeweis der Existenzformel ψ *und* ein Programm DEF_f zur "Berechnung" eines lösenden Skolemterms.

Dies ist die Aussage des Korrektheitssatzes, der im nächsten Teilabschnitt behandelt wird.

Der in Beispiel 4.2 begonnene Beweis kann nun wie folgt zu Ende geführt werden:

Beispiel 4.3 Ausgehend von der zulässigen Theoriespezifikation
$\mathcal{T} = (\mathcal{S}, \Sigma, Ax)$ mit
$\mathcal{S} = \{$bool, nat, list$\}$,
$\Sigma = \{$T, F, 0, s, empty, add, append$\}$ und
$Ax = REP_{bool} \cup REP_{nat} \cup REP_{list} \cup REP_{append}$
und der Existenzformel $\psi = \forall l{:}list \; \exists l'{:}list \; append(l\; l') \equiv l$ mit zugehöriger
Spezifikation $\psi_0 = \forall l{:}list \; append(l\; f(l)) \equiv l$ war dort eine Transformation
$\{\psi_0\} \; \Rightarrow^+ \; \Psi$ ausgeführt worden.

Diese Transformation erfüllt die oben genannten Forderungen:
Wir erhalten $\Psi = \Psi_D \cup \Psi_R$ mit $\Psi_D = DEF_f$ und $\Psi_R = \emptyset$.

$DEF_f = \{ \;\; \forall l{:}list \; [\; l \equiv empty \; \rightarrow \; f(l) \equiv l \;]$
$\qquad\qquad \forall l,l''{:}list \; \forall x{:}nat \; [\; l \equiv add(x\; l'') \; \rightarrow \; f(l) \equiv f(l'') \;] \; \}$

ist zulässig für $\mathcal{T}$:
Die Fallunterscheidung $FU_f = \{ \; l \equiv empty \;,\; \exists x{:}nat \; \exists l''{:}list \; l \equiv add(x\; l'') \; \}$ ist
vollständig und deterministisch, denn es gilt (vgl. Beispiel 3.4):
$REP_{list} \models_s \forall l{:}list \; [\; l \equiv empty \; \vee \; \exists x{:}nat \; \exists l''{:}list \; l \equiv add(x\; l'') \;]$ und
$REP_{list} \models_s \forall l{:}list \; \neg [\; l \equiv empty \; \wedge \; \exists x{:}nat \; \exists l''{:}list \; l \equiv add(x\; l'') \;]$.

Die Terminierungsbedingung ist ebenfalls erfüllt, denn für zwei Listen l und l'', mit $l = add(x\ l'')$ für ein $x \in NAT$, ist l'' "strukturell kleiner" ($<_s$) als l (vgl. Beispiel 3.4).

Da die Menge Ψ_R der Restformeln leer ist, ist damit der Syntheseprozeß erfolgreich beendet, und nach dem Korrektheitssatz (Theorem 4.5) gilt dann: $\psi \in Th(T)$.

■

Wir fassen zusammen:

Das Syntheseverfahren ist eine Methode, die Zulässigkeit einer Existenzformel ψ für eine (zulässige) Theoriespezifikation T zu zeigen.
Ausgehend von einer Skolemisierung ψ_0 dieser Existenzformel wird eine Transformation $\{\psi_0\} \Rightarrow^+ \Psi$ ausgeführt, die aus ψ_0 eine Menge von "Teilproblemen" erzeugt: Wir erhalten $\Psi = \Psi_D \cup \Psi_R$.
Erfüllt Ψ die Bedingungen (1) und (2), so ist $\Psi_D = DEF_f$ ein für T zulässiges Programm, das die Skolemfunktion f berechnet, und die Transformation $\{\psi_0\} \Rightarrow^+ \Psi$ stellt einen *Induktions*beweis der Existenzaussage ψ dar.

Die Anwendung der Induktionsregel auf eine Spezifikationsformel ist ein zentraler Schritt im Syntheseprozeß: Er beinhaltet die Auswahl eines zum Beweis der Existenzaussage geeigneten *Induktionsaxioms*.

4.2 Korrektheit

Wir gehen aus von einer korrekten Theoriespezifikation $\mathcal{T} = (\mathcal{S}, \Sigma, \text{Ax})$, einer Existenzformel ψ und einer zugehörigen Spezifikation ψ_0 und zeigen, daß eine Transformation $\{\psi_0\} \Rightarrow^+ \Psi$, die den Bedingungen (1) und (2) aus Abschnitt 4.1 genügt, einen Beweis der Existenzformel ψ darstellt. Bevor wir den Korrektheitsbeweis des Syntheseverfahrens zunächst informell skizzieren, beschreibt das folgende Lemma noch eine wichtige Eigenschaft korrekter Transformationen.

Sei $\Sigma' = \Sigma \cup \{f\}$ wieder die Erweiterung der Signatur Σ um das Funktionssymbol f .

Lemma 4.1 Seien $\Delta, \Delta' \subset F_0(\Sigma', V)$. Dann gilt für eine korrekte Transformation $\Delta \Rightarrow^+ \Delta'$:

$I \models \bigwedge \Delta' \to \bigwedge \Delta$ für jede $\{f\}$-Expansion I eines Standardmodells von $\mathcal{T}$.

Beweis: Der Beweis wird durch Induktion über die Länge der Transformation geführt.

(i) Induktionsanfang

Für eine Transformation der Länge 1 : $\Psi \cup \{\varphi\} \Rightarrow_R \Psi \cup \Phi$ mit korrektem $\Rightarrow_R$, $\Psi, \Phi \subset F_0(\Sigma', V)$ und $\varphi \in F_0(\Sigma', V)$ gilt nach Definition 4.3:

$I \models \bigwedge \Phi \to \varphi$.

Daraus folgt $I \models \bigwedge \Psi \wedge \bigwedge \Phi \to \bigwedge \Psi \wedge \varphi$ und damit

$I \models \bigwedge (\Psi \cup \Phi) \to \bigwedge (\Psi \cup \{\varphi\})$. $\square$

(ii) Induktionsschritt

Sei $\Phi_0 \Rightarrow_{R_1} \Phi_1 \Rightarrow_{R_2} \ldots \Rightarrow_{R_n} \Phi_n$ eine korrekte Transformation der Länge $n > 1$, und es gelte $I \models \bigwedge \Phi_n \to \bigwedge \Phi_1$.

Mit (i) gilt dann aber auch $I \models \bigwedge \Phi_1 \to \bigwedge \Phi_0$, und daraus folgt sofort

$I \models \bigwedge \Phi_n \to \bigwedge \Phi_0$. $\square$

$\blacksquare$

Zu zeigen ist nun:

Seien $T = (S, \Sigma, Ax)$ eine zulässige Theoriespezifikation und $\psi \in F_0(\Sigma', V)$ eine Existenzformel.
Eine korrekte Transformation einer zugehörigen Spezifikationsformel ψ_0 in eine Menge von Definitions- und Restformeln
$\{\psi_0\} \Rightarrow^+ \Psi$ mit $\Psi = \Psi_D \cup \Psi_R$, die folgenden Bedingungen genügt,
(1) $\Psi_D = DEF_f$ ist zulässig für T und
(2) $\Psi_R \subseteq Th(T')$ mit $T' = (S, \Sigma \cup \{f\}, Ax \cup DEF_f)$,
garantiert die Zulässigkeit der Existenzformel ψ für T, d.h. $\psi \in Th(T)$.

Wir gehen wie folgt vor:

Zunächst folgt aus Lemma 4.1 und (2)
    $\psi_0 \in Th(T')$ (Lemma 4.2) .
Mit der "Korrektheit" der Skolemisierung erhalten wir daraus
    $\psi \in Th(T')$ (Lemma 4.3) .
Den entscheidenden Schritt ermöglicht nun Lemma 4.4:
    $\psi \in Th(T')$ gdw. $\psi \in Th(T)$,
und damit haben wir unser Ziel erreicht. Es gilt:
    $\psi \in Th(T)$.

Lemma 4.2 Seien $T = (S, \Sigma, Ax)$ eine zulässige Theoriespezifikation , $\psi \in F_0(\Sigma, V)$ eine Existenzformel, ψ_0 eine zugehörige Spezifikation und $\{\psi_0\} \Rightarrow^+ \Psi$ eine bzgl. T korrekte Transformation mit $\Psi = \Psi_D \cup \Psi_R$. $\Psi_D = DEF_f$ sei zulässig für T und $T' = (S, \Sigma \cup \{f\}, Ax \cup DEF_f)$ sei die zulässige Erweiterung von T um das neue Programm DEF_f . Außerdem gelte $\Psi_R \subseteq Th(T')$.

Dann gilt $\psi_0 \in Th(T')$.

Beweis: Mit $\Psi_D = DEF_f$, $\Psi_R \subseteq Th(T')$ und $\Psi = \Psi_D \cup \Psi_R$ ist $\Psi \subseteq Th(T')$. Das heißt, für ein Standardmodell I' von T' gilt:

(*) $\Gamma' \models \bigwedge \Psi$.

Da die Transformation $\{\psi_0\} \Rightarrow^+ \Psi$ bzgl. $\mathcal{T}$ korrekt ist, gilt nach Lemma 4.1 für jede $\{f\}$-Expansion I eines Standardmodells von $\mathcal{T}$:

$I \models \bigwedge \Psi \to \psi_0$, also gilt insbesondere $\Gamma' \models \bigwedge \Psi \to \psi_0$.

Aus (*) folgt damit sofort $\Gamma' \models \psi_0$, und das bedeutet $\psi_0 \in \text{Th}(\mathcal{T}')$.

■

Lemma 4.3 Seien alle Größen wie in Lemma 4.2 angegeben.

Es seien $\psi = \forall x^*{:}w \; \exists y{:}s \; \varphi[\![\,y\,]\!]$ für $w \in S^*$, $s \in S$, $x^* \in V_w$, $y \in V_s$, $\varphi \in F(\Sigma, V)$ und $\psi_0 = \forall x^*{:}w \; \varphi[\![\,fx^*\,]\!]$ durch Skolemisierung aus ψ entstanden.

Für eine zulässige Theoriespezifikation $\mathcal{T}'$ mit $\psi_0 \in \text{Th}(\mathcal{T}')$ gilt auch:
$\psi \in \text{Th}(\mathcal{T}')$.

Beweis: Es gilt $\models \psi_0 \to \psi$ und daraus folgt sofort die Behauptung.

■

Das folgende Lemma spielt die zentrale Rolle im Korrektheitsbeweis des Syntheseverfahrens.

Es besagt, daß bei zulässiger Erweiterung einer zulässigen Theoriespezifikation $\mathcal{T}$ um neue Programme einerseits keine Erkenntnisse verlorengehen: Alle Sätze, die in der ursprünglichen Theoriespezifikation $\mathcal{T}$ gegolten haben, gelten auch in der zulässigen Erweiterung $\mathcal{T}'$.

Andererseits bringt eine solche Erweiterung aber auch keine "neuen Erkenntnisse" über diejenigen Datenstrukturen und Algorithmen, die bereits in $\mathcal{T}$ bekannt sind. Alle Sätze aus $\text{Th}(\mathcal{T}')$, die ausschließlich Symbole aus Σ verwenden, liegen auch schon in $\text{Th}(\mathcal{T})$.

Lemma 4.4 Seien $\mathcal{T} = (S, \Sigma, \text{Ax})$ eine zulässige Theoriespezifikation, DEF_f eine für $\mathcal{T}$ zulässige Menge von Definitionsformeln und $\mathcal{T}' = (S, \Sigma \cup \{f\}, \text{Ax} \cup \text{DEF}_f)$ eine zulässige Erweiterung von $\mathcal{T}$.

Dann gilt für alle geschlossenen Formeln $\varphi \in F_0(\Sigma, V)$:

$\varphi \in \mathrm{Th}(\mathcal{T})$ gdw. $\varphi \in \mathrm{Th}(\mathcal{T}')$.

Beweis:

1) "$\Rightarrow$" Die Behauptung folgt sofort aus der Monotonieeigenschaft der Standardmodelle zulässiger Theoriespezifikationen (Lemma 3.4). Danach gilt $\mathrm{Th}(\mathcal{T}) \subset \mathrm{Th}(\mathcal{T}')$. $\qquad\qquad$ □

2) "$\Leftarrow$" Angenommen, es gelte $\varphi \in \mathrm{Th}(\mathcal{T}')$, aber $\varphi \notin \mathrm{Th}(\mathcal{T})$. Nach der Definition der Modellbeziehung ist dann $\neg\varphi \in \mathrm{Th}(\mathcal{T})$. Mit $\varphi \in F_0(\Sigma, V)$ ist aber auch $\neg\varphi \in F_0(\Sigma, V)$.

Daher gilt nach 1): $\neg\varphi \in \mathrm{Th}(\mathcal{T}')$ im Widerspruch zur Voraussetzung $\varphi \in \mathrm{Th}(\mathcal{T}')$. $\qquad\qquad$ □

$\qquad\qquad$ ■

Zusammenfassend ergibt sich nun der Korrektheitssatz wie folgt:

Theorem 4.5 (Korrektheit des Syntheseverfahrens)

Seien $\mathcal{T} = (S, \Sigma, \mathrm{Ax})$ eine zulässige Theoriespezifikation, $\psi \in F_0(\Sigma, V)$ eine Existenzformel, ψ_0 eine zugehörige Spezifikation und $\{\psi_0\} \Rightarrow^+ \Psi$ eine bzgl. $\mathcal{T}$ korrekte Transformation mit $\Psi = \Psi_D \cup \Psi_R$.

$\Psi_D = \mathrm{DEF}_f$ sei zulässig für $\mathcal{T}$, $\mathcal{T}' = (S, \Sigma \cup \{f\}, \mathrm{Ax} \cup \mathrm{DEF}_f)$ sei die zulässige Erweiterung von $\mathcal{T}$ um das neue Programm DEF_f , und es gelte $\Psi_R \subset \mathrm{Th}(\mathcal{T}')$.

Dann gilt $\psi \in \mathrm{Th}(\mathcal{T})$.

Beweis:

Mit Lemma 4.2 und Lemma 4.3 ist $\psi \in \mathrm{Th}(\mathcal{T}')$, und da $\psi \in F_0(\Sigma, V)$, gilt nach Lemma 4.4 $\psi \in \mathrm{Th}(\mathcal{T})$.

$\qquad\qquad$ ■

5. Transformationsregeln

Nachdem in den vorangegangenen Kapiteln das Prinzip des Beweisens von Existenzaussagen durch die Synthese von Programmen für Skolemfunktionen dargestellt, und die Korrektheit des zugrundeliegenden Kalküls gezeigt worden ist, sollen in diesem letzten Abschnitt des theoretischen Teils die einzelnen Transformationsregeln angegeben werden. Wir motivieren die Einführung jeder Regel ausführlich, geben ihre formale Definition und zeigen ihre Korrektheit.
Ein Beispiel, das sich durch den gesamten Abschnitt zieht, illustriert zusätzlich die *Verwendung* der einzelnen Transformationsregeln.

Wir legen im folgenden wieder eine zulässige Theoriespezifikation $T = (S, \Sigma, Ax)$ zugrunde und bezeichnen mit $\Sigma' = \Sigma \cup \{f\}$ die Erweiterung der Signatur Σ um das neue Funktionssymbol f.

5.1 Induktionsregeln

Den Nachweis, daß eine Existenzformel ψ in der Theorie einer zulässigen Theoriespezifikation T liegt, mit Hilfe des Syntheseverfahrens zu erbringen bedeutet, diese Formel mittels zusätzlicher Induktionsaxiome aus den Axiomen von T herzuleiten. Wie bereits mehrfach beschrieben, spielen daher die *Induktionsregeln* eine zentrale Rolle im Transformationsprozeß.
Die Induktionsregeln wählen ein zum Beweis der Existenzformel geeignetes Induktionsaxiom aus. Die erste dieser Regeln, sie wird im folgenden als *die Induktionsregel* ($\Rightarrow_{IND}$) bezeichnet, stellt nach einem vorgegebenen Schema ein allgemeines Induktionsaxiom für die aus ψ entstandene Spezifikationsformel ψ_0 zur Verfügung. Die zweite der Induktionsregeln, *Spezialisierungsregel* ($\Rightarrow_{SPEC}$) genannt, instanziiert dann zu einem späteren Zeitpunkt im Syntheseprozeß dieses Induktionsaxiom so, daß der Prozeß erfolgreich zu Ende geführt werden kann.

Wir behandeln zunächst die Induktionsregel.

Induktionsregel

Motivation Um eine Existenzformel ψ zu beweisen, soll aus einer zugehörigen Spezifikationsformel $\psi_0 = \forall x^*{:}w \; \varphi[\![fx^*]\!]$ ein Programm in Form zulässiger Definitionsformeln für die Skolemfunktion f abgeleitet werden. Diese Definition muß den Zulässigkeitsbedingungen aus Definition 3.12 genügen, d.h. man benötigt eine vollständige und deterministische Fallunterscheidung, sowie Rekursionssubstitutionen für die Argumente von f. Der enge Zusammenhang zwischen Induktion und Rekursion (vgl. [Boyer/Moore 79] und [Manna/Waldinger 80]) legt es nahe, diese Rekursionssubstitutionen mit Hilfe einer geeigneten Induktion zu gewinnen.

Der erste Schritt zum Beweis der Existenzformel ψ, bzw. zur Transformation der Spezifikation ψ_0, besteht daher in der Wahl eines *Induktionsaxioms*, d.i. eine Formel der Form $\bigwedge \Phi \rightarrow \psi_0$, wobei $\Phi \subset F_0(\Sigma',V)$. Aus den Formeln in Φ, den sogenannten *Induktionsformeln*, leitet man dann die Definitionsformeln für f ab. Natürlich spielt die *Auswahl* des Induktionsaxioms eine wichtige Rolle. Man orientiert sich dabei (wie in Abschnitt 8.1 noch ausgeführt wird) zunächst heuristisch an den Definitionen der in ψ vorkommenden Funktionen.

Mit $\psi_0 = \forall x^*{:}w \; \varphi[\![fx^*]\!]$ sind die Induktionsformeln Φ eines Induktionsaxioms $\bigwedge \Phi \rightarrow \psi_0$ Implikationen der Form $\forall \, [\varphi_i \rightarrow \varphi]$. Repräsentiert eine solche Implikation eine sogenannte *Induktionsbasis*, so besteht φ_i aus *Bedingungen* an die *Induktionsvariablen*, repräsentiert sie dagegen einen *Induktionsschritt*, so enthält φ_i zusätzlich die *Induktionshypothesen*.
Die Induktionsregel ($\Rightarrow_{IND}$) erzeugt mit Hilfe der Axiome von $\mathcal{T}$ eine vollständige (und deterministische) Fallunterscheidung für die Definition von f, stellt durch entsprechende Induktionshypothesen geeignete Rekursionssubstitutionen für Variablen aus x^* zur Verfügung und bestimmt so die Rekursionsargumente von f.

Wir geben nun eine formale Definition:

Definition Seien $I=\{1,\dots,n\}$ und $J=\{1,\dots,k\}$ Indexmengen, $w,v\in S^*$, $x^*\in V_w$, $y^*\in V_v$ und $\varphi\in F(\Sigma',V)$ mit $Var(\varphi)=Var(x^*)$.

Es sei $\Psi\subset F(\Sigma,V)$, wobei für jedes $\psi\in\Psi$ gilt: ψ ist eine Elementarkonjunktion und $Var(x^*)\cap Var(\psi)\neq\emptyset$.

Zusätzlich gelte: $\Psi=\Psi_B\cup\Psi_I$ mit $\Psi_B=\{\varphi_i\mid i\in I\}$ und $\Psi_I=\{\psi_j\mid j\in J\}$.

Außerdem seien $Var(y^*)=Var(\Psi)\setminus Var(x^*)$,

$\{\sigma^j_1,\dots,\sigma^j_{mj}\}\subset SUB(\Sigma,V)\mid_{Var(x^*)}$ für jedes $j\in J$ und $\Phi=\Phi_B\cup\Phi_I$ mit

$$\Phi_B = \{\ \forall\ [\varphi_i\to\varphi]\mid i\in I\}\ \text{und}$$

$$\Phi_I = \{\ \forall\ [\ [\psi_j\wedge\sigma^j_1\varphi\wedge\ \dots\ \wedge\sigma^j_{mj}\varphi]\to\varphi\ ]\mid j\in J\}.$$

Dann gilt $\forall x^*{:}w\ \varphi\ \Rightarrow_{IND}\ \Phi$ gdw.

(1) Die Formelmenge $\Psi'=\{\exists y^*{:}v\ \psi\mid\psi\in\Psi\}$ ist eine vollständige Fallunterscheidung in $\mathcal{T}$.

(2) Für jedes $j\in J$ ist jedes $\sigma\in\{\sigma^j_1,\dots,\sigma^j_{mj}\}$ eine Rekursionssubstitution unter ψ_j.   ∎

Beispiel 5.1 Sei $\mathcal{T}=(S,\Sigma,Ax)$ folgende zulässige Theoriespezifikation: $S=\{bool,nat\}$, $\Sigma=\{T,F,0,s,sub\}$ und $Ax=REP_{bool}\cup REP_{nat}\cup DEF_{sub}$ mit

$DEF_{sub}=\{\ \forall x,y{:}nat\ [\ x\equiv0\ \to\ sub(x\ y)\equiv0\ ]$,

$\qquad\qquad\forall x,y,u{:}nat\ [\ x\equiv s(u)\wedge\ y\equiv0\ \to\ sub(x\ y)\equiv x\ ]$,

$\qquad\qquad\forall x,y,u,v{:}nat\ [\ x\equiv s(u)\wedge\ y\equiv s(v)\ \to\ sub(x\ y)\equiv sub(u\ v)\ ]\ \}$.

Für $\psi=\forall x,y{:}nat\ \exists z{:}nat\ sub(z\ y)\equiv x$ sei zu zeigen, daß $\psi\in Th(\mathcal{T})$ gilt. Die Spezifikationsformel lautet $\psi_0=\forall x,y{:}nat\ sub(f(x\ y)\ y)\equiv x$.

Die Induktionsregel wählt y, das zweite Rekursionsargument der Funktion sub als Induktionsvariable und generiert folgendes Induktionsaxiom zum Beweis von ψ:

$\psi_1\wedge\psi_2\to\psi_0$, wobei

$\psi_1=\forall y{:}nat\ [\ y\equiv0\to\forall x{:}nat\ sub(f(x\ y)\ y)\equiv x\ ]$ und

$\psi_2 = \forall y,v{:}nat\ [\ y{\equiv}s(v)\ \wedge\ \forall x'{:}nat\ sub(f(x'\ v)\ v){\equiv}x'$

$$\rightarrow\ \forall x{:}nat\ sub(f(x\ y)\ y){\equiv}x\ ]\ .$$

Wir erhalten also $\{\psi_0\}\ \Rightarrow_{IND}\ \{\psi_1,\psi_2\}$.

ψ_1 ist die Induktionsbasis, ψ_2 der Induktionsschritt.

Aus jeder dieser beiden Induktionsformeln ist nun eine Definitionsformel für die Skolemfunktion abzuleiten.

ψ_1 muß die Definition für den Basisfall $y{=}0$ liefern,

ψ_2 eine rekursive Definition für den Fall $y{\neq}0$.

Die Bedingungen $\Psi' = \{y{\equiv}0,\ \exists v{:}nat\ y{\equiv}s(v)\}$ an die Induktionsvariable y in ψ_1 und ψ_2 bilden eine vollständige Fallunterscheidung in $\mathcal{T}$, denn mit $\varphi{\in}REP_{nat}$, $\varphi = \forall x{:}nat\ [x{\equiv}0\ \vee\ \exists y{:}nat\ x{\equiv}s(y)]$ (vgl. Beispiel 3.1), gilt: $Ax\ \models_s\ \forall y{:}nat\ \bigvee \Psi'$.

Die Substitution $\{y{\leftarrow}v\}$ ist eine Rekursionssubstitution unter $[y{\equiv}s(v)]$, denn für alle $y,v{\in}NAT$ ist $x{<}_sy$, falls $y{=}s(y)$. $<_s$ ist die strukturelle Ordnung auf *NAT*.   ∎

Korrektheit Es ist zu zeigen, daß das Induktionsaxiom $\bigwedge \Phi\ \rightarrow\ \forall x^*{:}w\ \varphi$ in jeder $\{f\}$-Expansion eines Standardmodells von $\mathcal{T}$ gilt.

Angenommen, für irgendeine solche $\{f\}$-Expansion $I{=}(A,a)$ gelte

(3) $I\ \models\ \bigwedge \Phi$ und $I\ \not\models\ \forall x^*{:}w\ \varphi$.

Dann gilt nach Definition der Modellbeziehung

(4) $I\ \models\ \exists x^*{:}w\ \neg\varphi$.

Sei $B = \{b^*{\in}A_w$ mit $I[x^*/b^*]\models\neg\varphi\}$. Aus (4) folgt: $B{\neq}\emptyset$.

Aus (2) folgt: es gibt eine fundierte Ordnungsrelation R auf A_w

(vgl. Anhang A), d.h. nach Definition 3.9 besitzt B ein R-minimales Element:

(5) $b^*_0{\in}B$.

Aus (1) folgt: es gibt ein $\psi{\in}\Psi$, so daß $I[x^*/b^*_0]\ \models\ \exists y^*{:}v\ \psi$.

Wir unterscheiden zwei Fälle:

(i) $\psi \in \Psi_B$:

Damit gilt für ein $i \in I$: $I[x^*/b^*_0] \models \exists y^*{:}v \; \varphi_i$.

Nach (3) gilt aber $I[x^*/b^*_0] \models \exists y^*{:}v \; \varphi_i \rightarrow \varphi$, also folgt $I[x^*/b^*_0] \models \varphi$

und damit $b^*_0 \notin B$ im Widerspruch zu (5). $\qquad\qquad\Box$

(ii) $\psi \in \Psi_I$:

Also gilt für ein $j \in J$: $I[x^*/b^*_0] \models \exists y^*{:}v \; \psi_j$, d.h. es gibt ein $a^* \in A_w$ mit

$I[x^*/b^*_0][y^*/a^*] \models \psi_j$ und damit folgt aus (3)

$I[x^*/b^*_0][y^*/a^*] \models [\; [\psi_j \wedge \sigma^j_1\varphi \wedge \ldots \wedge \sigma^j_{mj}\varphi] \rightarrow \varphi]$.

Nach (2) ist jedes $\sigma \in \{\sigma^j_1,\ldots,\sigma^j_{mj}\}$ eine Rekursionssubstitution unter ψ_j ,

d.h. es gilt $I[x^*/b^*_0][y^*/a^*](\sigma x^*) <_R b^*_0$.

Da jedoch b^*_0 R-minimal ist in B , folgt $I[x^*/b^*_0][y^*/a^*](\sigma x^*) \notin B$ und

damit $I[x^*/b^*_0][y^*/a^*] \models \sigma\varphi$ für jedes $\sigma \in \{\sigma^j_1,\ldots,\sigma^j_{mj}\}$.

Also gilt $I[x^*/b^*_0][y^*/a^*] \models \varphi$ und, da $Var(y^*) \cap Var(\varphi)=\emptyset$, auch

$I[x^*/b^*_0] \models \varphi$, d.h. $b^*_0 \notin B$ im Widerspruch zu (5). $\qquad\Box$

$\qquad\qquad\qquad\qquad\qquad\qquad\qquad\qquad\qquad\qquad\qquad\qquad\qquad\qquad\blacksquare$

Bezeichnungen Sei die Formel $\forall [\; [\psi_j \wedge \sigma^j_1\varphi \wedge \ldots \wedge \sigma^j_{mj}\varphi] \rightarrow \varphi]$ mit

$j \in J$ ein Induktionsschritt.

Dann nennen wir φ das *Induktionsziel* und jedes $\sigma^j_n\varphi$ mit $1 \leq n \leq mj$ ist

eine *Induktionshypothese*.

Im folgenden bezeichnen wir die *Literale* in Induktionszielen bzw. -hypothesen als *Zielliterale* (kurz: *Ziele*) bzw. *Hypothesenliterale* oder *Hypothesen*.

Bemerkung Die Induktionsregel stellt, ähnlich wie die entsprechende Komponente des Induktionsbeweisers INKA ein allgemeines, d.h. starkes Induktionsaxiom zur Verfügung:

Für eine Spezifikation $\psi_0 = \forall y^*{:}v \; \delta[\![fy^*]\!]$ erhalten wir Induktionshypothesen der Form $\forall z^*{:}u \; \sigma\delta$. $Var(z^*) = Var(y^*) \setminus DOM(\sigma)$ sind diejenigen Variablen, die *nicht* als Induktionsvariablen ausgewählt worden sind. Das heißt, ein Induktionsaxiom, das, wie in Beispiel 5.1, eine Induktionsbasis und einen Induktionsschritt enthält, sieht wie folgt aus:

$$[\forall[\varphi \to \delta] \; \wedge \; \forall[[\psi \; \wedge \; \forall z^*\!:\!u \; \sigma_1 \delta \; \wedge \; ... \; \wedge \; \forall z^*\!:\!u \; \sigma_m \delta] \; \to \; \delta] \; \to \; \forall y^*\!:\!v \; \delta \;].$$

Um einen Induktionsbeweis bzw. einen Syntheseprozeß erfolgreich durchführen zu können, benötigt man jedoch i.a. ein schwächeres Induktionsaxiom: man benötigt bestimmte *Instanzen* der Induktionshypothesen, also Formeln der Form $\sigma \circ \sigma'(\delta)$, wobei $\sigma' \subseteq SUB(\Sigma',V) \,|_{Var(z^*)}$.

Im Beweissystem von Boyer und Moore wird ein solches (schwächeres) Induktionsaxiom von der entsprechenden Systemkomponente schon a priori zur Verfügung gestellt. Dieses Vorgehen birgt allerdings die Gefahr in sich, von vorneherein mit "unpassenden" Induktionshypothesen zu operieren (vgl. auch Abschnitt 6.1). Die Instanzen der Induktionshypothesen werden dabei nach heuristischen Kriterien bestimmt, die sich an den Definitionen derjenigen Symbole orientieren, die in der Formel vorkommen.

Bei Beweisen mit dem Syntheseverfahren ist es aufgrund der Tatsache, daß für die Skolemfunktion noch keine Definitionsformeln vorhanden sind, gar nicht möglich, geeignete Instanzen für Induktionshypothesen a priori zu bestimmen. Dies kann, von Heuristiken gesteuert, erst im weiteren Verlauf der Transformation mit Hilfe der sogenannten *Spezialisierungsregel* geschehen. Diese Regel soll nun definiert werden.

Spezialisierungsregel

Motivation Bei Anwendung der Induktionsregel auf eine Spezifikationsformel $\psi_0 = \forall y^*\!:\!v \; \delta[\![fy^*]\!]$ werden im allgemeinen nicht alle Argumente von f als Induktionsvariablen bzw. Rekursionsargumente ausgewählt. ψ_0 läßt sich also schreiben als $\psi_0 = \forall x^*\!:\!w \; \forall z^*\!:\!u \; \delta$, wobei x^* die Induktionsvariablen und z^* die sogenannten *Nicht-Induktionsvariablen* sind.
Wir erhalten damit im allgemeinen Induktionsschritte der Form
$$\forall \; [\; [\psi_j \; \wedge \; \forall z^*\!:\!u \; \sigma^j_1 \delta \; \wedge \; ... \; \wedge \; \forall z^*\!:\!u \; \sigma^j_{mj} \delta] \; \to \; \delta] \;.$$
Um im Verlauf des Syntheseprozesses aus einem solchen Induktionsschritt eine Definitionsformel für f ableiten zu können, müssen Induktionsziel und

-hypothesen durch entsprechende Transformationsschritte weitgehend aneinander angeglichen werden. Dabei tritt dann der Fall ein, daß man, wie im normalen Induktionsbeweis auch, anstelle der allgemeinen Induktionshypothese $\forall z^*{:}u\ \sigma_i^j\delta$ eine bestimmte Instanz derselben benötigt, zum Beispiel die Formel $\sigma'\sigma_i^j\delta$ mit $\sigma'=\{z^*\leftarrow q^*\}$.

Die Spezialisierungsregel ($\Rightarrow_{SPEC}$) dient dazu, Induktionshypothesen in dieser Weise zu modifizieren.

Ein Induktionsschritt

$\forall\,[\ [\psi_j\ \wedge\ \forall z^*{:}u\ \sigma_1^j\delta\ \wedge\ \ldots\ \wedge\ \forall z^*{:}u\ \sigma_{mj}^j\delta]\ \to\ \delta]$ kann durch Verschieben aller Allquantoren in den Induktionshypothesen in folgende äquivalente Formel ψ umgeformt werden:

$\psi = \forall\,[\ \exists z^*{:}u'\ [\psi_j\ \wedge\ \sigma_1^j\delta\ \wedge\ \ldots\ \wedge\ \sigma_{mj}^j\delta]\ \to\ \delta]$.

Dabei sind $z^*{}'$ die Nicht-Induktionsvariablen aus allen mj Induktionshypothesen.

Die Spezialisierungsregel instanziiert nun *eine* Nicht-Induktionsvariable in *einer* Induktionshypothese, und das bedeutet, eine Variable aus $Var(z^*{}')$ wird durch einen Term t ersetzt. Um zu verhindern, daß durch einen solchen Transformationsschritt freie Variablen eingeführt werden, darf t nur Variablen enthalten, die bereits in der Formel vorkommen.

Definition Seien $w\in S^*$, $s\in S$, $x^*\in V_w$, $y\in V_s$, $\varphi\in F(\Sigma',V)$ mit $Var(\varphi) = Var(x^*)\cup\{y\}$, $t\in T(\Sigma,Var(x^*))_s$, $\sigma=\{y\leftarrow t\}$ eine Σ-Substitution und die Formel $\forall x^*{:}w\ \exists y{:}s\ \varphi$ ein Induktionsschritt.

Dann gilt $\quad\forall x^*{:}w\ \exists y{:}s\ \varphi\ \Rightarrow_{SPEC}\ \{\forall x^*{:}w\ \sigma\varphi\}$. ∎

Korrektheit Mit dem Substitutionslemma [Ebbinghaus et al. 78] gilt

$\models\ \sigma\varphi\ \to\ \exists y{:}s\ \varphi$ und damit $\models\ \forall x^*{:}w\ \sigma\varphi\ \to\ \forall x^*{:}w\ \exists y{:}s\ \varphi$. ∎

Beispiel 5.2 Der Induktionsschritt

$$\psi_2 = \ \forall y,v{:}nat\ [\ y{\equiv}s(v)\ \wedge\ \forall x'{:}nat\ sub(f(x'\ v)\ v){\equiv}x'$$
$$\rightarrow\ \forall x{:}nat\ sub(f(x\ y)\ y){\equiv}x\ ]$$

aus Beispiel 5.1 kann durch Verschieben der Allquantoren in Induktionsziel
und -hypothese in die äquivalente Formel

$$\psi_3 = \ \forall y,v,x{:}nat\ \exists x'{:}nat\ [\ y{\equiv}s(v)\ \wedge\ \ sub(f(x'\ v)\ v){\equiv}x'\ \rightarrow\ sub(f(x\ y)\ y){\equiv}x]$$

überführt werden.

Nun kann die Spezialisierungsregel z.B. in der Weise auf ψ_3 angewandt
werden, daß die Variable x' in der Hypothese durch den Term x ersetzt
wird:

$$\psi_3 \ \Rightarrow_{SPEC}\ \{\psi_4\}\ ,\ mit$$

$$\psi_4 = \ \forall y,v,x{:}nat\ [\ y{\equiv}s(v)\ \wedge\ \ sub(f(x\ v)\ v){\equiv}x\ \rightarrow\ sub(f(x\ y)\ y){\equiv}x\ ]\ .\qquad\blacksquare$$

Bemerkung Mit Anwendung der Spezialisierungsregel auf den Induktionsschritt wurde also das in Beispiel 5.1 von der Induktionsregel erzeugte,
allgemeine Induktionsaxiom der Form
$$[\ \forall\ [\varphi \rightarrow \delta]\ \wedge\ \forall\ [\ [\psi\ \wedge\ \forall z{:}s\ \sigma\delta]\ \rightarrow\ \delta]\ \rightarrow\ \forall y^*{:}v\ \delta\ ]\ \text{in das schwächere}$$
Induktionsaxiom
$$[\ \forall\ [\varphi \rightarrow \delta]\ \wedge\ \forall\ [\ [\psi\ \wedge\ \sigma{\circ}\sigma'(\delta)]\ \rightarrow\ \delta]\ \rightarrow\ \forall y^*{:}v\ \delta\ ]\ \text{mit}\ \sigma'{=}\{z{\leftarrow}t\}$$
transformiert.

Die beiden Induktionsregeln $\Rightarrow_{IND}$ und $\Rightarrow_{SPEC}$ sind diejenigen Werk-
zeuge des Synthesekalküls, die ein zum Beweis einer Existenzformel geeignetes Induktionsaxiom zur Verfügung stellen.
Die Trennung in Auswahl des Induktionsaxioms und Instanziierung der Induktionshypothesen ermöglicht es dabei, daß die Entscheidung, welches Induktionsaxiom nun tatsächlich im Beweis verwendet wird, in einem beliebi-
gen Stadium des Syntheseprozesses gefällt werden kann. Wir werden darauf
in Beispiel 5.7 noch näher eingehen.

5.2 Normalisierung

Motivation Nachdem die Induktionsregel auf eine Spezifikation ψ_0 angewandt worden ist, müssen aus den entstandenen Induktionsformeln die Definitionsformeln für die Skolemfunktion abgeleitet werden. Um die Transformationsregeln, die dazu benötigt werden, in uniformer Weise anwenden zu können, werden die Formeln zunächst in *pränexe konjunktive Normalform* (PKNF) [Bergmann/Noll 77] gebracht.

Definition Seien $\varphi \in F_0(\Sigma',V)$, $\Psi' \subset F(\Sigma',V)$ eine Menge von Elementardisjunktionen, die Formel $\mathrm{PKNF}(\varphi) = \forall \bigwedge \Psi'$ die pränexe konjunktive Normalform von φ und $\Psi = \{\forall \psi' \mid \psi' \in \Psi'\}$.

Dann gilt $\varphi \Rightarrow_{\mathrm{NORM}} \Psi$.   ∎

Korrektheit Es gilt $\models \bigwedge \Psi$ gdw. $\models \bigwedge \{\forall \psi' \mid \psi' \in \Psi'\}$ gdw.
$\models \forall \bigwedge \{\psi' \mid \psi' \in \Psi'\}$ gdw. $\models \forall \bigwedge \Psi'$.
Für $\forall \bigwedge \Psi' = \mathrm{PKNF}(\varphi)$ gilt aber $\models \forall \bigwedge \Psi' \leftrightarrow \varphi$ [Bermann/Noll 77]
und damit insbesondere $\models \bigwedge \Psi \rightarrow \varphi$.   ∎

Die Formeln $\psi \in \Psi$, die durch Anwendung der Normalisierungsregel entstehen, haben also die Form $\forall \psi'$, wobei ψ' eine Elementardisjunktion ist. Jedes $\psi \in \Psi$ läßt sich demnach schreiben als Implikation der Form $\forall [\psi_i \rightarrow \psi'']$. ψ_i ist dann eine Elementarkonjunktion, ψ'' eine -disjunktion. Wird die Normalisierungsregel auf eine Induktionsformel φ angewandt, so lassen sich alle Formeln $\psi \in \Psi$ so schreiben, daß dieses ψ_i die Bedingung an die Induktionsvariablen aus der Induktionsformel φ ist. Das heißt, jede Formel aus Ψ hat dann bereits die Struktur einer Definitionsformel $\forall [\psi_i \rightarrow ...]$.
Gelingt es nun für ein solches $\psi \in \Psi$, $\psi = \forall [\psi_i \rightarrow \psi'']$, die Formel ψ'' in eine definierende Gleichung für die Skolemfunktion zu transformieren,

d.h. in eine Gleichung der Form $f(x^*) \equiv t$, so hat man bereits eine Definition für den "Fall" ψ_i abgeleitet. Die übrigen Formeln aus Ψ werden dann nicht mehr benötigt. Sie müssen später als Restformeln bewiesen werden.

Ein kurzes Beispiel soll dies erläutern.

Beispiel 5.3 Sei $\mathcal{T} = (S, \Sigma, V)$ eine zulässige Theoriespezifikation mit $S = \{\text{bool, nat}\}$, $\Sigma = \{T, F, 0, s, ge, plus\}$ und
$Ax = REP_{bool} \cup REP_{nat} \cup DEF_{ge} \cup DEF_{plus}$.

DEF_{ge} und DEF_{plus} seien Programme zur Berechnung des $\geq$ - Prädikates bzw. der Addition auf den natürlichen Zahlen und

$$\psi = \forall x,y{:}nat \; \exists z{:}nat \; [\; ge(x \; y) \equiv T \; \rightarrow \; plus(z \; y) \equiv x \;]$$

sei die zu beweisende Existenzformel. Dann liefert die Induktionsregel, angewandt auf die Spezifikation

$$\psi_0 = \forall x,y{:}nat \; [\; ge(x \; y) \equiv T \; \rightarrow \; plus(f(x \; y) \; y) \equiv x \;] \; ,$$

neben zwei Induktionsbasen, die hier keine Rolle spielen, folgenden Induktionsschritt:

$$\psi_3 = \forall x,y,u,v{:}nat \; [\; x \equiv s(u) \; \wedge \; y \equiv s(v) \; \wedge \; [ge(u \; v) \equiv T \; \rightarrow \; plus(f(u \; v) \; v) \equiv u]$$
$$\rightarrow \; [ge(x \; y) \equiv T \; \rightarrow \; plus(f(x \; y) \; y) \equiv x] \; .$$

Darauf wird die Normalisierungsregel angewandt:

$$\psi_3 \Rightarrow_{NORM} \{\psi_3', \psi_3''\} \; \text{mit}$$

$$\psi_3' = \forall x,y,u,v{:}nat \; [\neg x \equiv s(u) \; \vee \; \neg y \equiv s(v) \; \vee \; ge(u \; v) \equiv T \; \vee$$
$$\neg ge(x \; y) \equiv T \; \vee \; plus(f(x \; y) \; y) \equiv x]$$

und

$$\psi_3'' = \forall x,y,u,v{:}nat \; [\neg x \equiv s(u) \; \vee \; \neg y \equiv s(v) \; \vee \; \neg plus(f(u \; v) \; v) \equiv u \; \vee$$
$$\neg ge(x \; y) \equiv T \; \vee \; plus(f(x \; y) \; y) \equiv x].$$

Mit $\varphi = [x \equiv s(u) \wedge y \equiv s(v)]$ lassen sich diese Formeln wie folgt als Implikationen darstellen:

$$\psi_3' = \forall x,y,u,v{:}nat \ [\ \varphi \ \to \ [\ ge(u\ v) \equiv T \vee \neg ge(x\ y) \equiv T \vee plus(f(x\ y)\ y) \equiv x] \ ]$$

und

$$\psi_3'' = \forall x,y,u,v{:}nat \ [\ \varphi \ \to \ [\ \neg plus(f(u\ v)\ v) \equiv u \vee \neg ge(x\ y) \equiv T \vee$$
$$plus(f(x\ y)\ y) \equiv x] \ ] \ .$$

Das heißt, beide Formeln enthalten die Variablenbedingung φ aus der Induktionsformel ψ_3 .

Um nun eine Definitionsformel der Form $\forall x,y,u,v{:}nat \ [\varphi \to f(x\ y) \equiv t]$ abzuleiten, genügt es, eine der beiden Formeln zu transformieren; die andere muß später als Restformel bewiesen werden.

Wie die Transformation erfolgt und nach welchen Kriterien die weiter zu transformierende Formel ausgewählt wird, wird in Abschnitt 7.4 anhand dieses Beispiels erläutert.

■

Das folgende Lemma beschreibt nun formal die Eigenschaft, daß für eine Induktionsformel φ mit $\varphi \Rightarrow_{NORM} \Psi$ jede Formel $\psi \in \Psi$ die Variablenbedingungen aus φ enthält.

Lemma 5.1 Seien $\delta \in F_0(\Sigma',V)$ eine Induktionsformel wie in Abschnitt 5.1 angegeben und $\psi_j \in F_0(\Sigma,V)$ die von der Induktionsregel eingeführte Bedingung an die Induktionsvariablen.

Außerdem seien $\Psi' \subset F(\Sigma',V)$ eine Menge von Elementardisjunktionen und $PKNF(\delta) = \forall \bigwedge \Psi'$.

Dann läßt sich jede Formel $\psi' \in \Psi'$ schreiben als Implikation der Form $[\psi_j \to \psi]$, wobei $\psi \in F(\Sigma',V)$ eine Elementardisjunktion ist.

Beweis

Fall 1: Sei $\delta = \forall\, [\psi_j \to \varphi]$ eine Induktionsbasis, oBdA in Pränexform (d.h. ψ_j und φ sind quantorenfrei).

Wir überführen δ in die äquivalente Formel $\delta' = \forall\, [\neg\psi_j \vee \varphi]$.

Sei nun $\Psi \subset F(\Sigma',V)$ eine Menge von Elementardisjunktionen und $\bigwedge\Psi$ die konjunktive Normalform von φ.

Nach Definition der Induktionsregel ist ψ_j eine Elementarkonjunktion. Also ist die Formel $\neg\psi_j$ eine Elementardisjunktion. Gemäß dem Algorithmus zur Herstellung der konjunktiven Normalform [Bergmann/Noll 77] erhalten wir durch "Ausmultiplizieren" (Verwendung der Distributivität von $\wedge$ und $\vee$) als konjunktive Normalform von δ die Formel $\forall\, \bigwedge\Psi'$ mit

$\Psi' = \{\, [\neg\psi_j \vee \psi] \mid \psi \in \Psi\,\}$ bzw. $\Psi' = \{\, [\psi_j \to \psi] \mid \psi \in \Psi\,\}$. $\square$

Fall 2: Sei $\delta = \forall\, [\,[\psi_j \wedge \sigma^j_1\varphi \wedge \ldots \wedge \sigma^j_{mj}\varphi] \to \varphi]$ ein Induktionsschritt, oBdA in Pränexform.

Wir überführen δ in die äquivalente Formel

$\delta' = \forall\, [\neg\psi_j \vee \neg\sigma^j_1\varphi \vee \ldots \vee \neg\sigma^j_{mj}\varphi \vee \varphi]$, bilden die konjunktive Normalform $\bigwedge\Psi$ der Teilformel $[\neg\sigma^j_1\varphi \vee \ldots \vee \neg\sigma^j_{mj}\varphi \vee \varphi]$, und die Behauptung folgt analog zu Fall 1. $\square$

                                                                                        ■

Die Normalisierung der Induktionsformeln ist aus zwei Gründen ein wichtiger Schritt im Transformationsprozeß:

Zum einen ermöglicht sie, wie in den nachfolgenden Teilabschnitten noch deutlich wird, die *uniforme Anwendung* aller weiteren Transformationsregeln. Zum anderen ist es dabei mit Hilfe von Lemma 5.1 möglich, die Regeln *gezielt* anzuwenden, d.h. Transformationsschritte auf ausgewählte Teilformeln einer Induktionsformel zu beschränken.

Allerdings kann die Normalisierungsregel nur dann auf eine Induktionsformel angewandt werden (vgl. Definition), wenn ihre pränexe konjunktive Normalform die Form hat $\forall\, \bigwedge\Psi'$, wobei Ψ' eine Menge von Elementardisjunktionen ist.

Sobald ein Induktionsschritt jedoch über Nicht-Induktionsvariable in den Hypothesen verfügt, d.h. von der Form ist

$$\forall\,[\,[\psi_j \;\wedge\; \forall z^*{:}u\;\sigma^j_1\delta \;\wedge\; \ldots \;\wedge\; \forall z^*{:}u\;\sigma^j_{mj}\delta]\;\rightarrow\;\delta]$$

(und im allgemeinen werden nicht alle Argumente der Skolemfunktion als Induktionsvariablen ausgewählt), hat die PKNF die Form

$$\forall x^*{:}w\;\exists z^{*\prime}{:}u'\;\bigwedge\Psi'\;.$$

Dabei sind $Var(z^{*\prime})$ die Nicht-Induktionsvariablen aus den mj Induktionshypothesen und $Var(x^*) = Var(\Psi') \setminus Var(z^{*\prime})$.

Um nun die Normalisierungsregel auch auf diese Induktionsformeln anwenden zu können, ohne zuvor alle Existenzquantoren durch Anwendung der Spezialisierungsregel eliminiert zu haben (die Instanziierung der Induktionshypothesen, d.h. die Ersetzung der Nicht-Induktionsvariablen durch geeignete Terme kann ja erst im weiteren Verlauf der Transformation geschehen), behelfen wir uns auf folgende Weise:

Wir ersetzen alle Nicht-Induktionsvariablen der Hypothesen, d.h. alle Variablen aus $Var(z^{*\prime})$ durch *Metavariablen*, die mit **a**, **b**, etc. bezeichnet werden. Diese Metavariablen stehen für jeweils einen konkreten Term $t \in T(\Sigma,V)$.
Damit sind die Existenzquantoren in der Normalform eines Induktionsschrittes zunächst eliminiert, und die Normalisierungsregel kann angewandt werden.
Eine Anwendung der Spezialisierungsregel im weiteren Verlauf der Transformation ist dann technisch gesehen einfach eine konsistente Ersetzung der entsprechenden Metavariable durch ein $t \in T(\Sigma,V)$ in allen Formeln der bisherigen Transformation, und das bedeutet ein "nachträgliches Einschieben" eines Spezialisierungsschrittes vor die Ausführung der Normalisierungsregel.

Beispiel 5.4 Wir betrachten das Beispiel aus Abschnitt 5.1.

$$\psi_0 = \forall x,y{:}nat\;\;sub(f(x\;y)\;y)\equiv x\;,\quad \{\psi_0\}\;\Rightarrow_{IND}\;\{\psi_1,\psi_2\}\;\;mit$$

$$\psi_1 = \forall y{:}nat\,[\,y\equiv 0\;\rightarrow\;\forall x{:}nat\;\;sub(f(x\;y)\;y)\equiv x\,]\;\;und$$

$$\psi_2 = \forall y,v{:}nat \; [\; y{=}s(v) \; \land \; \forall x'{:}nat \; sub(f(x'\;v)\;v){\equiv}x'$$
$$\rightarrow \; \forall x{:}nat \; sub(f(x\;y)\;y){\equiv}x \;] \; .$$

Die Anwendung der Normalisierungsregel auf den Induktionsschritt ψ_2 erzeugt die PKNF von ψ_2 und ersetzt die Nicht-Induktionsvariable x' in der Hypothese durch eine Metavariable **a**. Wir erhalten also:

$$\{\psi_0\} \; {\Rightarrow}_{IND} \; \{\psi_1,\psi_2\} \; {\Rightarrow}_{NORM} \; \{\psi_1,\psi_2{'}\} \; mit$$

$$\psi_2{'} = \forall x,y,v{:}nat \; [\neg y{=}s(v) \; \lor \; \neg sub(f(\mathbf{a}\;v)\;v){\equiv}\mathbf{a} \; \lor \; sub(f(x\;y)\;y){\equiv}x] \; .$$

Wird nun im weiteren Verlauf der Transformation erkannt, daß die Metavariable **a** , z.B. um den nächsten Transformationsschritt zu ermöglichen (vgl. Beispiel 5.7), durch den Term x ersetzt werden muß, so bedeutet dies das Einschieben des Spezialisierungsschrittes aus Beispiel 5.2 in die obige Transformation:

$$\{\psi_0\} \; {\Rightarrow}_{IND} \; \{\psi_1,\psi_2\} \; {\Rightarrow}_{SPEC} \; \{\psi_1,\psi_4\} \; {\Rightarrow}_{NORM} \; \{\psi_1,\psi_4{'}\} \; mit$$

$$\psi_4 = \forall x,y,v{:}nat \; [y{\equiv}s(v) \; \land \; sub(f(x\;v)\;v){\equiv}x \; \rightarrow \; sub(f(x\;y)\;y){\equiv}x]$$
und
$$\psi_4{'} = \forall x,y,v{:}nat \; [\neg y{\equiv}s(v) \; \lor \; \neg sub(f(x\;v)\;v){\equiv}x \; \lor \; sub(f(x\;y)\;y){\equiv}x] \; .$$

a wird dadurch in allen Formeln der bisherigen Transformation durch den Term x ersetzt.
Dieses Vorgehen ist zulässig, da die Spezialisierungsregel die einzige Transformationsregel ist, die Induktionshypothesen modifiziert.

∎

Ein Nachteil der Normalisierung besteht darin, daß durch sie die *Struktur* der ursprünglichen Induktionsformel zerstört wird. Insbesondere geht die Information darüber verloren, welche Literale zur Induktionshypothese, zum Induktionsziel oder zu keinem von beiden gehören. Diese Strukturinformation wird aber benötigt, um Regeln gezielt anwenden zu können.

Wir werden daher Literale gemäß ihrer Herkunft als *Ziele* $\langle Z \rangle$ oder *Hypothesen* $\langle H \rangle$ markieren. Alle übrigen Literale heißen im folgenden *Bedingungen*.

Außerdem treffen wir folgende Konvention:
Formeln $\forall \delta$, die durch Anwendung der Normalisierungsregel aus einer Induktionsformel entstanden sind (d.h. δ ist eine Elementardisjunktion), werden als Implikation $\forall [\psi \rightarrow \varphi]$ notiert, wobei φ ein Ziel und ψ die Elementarkonjunktion aller übrigen Literale aus δ ist.

5.3 Termersetzungsregeln

Die Termersetzungsregeln, das sind *Evaluierungs-* und *Substitutionsregel*, nehmen äquivalente Umformungen von Formeln vor, indem sie in unterschiedlicher Weise Terme durch gleiche Terme ersetzen.

Evaluierungsregel

Motivation Die symbolische Auswertung von Termen in Induktionszielen spielt eine zentrale Rolle bei Induktionsbeweisen (vgl. [Boyer/Moore 79], [Aubin 79b] und [Hutter 86]). Sie liefert, insbesondere bei rekursiven Funktionsdefinitionen, eine wichtige Voraussetzung dafür, daß Induktionsziel und -hypothese aneinander angeglichen werden können. Daher kommt ihr auch im Synthesekalkül entscheidende Bedeutung zu.

Die Evaluierungsregel ($\Rightarrow_{EV}$) dient dazu, die in Induktionszielen auftretenden Terme mit Hilfe der Definitionsaxiome DEF $\subset$ Ax symbolisch auszuwerten. Außerdem ermöglicht sie generell die Verwendung von Axiomen mit Gleichheit (z. B. Assoziativität, Kommutativität, Injektivität etc.).

Definition Seien m eine Stelle, $q,r,t \in T(\Sigma',V)$, $\Psi \cup \{L\} \subset LIT(\Sigma',V)$ mit $L/m = t$ (vgl. Anhang A) und $\psi = \bigwedge \Psi$.

Außerdem seien $\varphi \in Ax$ mit $\varphi = \forall [\bigwedge \Phi \to q \equiv r]$ für ein $\Phi \subset LIT(\Sigma,V)$ und $\sigma \in SUB(\Sigma',V)$ mit $\sigma q = t$.

Dann gilt $\forall [\psi \to L[\![m, t]\!]]$ $\Rightarrow_{EV,\varphi}$ $\{ \forall [\psi \to L[\![m, \sigma r]\!]] \}$

$$\text{gdw.} \quad \sigma\Phi \subset \Psi .$$

■

Korrektheit Es ist zu zeigen:

$I \models \forall [\psi \to L[\![m, \sigma r]\!]] \to \forall [\psi \to L[\![m, t]\!]]$ für jede $\{f\}$-Expansion $I = (A, a)$ eines Standardmodells von $\mathcal{T}$.

Sei $\text{Var}(x^*) = \text{Var}(\Psi) \cup \text{Var}(q\equiv r) \cup \text{Var}(L)$ für ein $x^* \in V_w$, $w \in S^*$
und es gelte $I \models \forall\,[\psi \to L[\![m, \sigma r]\!]]$, d.h. für alle $a^* \in A_w$:
(*)　$I[x^*/a^*] \models [\psi \to L[\![m, \sigma r]\!]]$.
Wegen $\sigma\Phi \subset \Psi$ gilt: $I[x^*/a^*] \models [\bigwedge\Psi \to \bigwedge\sigma\Phi]$, d.h.
$I[x^*/a^*] \models [\psi \to \bigwedge\sigma\Phi]$.
Da $\varphi \in Ax$, gilt damit $I[x^*/a^*] \models [\psi \to \sigma q\equiv\sigma r]$. Aus Lemma 3.2 und (*)
folgt dann $I[x^*/a^*] \models [\psi \to L[\![m, \sigma q]\!]]$, also $I \models \forall\,[\psi \to L[\![m, \sigma r]\!]]$.
Da $\sigma q = t$, ist dann $I \models \forall\,[\psi \to L[\![m, t]\!]]$ und damit gilt:
$I \models \forall\,[\psi \to L[\![m, \sigma r]\!]] \to \forall\,[\psi \to L[\![m, t]\!]]$.　　　　■

Beispiel 5.5　Ausgehend von der Spezifikation
$\psi_0 = \forall x,y{:}\text{nat}\ \text{sub}(f(x\ y)\ y)\equiv x$　　haben wir durch Anwendung der Induktionsregel die beiden Induktionsformeln

$\psi_1 = \forall y{:}\text{nat}\ [y\equiv 0 \to \forall x{:}\text{nat}\ \text{sub}(f(x\ y)\ y)\equiv x]$　　und

$\psi_2 = \forall y,v{:}\text{nat}\ [y=s(v)\ \wedge\ \forall x'{:}\text{nat}\ \text{sub}(f(x'\ v)\ v)\equiv x' \to$

$$\forall x{:}\text{nat}\ \text{sub}(f(x\ y)\ y)\equiv x]$$

abgeleitet. Mit Hilfe der Normalisierungsregel sind daraus die Formeln

$\psi_1' = \forall x,y{:}\text{nat}\ [y\equiv 0 \to \text{sub}(f(x\ y)\ y)\equiv x\ \langle Z\rangle]$　　bzw.

$\psi_2' = \forall x,y,v{:}\text{nat}\ [y=s(v)\ \wedge\ \text{sub}(f(\mathbf{a}\ v)\ v)\equiv\mathbf{a}\ \langle H\rangle \to \text{sub}(f(x\ y)\ y)\equiv x\ \langle Z\rangle]$

entstanden. Auf jede dieser Formeln soll nun die Evaluierungsregel angewandt werden, um mit Hilfe der Axiome

$DEF_{sub} = \{\,\text{SUB1:}\ \ \forall x,y{:}\text{nat}\ [y\equiv 0 \to \text{sub}(x\ y)\equiv 0]$,

　　　　　　$\text{SUB2:}\ \ \forall x,y,u{:}\text{nat}\ [x\equiv s(u)\ \wedge\ y\equiv 0 \to \text{sub}(x\ y)\equiv x]$,

　　　　　　$\text{SUB3:}\ \ \forall x,y,u,v{:}\text{nat}\ [x\equiv s(u)\ \wedge\ y\equiv s(v) \to \text{sub}(x\ y)\equiv\text{sub}(u\ v)]\,\}$

die Terme $\text{sub}(f(x\ y)\ y)$ in den Induktionszielen auszuwerten.

Die Anwendung der Evaluierungsregel auf ψ_1' bzw. ψ_2' mit einem der Axiome aus DEF_{sub} scheitert jedoch daran, daß die Bedingung $\sigma\Phi \subset \Psi$ nicht erfüllt ist:
Die zu transformierenden Formeln enthalten keine Bedingung der Form $f(x\ y)\equiv 0$ oder $f(x\ y)\equiv s(...)$.

Neue Bedingungen können aber mit Hilfe der *Fallunterscheidungsregeln* in eine Formel eingefügt werden, und in Beispiel 5.6 wird gezeigt, wie nach Anwendung einer solchen Regel die gewünschten Evaluierungsschritte durchgeführt werden können.

■

Substitutionsregel

Motivation Mit der Induktionsregel (Einführung einer Fallunterscheidung für die Definition der Skolemfunktion) und den Fallunterscheidungsregeln (vgl. Abschnitt 5.4) werden bestimmte Annahmen über Variablen oder Terme gemacht, die in einer Spezifikationsformel vorkommen. Diese Annahmen sind oft Gleichungen. Um sie im weiteren Verlauf der Transformation verwenden zu können, kann u.a. die Substitutionsregel eingesetzt werden.

Die Substitutionsregel ($\Rightarrow_{SUB}$) ersetzt in der Konklusion einer Implikation einen Term q durch r, falls in der Prämisse $q\equiv r$ vorausgesetzt wird.

Definition Seien m eine Stelle, $q,r \in T(\Sigma',V)$, $\Psi\cup\{L\} \subset LIT(\Sigma',V)$ mit $L/m = t$ und $\psi = \bigwedge\Psi$.

Dann gilt

$$\forall\,[\,\psi \wedge q\equiv r \rightarrow L[\![\,m,q\,]\!]\,] \quad \Rightarrow_{SUB} \quad \{\,\forall\,[\,\psi \wedge q\equiv r \rightarrow L[\![\,m,r\,]\!]\,]\,\}\ .$$

■

Korrektheit Für eine $\{f\}$-Expansion $I=(A,a)$ eines Standardmodells von $\mathcal{T}$ gelte: $I \models \forall [\psi \wedge q\equiv r \to L[\![m,r]\!]]$.

Sei $\mathrm{Var}(x^*) = \mathrm{Var}(\Psi) \cup \mathrm{Var}(q\equiv r) \cup \mathrm{Var}(L)$ für ein $x^* \in V_w$, $w \in \mathcal{S}^*$.

Falls für ein $a^* \in A_w$: $I[x^*/a^*] \models [\psi \wedge q\equiv r]$, so gilt nach Lemma 3.2 $I[x^*/a^*] \models L[\![m,r]\!]$ gdw. $I[x^*/a^*] \models L[\![m,q]\!]$.

Also gilt für alle $a^* \in A_w$: $I[x^*/a^*] \models [\psi \wedge q\equiv r \to L[\![m,q]\!]]$ und damit $I \models \forall[\psi \wedge q\equiv r \to L[\![m,q]\!]]$, d.h. es ist

$I \models \forall [\psi \wedge q\equiv r \to L[\![m,r]\!]] \to \forall [\psi \wedge q\equiv r \to L[\![m,q]\!]]$.

∎

5.4 Fallunterscheidungsregeln

Motivation Die Fallunterscheidungsregeln ($\Rightarrow_{FU}$) formalisieren die Beweismethode der vollständigen Fallunterscheidung: Um aus einer Induktionsformel $\forall\,[\psi \to \varphi[\![fx^*]\!]]$ eine Definitionsformel für die Skolemfunktion f ableiten zu können, werden oft bestimmte Zusatzvoraussetzungen über Variable oder Terme aus φ benötigt, die die Anwendung weiterer Transformationsregeln möglich machen. Zum Beispiel kann auf diese Weise eine Formel so modifiziert werden, daß weitere symbolische Auswertungen durchgeführt werden können. Die Fallunterscheidungsregeln fügen solche Zusatzvoraussetzungen (Bedingungen) in Formeln ein.

Wir unterscheiden die strukturelle und die binäre Fallunterscheidung.

Strukturelle Fallunterscheidung

Definition Seien $s \in S$, $w \in S^*$, $x^* \in V_w$, $\Psi \cup \{L\} \subseteq \mathrm{LIT}(\Sigma',V)$,
$\psi = \bigwedge \Psi$ mit $\mathrm{Var}(x^*) = \mathrm{Var}(\Psi) \cup \mathrm{Var}(L)$ und $t \in T(\Sigma',V)_s$ mit
$[\psi \to L]/m = t$ für eine Stelle m.
Weiter seien $I = \{1,\dots,n\}$ eine Indexmenge, $\varphi \in \mathrm{REP}_s \subseteq \mathrm{Ax}$ eine vollständige
Fallunterscheidung der Sorte s (vgl. Definition 3.8) mit
$\varphi = \forall y{:}s \bigvee_{i \in I} \exists y^*_i{:}w_i\; y \equiv c_i y^*_i$ und es gelte $\bigcup_{i \in I} \mathrm{Var}(y^*_i) \cap \mathrm{Var}(x^*) = \varnothing$.

Dann gilt $\forall\,[\psi \to L] \;\Rightarrow_{FU}\; \{\,\forall\,[\psi \wedge t \equiv c_i y^*_i \to L] \mid i \in I\,\}$.

Korrektheit Es gelte $I \models \{\,\forall\,[\psi \wedge t \equiv c_i y^*_i \to L] \mid i \in I\}$ für eine $\{f\}$-Expansion $I=(A,a)$ eines Standardmodells von $\mathcal{T}$.
Das heißt, $I \models \forall[\psi \wedge t \equiv c_i y^*_i \to L]$ für jedes $i \in I$.
Also gilt für jedes $a^* \in A_w$:
$(*)$ $I[x^*/a^*] \models [\psi \wedge t \equiv c_i y^*_i \to L]$ für jedes $i \in I$.

Da $\varphi \in Ax$ eine vollständige Fallunterscheidung der Sorte s ist, gilt für jedes $a^* \in A_w$:

$I[x^*/a^*] \models \exists y^*_i{:}w_i \; t{\equiv}c_i y^*_i$ für mindestens ein $i \in I$.

Aus (*) folgt daher

$I[x^*/a^*] \models [\psi \to L]$ für jedes $a^* \in A_w$, d.h. $I \models \forall [\psi \to L]$,

und damit ist $I \models \bigwedge \{\forall [\psi \wedge t{\equiv}c_i y^*_i \to L] \mid i \in I\} \to \forall [\psi \to L]$. ∎

Beispiel 5.6 Um in den beiden Formeln

$\psi_1' = \forall x,y{:}nat \; [y{\equiv}0 \to sub(f(x\;y)\;y){\equiv}x \; \langle Z \rangle]$ und

$\psi_2' = \forall x,y,v{:}nat \; [y{=}s(v) \wedge sub(f(\mathbf{a}\;v)\;v){\equiv}\mathbf{a} \; \langle H \rangle \to sub(f(x\;y)\;y){\equiv}x \; \langle Z \rangle]$

aus Beispiel 5.5 die symbolische Evaluierung der sub-Terme in den Zielliteralen zu ermöglichen, führen wir eine strukturelle Fallunterscheidung über den Skolemterm $f(x\;y)$ durch.

Mit $\varphi \in REP_{nat}$, $\varphi = \forall x{:}nat \; [x{\equiv}0 \vee \exists u{:}nat \; x{\equiv}s(u)]$ erhalten wir:
$\psi_1' \Rightarrow_{FU} \{\psi_3,\psi_4\}$ mit

$\psi_3 = \forall x,y{:}nat \; [y{\equiv}0 \wedge f(x\;y){\equiv}0 \to sub(f(x\;y)\;y){\equiv}x \; \langle Z \rangle]$ und
$\psi_4 = \forall x,y,u{:}nat \; [y{\equiv}0 \wedge f(x\;y){\equiv}s(u) \to sub(f(x\;y)\;y){\equiv}x \; \langle Z \rangle]$.

Analog liefert $\psi_2' \Rightarrow_{FU} \{\psi_6,\psi_7\}$ die Formeln

$\psi_6 = \forall x,y,u{:}nat \; [y{\equiv}s(v) \wedge f(x\;y){\equiv}0 \wedge sub(f(\mathbf{a}\;v)\;v){\equiv}\mathbf{a} \; \langle H \rangle \to$
$$sub(f(x\;y)\;y){\equiv}x \; \langle Z \rangle] \quad \text{und}$$

$\psi_7 = \forall x,y,u,v{:}nat \; [y{=}s(v) \wedge f(x\;y){\equiv}s(u) \wedge sub(f(\mathbf{a}\;v)\;v){\equiv}\mathbf{a} \; \langle H \rangle \to$
$$sub(f(x\;y)\;y){\equiv}x \; \langle Z \rangle] \; .$$

Nun kann die Evaluierungsregel wie folgt angewandt werden (vgl. Beispiel 5.5):

$\Psi_3 \Rightarrow_{EV,SUB1} \{\Psi_8\}$ mit

$\Psi_8 = \forall x,y\text{:nat} \ [y\equiv 0 \ \wedge \ f(x\ y)\equiv 0 \ \rightarrow \ 0\equiv x \ \langle Z\rangle]$.

$\Psi_4 \Rightarrow_{EV,SUB2} \{\Psi_9\}$ mit

$\Psi_9 = \forall x,y,u\text{:nat} \ [y\equiv 0 \ \wedge \ f(x\ y)\equiv s(u) \ \rightarrow \ f(x\ y)\equiv x \ \langle Z\rangle]$.

$\Psi_6 \Rightarrow_{EV,SUB1} \{\Psi_{10}\}$ mit

$\Psi_{10} = \forall x,y,v\text{:nat} \ [y\equiv s(v) \ \wedge \ f(x\ y)\equiv 0 \ \wedge \ sub(f(a\ v)\ v)\equiv a \ \langle H\rangle \ \rightarrow \ 0\equiv x \ \langle Z\rangle]$.

$\Psi_7 \Rightarrow_{EV,SUB3} \{\Psi_{11}\}$ mit

$\Psi_{11} = \forall x,y,u,v\text{:nat} \ [y\equiv s(v) \ \wedge \ f(x\ y)\equiv s(u) \ \wedge \ sub(f(a\ v)\ v)\equiv a \ \langle H\rangle \ \rightarrow$
$$sub(u\ v)\equiv x \ \langle Z\rangle] \ .$$

∎

Binäre Fallunterscheidung

Definition Seien $s\in S$, $v,w\in S^*$, $x^*\in V_w$, $f\in \Sigma'_{v,s}$, $L,K \in LIT(\Sigma',V)$, $\Psi \subset LIT(\Sigma',V)$, $\psi = \bigwedge \Psi$ mit $Var(x^*) = Var(\Psi)\cup Var(L)$ und $Var(K) \subset Var(x^*)$.
Außerdem existiere zu jeder Position m' mit $K/m' = f t^*$ für ein $t^*\in T(\Sigma,V)_v$ eine Position m mit $[\psi \rightarrow L] /m = f t^*$.

Dann gilt $\quad \forall [\psi \rightarrow L] \ \Rightarrow_{FU} \ \{ \ \forall [\psi \wedge K \rightarrow L] \, , \ \forall [\psi \wedge \neg K \rightarrow L] \ \}$.

∎

Korrektheit Für eine $\{f\}$-Expansion eines Standardmodells $I=(A,a)$ von $\mathcal{T}$ gelte $I \vDash \forall [\psi \wedge K \rightarrow L] \ \wedge \ \forall [\psi \wedge \neg K \rightarrow L]$, also
(1) $\ I \vDash \forall [\psi \wedge K \rightarrow L] \ $ und $\ $ (2) $\ I \vDash \forall [\psi \wedge \neg K \rightarrow L]$.

Für jedes $a^* \in A_w$ gilt entweder $I[x^*/a^*] \models K$ oder $I[x^*/a^*] \models \neg K$.

Falls $I[x^*/a^*] \models K$, folgt $I[x^*/a^*] \models [\psi \rightarrow L]$ aus (1) .

Falls $I[x^*/a^*] \models \neg K$, folgt $I[x^*/a^*] \models [\psi \rightarrow L]$ aus (2) .

Also gilt für jedes $a^* \in A_w$: $I[x^*/a^*] \models [\psi \rightarrow L]$, d.h. $I \models \forall [\psi \rightarrow L]$

und damit $I \models \forall [\psi \wedge K \rightarrow L] \wedge \forall [\psi \wedge \neg K \rightarrow L] \rightarrow \forall [\psi \rightarrow L]$.

■

Bezeichnung Literale, die durch Anwendung einer Fallunterscheidungsregel in eine Formel eingefügt worden sind, heißen im folgenden auch *Bedingungen*.

Lemma 5.2 Die Menge der Formeln, die bei Anwendung einer Fallunterscheidungsregel als zusätzliche Prämissen in eine Formel $\forall [\psi \rightarrow L]$ eingefügt werden, ist eine vollständige und deterministische Fallunterscheidung in $\mathcal{T}$.

Beweis Wir betrachten zunächst die strukturelle Fallunterscheidung. Alle Größen seien wie in der Regeldefinition angegeben. Es ist zu zeigen:

Die Menge $\Psi = \{ \exists y^*_i{:}w_i \; t{\equiv}c_i y^*_i \mid i \in I\}$ ist eine vollständige und deterministische Fallunterscheidung in $\mathcal{T}$, d.h. für eine $\{f\}$-Expansion eines Standardmodells I von $\mathcal{T}$ gilt:

$I \models \forall x^*{:}w \; [\bigvee_{i \in I} \exists y^*_i{:}w_i \; t{\equiv}c_i y^*_i]$ und für alle $i,j \in I$ mit $i{\neq}j$:

$I \models \forall x^*{:}w \; \neg[\exists y^*_i{:}w_i \; t{\equiv}c_i y^*_i \wedge \exists y^*_j{:}w_j \; t{\equiv}c_j y^*_j]$.

Nach Voraussetzung ist $\varphi \in REP_s \subset Ax$ eine vollständige Fallunterscheidung der Sorte s .

Also gilt $I \models \forall y{:}s \; [\bigvee_{i \in I} \exists y^*_i{:}w_i \; y{\equiv}c_i y^*_i]$.

Da $\cup_{i \in I} Var(y^*_i) \cap Var(x^*) = \emptyset$, gilt damit aber auch

$I \models \forall x^*{:}w \; [\bigvee_{i \in I} \exists y^*_i{:}w_i \; t{\equiv}c_i y^*_i]$.

□

Nach Definition 3.8 gilt für die Konstruktoren der Sorte s : $c_i{\neq}c_j$ für $i{\neq}j$. Außerdem sind Konstruktorterme mit unterschiedlichen Funktionssymbolen verschieden, d.h. es gilt

$I \models \forall y^*_i{:}w_i \; \forall y^*_j{:}w_j \; \neg c_i y^*_i{\equiv}c_j y^*_j$ für alle $i,j \in I$ mit $i{\neq}j$.

Offensichtlich gilt dann auch

$I \models \forall x^*{:}w \; \forall y^*_i{:}w_i \; \forall y^*_j{:}w_j \; \neg[t \equiv c_i y^*_i \wedge t \equiv c_j y^*_j]$, also

$I \models \forall x^*{:}w \; \neg[\exists y^*_i{:}w_i \; t \equiv c_i y^*_i \wedge \exists y^*_j{:}w_j \; t \equiv c_j y^*_j]$ für alle $i,j \in I$ mit $i \neq j$.

$\square$

Für die binäre Fallunterscheidung gilt die Behauptung offensichtlich, denn:

$I \models \forall x^*{:}w \; [K \vee \neg K]$ und

$I \models \forall x^*{:}w \; \neg[K \wedge \neg K]$.

$\blacksquare$

5.5 Extraktionsregeln

Neben der Angleichung von Induktionsziel und -hypothese durch entsprechende Transformationsregeln ist die Extraktion der Skolemterme aus den Teilformeln eines Induktionsschrittes von entscheidender Bedeutung, wenn aus einer solchen Formel eine Definitionsgleichung für die Skolemfunktion abgeleitet werden soll.

Im Gegensatz zu Termersetzung und Fallunterscheidung ist die Anwendung einer Extraktionsregel *keine* äquivalente Umformung, sondern bedeutet eine *Generalisierung* der Formel, auf die sie angewandt wird.

Extraktionsregel für die Gleichheit

Motivation Die Extraktionsregel für Gleichungen ($\Rightarrow_{EX.E}$) extrahiert und identifiziert Terme unter Elimination von Literalen aus einer Formel. Ein solcher Transformationsschritt wird auf Ziel- und Hypothesenliterale einer Induktionsformel angewandt und entspricht einer Verwendung der Induktionshypothese im Beweis. Er bedeutet gleichzeitig eine Generalisierung der Induktionsformel, da die Induktionshypothese dabei eliminiert wird.

Definition Seien $\Psi \subset \text{LIT}(\Sigma',V)$, $\psi = \bigwedge \Psi$, $r \in T(\Sigma,V)$, $t,q \in T(\Sigma',V)$, das Literal $q{\equiv}r$ ein Hypothesenliteral und $t{\equiv}r$ ein Ziel.

Dann gilt $\forall [\psi \wedge q{\equiv}r \rightarrow t{\equiv}r] \Rightarrow_{EX.E} \{ \forall [\psi \rightarrow t{\equiv}q] \}$.

■

Korrektheit Es gelte $I \models \forall [\psi \rightarrow t{\equiv}q]$ für eine $\{f\}$-Expansion $I=(A,a)$ eines Standardmodells von $\mathcal{T}$.
Sei $\text{Var}(x^*) = \text{Var}(\Psi) \cup \text{Var}(q{\equiv}r) \cup \text{Var}(t)$ für ein $x^* \in V_w$, $w \in S^*$.
Dann gilt für alle $a^* \in A_w$:

(*) $I[x^*/a^*] \models [\psi \rightarrow t{\equiv}q]$.

Aus der Transitivität der Gleichheit folgt:

$I[x^*/a^*] \models t{\equiv}q \rightarrow [q{\equiv}r \rightarrow t{\equiv}r]$.

Damit gilt $I[x^*/a^*] \models [\psi \rightarrow t{\equiv}q] \rightarrow [\psi \wedge q{\equiv}r \rightarrow t{\equiv}r]$ und mit (*) auch

$I[x^*/a^*] \models [\psi \wedge q{\equiv}r \rightarrow t{\equiv}r]$, d.h. $I \models \forall [\psi \wedge q{\equiv}r \rightarrow t{\equiv}r]$.

Also gilt $I \models \forall [\psi \rightarrow t{\equiv}q] \rightarrow \forall[\psi \wedge q{\equiv}r \rightarrow t{\equiv}r]$.

∎

Beispiel 5.7 Wir betrachten die Formel ψ_{11} aus Beispiel 5.6:

$$\psi_{11} = \forall x,y,u,v{:}nat\ [y{\equiv}s(v) \wedge f(x\ y){\equiv}s(u) \wedge sub(f(a\ v)\ v){\equiv}a\ \langle H\rangle \rightarrow$$
$$sub(u\ v){\equiv}x\ \langle Z\rangle]\ .$$

Die Extraktionsregel für die Gleichheit könnte angewandt werden, stände in der Hypothese der Term x an der Stelle von **a** . Das heißt, in dieser Phase des Transformationsprozesses hat man nun eine (möglicherweise) geeignete Instanziierung der Induktionshypothese gefunden.
Also wird zunächst die Spezialisierungsregel, wie in Beispiel 5.4 bereits beschrieben, angewandt und damit der Extraktionsschritt ermöglicht:
Wir ersetzen **a** in allen Formel der bisherigen Transformation durch den Term x und erhalten damit anstelle von ψ_{11} die Formel

$$\psi_{12} = \forall x,y,u,v{:}nat\ [y{\equiv}s(v) \wedge f(x\ y){\equiv}s(u) \wedge sub(f(x\ v)\ v){\equiv}x\ \langle H\rangle \rightarrow$$
$$sub(u\ v){\equiv}x\ \langle Z\rangle]\ .$$

Gleichzeitig modifiziert dieser Spezialisierungsschritt auch die Formel

$$\psi_{10} = \forall x,y,v{:}nat\ [y{\equiv}s(v) \wedge f(x\ y){\equiv}0 \wedge sub(f(a\ v)\ v){\equiv}a\ \langle H\rangle \rightarrow 0{\equiv}x\ \langle Z\rangle]$$

aus Beispiel 5.6. Wir erhalten stattdessen:

$$\psi_{13} = \forall x,y,v{:}nat\ [y{\equiv}s(v) \wedge f(x\ y){\equiv}0 \wedge sub(f(x\ v)\ v){\equiv}x\ \langle H\rangle \rightarrow 0{\equiv}x\ \langle Z\rangle].$$

Auf ψ_{12} wird nun die Extraktionsregel für die Gleichheit angewandt:

$\psi_{12} \Rightarrow_{EX.E} \{\psi_{14}\}$ mit

$\psi_{14} = \forall x,y,u,v{:}nat\ [y{\equiv}s(v)\ \wedge\ f(x\ y){\equiv}s(u)\ \rightarrow\ sub(f(x\ v)\ v){\equiv}sub(u\ v)\ \langle Z \rangle].$

∎

Bemerkung Die Anwendung der Extraktionsregel für die Gleichheit auf eine Induktionsformel φ entspricht der Verwendung einer Induktionshypothese gemäß der *cross-fertilization*-Heuristik im System von Boyer und Moore [Boyer/Moore 79]:
Es werden nicht alle Vorkommen des Terms r im Zielliteral t$\equiv$r durch q ersetzt, und die Hypothese q$\equiv$r wird nach ihrer Verwendung aus der Formel eliminiert, was eine Generalisierung von φ zur Folge hat.

Extraktionsregel für Funktionsausdrücke

Motivation Die Extraktionsregel für Funktionsausdrücke ($\Rightarrow_{EX.F}$) wird benötigt, um Skolemterme aus den Argumentlisten von Funktionsausdrükken in Zielliteralen zu extrahieren.

Definition Seien $I=\{1,...,n\}$ eine Indexmenge, $k\in I$, $t_i,q_i\in T(\Sigma',V)$ für $i\in I$ und $t_i{=}q_i$ für alle $i\in I\setminus\{k\}$. Außerdem seien $\Psi\subset LIT(\Sigma',V)$, $\psi = \bigwedge\Psi$, $g\in\Sigma$ und $gt_1...t_n{\equiv}gq_1...q_n$ ein Zielliteral.

Dann gilt $\forall\ [\psi\ \rightarrow\ gt_1...t_n{\equiv}gq_1...q_n]\ \Rightarrow_{EX.F}\ \{\ \forall\ [\psi\ \rightarrow\ t_k{\equiv}q_k]\ \}$.

∎

Korrektheit Sei $Var(x^*) = \cup_{i\in I}(Var(t_i)\cup Var(q_i))\ \cup\ Var(\Psi)$ für ein $x^*\in V_w$ und $w\in S^*$.
Für eine $\{f\}$-Expansion $I=(A,a)$ eines Standardmodells von $\mathcal{T}$ gelte:
$I \vDash \forall\ [\psi\rightarrow t_k{\equiv}q_k]$, d.h.
(*) $I[x^*/a^*] \vDash [\psi\rightarrow t_k{\equiv}q_k]$ für alle $a^*\in A_w$.

Falls $I[x^*/a^*]$ $\models$ $t_k \equiv q_k$ für irgendein $b^* \in A_w$, so gilt aufgrund der Voraussetzung $t_i = q_i$ für alle $i \in I \setminus \{k\}$ und aufgrund der Funktionseigenschaft von g : $I[x^*/b^*]$ $\models$ $gt_1 \ldots t_n \equiv gq_1 \ldots q_n$.

Also gilt $I[x^*/b^*]$ $\models$ $t_k \equiv q_k \rightarrow gt_1 \ldots t_n \equiv gq_1 \ldots q_n$.

Aus (*) folgt daher

$I[x^*/a^*]$ $\models$ $[\psi \rightarrow t_k \equiv q_k] \rightarrow [\psi \rightarrow gt_1 \ldots t_n \equiv gq_1 \ldots q_n]$ für alle $a^* \in A_w$.

Also gilt $I[x^*/a^*]$ $\models$ $[\psi \rightarrow gt_1 \ldots t_n \equiv gq_1 \ldots q_n]$, d.h.

$I \models \forall [\psi \rightarrow gt_1 \ldots t_n \equiv gq_1 \ldots q_n]$ und damit ist

$I \models \forall [\psi \rightarrow t_k \equiv q_k] \rightarrow \forall [\psi \rightarrow gt_1 \ldots t_n \equiv gq_1 \ldots q_n]$.

∎

Beispiel 5.8 Um das Zielliteral in

$$\psi_{14} = \forall x,y,u,v{:}nat \; [y \equiv s(v) \;\wedge\; f(x\,y) \equiv s(u) \;\rightarrow\; sub(f(x\,v)\,v) \equiv sub(u\,v) \; \langle Z \rangle]$$

in eine rekursive Definitionsgleichung der Form

$f(x\,y) \equiv \ldots f(x\,v) \ldots$ zu transformieren, ist es u.a. notwendig, den Skolemterm $f(x\,v)$ mit der Variablen u zu identifizieren. Dies geschieht mit Hilfe der Extraktionsregel für Funktionsausdrücke.

Wir erhalten $\psi_{14} \Rightarrow_{EX.F} \{\psi_{15}\}$ mit

$$\psi_{15} = \forall x,y,u,v{:}nat \; [y \equiv s(v) \;\wedge\; f(x\,y) \equiv s(u) \;\rightarrow\; f(x\,v) \equiv u \; \langle Z \rangle] \; .$$

∎

5.6 Implikationenregel

Motivation Mit der Implikationenregel ($\Rightarrow_{IMPL}$) können in einer Formel Teilformeln durch solche Formeln ersetzt werden, die hinreichend für sie sind. Ist z.B. eine Formel $\varphi \rightarrow \psi$ zu beweisen, und enthält die Axiomenmenge die Formel $\delta \rightarrow \psi$, so erlaubt die Implikationenregel den Übergang zu $\varphi \rightarrow \psi$.

Dies bedeutet, daß in einer entsprechenden Induktionsformel ein Ziel durch ein Literal ersetzt werden kann, das hinreichend für das ursprüngliche Ziel ist und aus dem sich eine Definitionsgleichung für die Skolemfunktion ableiten läßt.

Wir geben zunächst ein Beispiel.

Beispiel 5.9 Betrachten wir die Formel

$$\psi_{15} = \forall x,y,u,v:\text{nat } [y\equiv s(v) \;\wedge\; f(x\ y)\equiv s(u) \;\;\rightarrow\;\; f(x\ v)\equiv u \; \langle Z \rangle]$$

aus Beispiel 5.8. Das Zielliteral soll in eine rekursive Definitionsgleichung der Form $f(x\ y)\equiv...f(x\ v)...$ gebracht werden. Der Term $f(x\ y)$ kommt aber im Zielliteral gar nicht vor.

Mit Hilfe der Extraktionsregel für die Gleichheit könnte dieser Term aus der Bedingung in das Zielliteral gebracht werden (vgl. Abschnitt 5.5), hätte man auf der rechten Seite der Gleichung im Zielliteral den Term $s(u)$ statt u zur Verfügung.

Die Anwendung der Implikationenregel mit dem Repräsentationsaxiom NAT2: $\forall x,y:\text{nat } [s(x)\equiv s(y) \rightarrow x\equiv y]$ ermöglicht eine solche Transformation: Wir ersetzen das Zielliteral $f(x\ v)\equiv u$ durch das dafür hinreichende Literal $s(f(x\ v))\equiv s(u)$. Dieser Schritt ist korrekt, denn mit dem Repräsentationsaxiom NAT2 gilt auch $s(f(x\ v))\equiv s(u) \rightarrow f(x\ v)\equiv u$. Das heißt, wir erhalten

$$\psi_{15} \Rightarrow_{IMPL,NAT2} \{\psi_{16}\} \text{ mit}$$

$$\psi_{16} = \forall x,y,u,v:\text{nat } [y\equiv s(v) \;\wedge\; f(x\ y)\equiv s(u) \;\;\rightarrow\;\; s(f(x\ v))\equiv s(u) \; \langle Z \rangle] \,.$$

Auf diese Formel kann nun die Extraktionsregel für die Gleichheit angewandt werden: $\psi_{16} \Rightarrow_{EX.E} \{\psi_{17}\}$ mit

$$\psi_{17} = \forall x,y,u,v{:}nat\ [y\equiv s(v) \rightarrow f(x\ y)\equiv s(f(x\ v))]$$

und damit ist eine rekursive Definitionsformel für f für den Fall $y\equiv s(v)$ abgeleitet.

■

Wir geben nun eine formale Definition der Implikationenregel.

Definition Seien $\Psi,\Phi \subset LIT(\Sigma',V)$, $L,L' \in LIT(\Sigma',V)$, $w \in \mathcal{S}^*$, $x^* \in V_w$ und $Var(x^*) = Var(\Psi) \cup Var(L)$.
Außerdem seien $\varphi \in Ax$ mit $\varphi = \forall\,[\,\bigwedge\Phi \rightarrow L'\,]$, $\sigma \in SUB(\Sigma',V)$ mit $\sigma L'=L$ und $Var(\sigma\Phi) \subset Var(\Psi)$.

Dann gilt $\forall\,[\,\bigwedge\Psi \rightarrow L] \Rightarrow_{IMPL,\varphi} \{\,\forall\,[\,\bigwedge\Psi \rightarrow \sigma K]\ |\ K \in \Phi\,\}$.

■

Korrektheit Es gelte $I \models \{\,\forall\,[\,\bigwedge\Psi \rightarrow \sigma K]\ |\ K \in \Phi\,\}$ für eine $\{f\}$-Expansion $I=(A,a)$ eines Standardmodells von $\mathcal{T}$.
Dann ist   (1) $I \models \forall\,[\,\bigwedge\Psi \rightarrow \sigma K]$ für jedes $K \in \Phi$ und
$\qquad\qquad$ (2) $I \models \forall\,[\,\bigwedge\sigma\Phi \rightarrow \sigma L']$, da $\varphi \in Ax$.
Mit (1) gilt für jedes $a^* \in A_w$:
Falls $I[x^*/a^*] \models \bigwedge\Psi$, dann ist auch $I[x^*/a^*] \models \sigma K$ für jedes $K \in \Phi$, also $I[x^*/a^*] \models \bigwedge\sigma\Phi$.
Aus (2) folgt damit $I[x^*/a^*] \models \sigma L'$, d.h. $I[x^*/a^*] \models L$, und das bedeutet $I[x^*/a^*] \models [\bigwedge\Psi \rightarrow L]$.
Also gilt $I \models \forall\,[\,\bigwedge\Psi \rightarrow L]$ und damit
$I \models \bigwedge\{\,\forall\,[\,\bigwedge\Psi \rightarrow \sigma K]\ |\ K \in \Phi\} \rightarrow \forall\,[\,\bigwedge\Psi \rightarrow L]$.

■

Bemerkung Die Implikationenregel ist eine schwache Regel. Sie auf eine Formel $\forall [\bigwedge \Psi \to L]$ anzuwenden, um das Literal L durch ein neues Literal zu ersetzen, bedeutet, ein Axiom $\forall [K_1 \wedge K_2 \dots \wedge K_n \to L']$ zu finden mit $\sigma L'=L$. Das gelingt häufig:

Beispielsweise kann die Implikationenregel mit dem Injektivitätsaxiom für den Konstruktor s, $\forall x,y{:}nat\ [s(x){\equiv}s(y) \to x{\equiv}y]$ auf *jede* Formel angewandt werden, die ein Ziel der Form $q{\equiv}r$ mit $q,r{\in} T(\Sigma,V)_{nat}$ enthält. $q{\equiv}r$ wird dann durch $s(q){\equiv}s(r)$ ersetzt. Solche Transformationsschritte dürfen nur zielgerichtet angewandt werden.

Die Anwendung der Implikationenregel liefert im allgemeinen eine Formelmenge $\{\forall [\bigwedge \Psi \to \sigma K_1], \dots , \forall [\bigwedge \Psi \to \sigma K_n]\}$. Um die Zulässigkeit des zu synthetisierenden Programms zu gewährleisten (vgl. Abschnitt 7.5), darf nur *eine* der resultierenden Formeln in eine Definitionsformel transformiert werden. Um hierbei die "richtige" Wahl zu treffen, sind ebenfalls starke Heuristiken notwendig.

In Abschnitt 8 wird beschrieben, wie die Implikationenregel verwendet wird, und welche Heuristiken ihre zielgerichtete Anwendung steuern.

5.7 Eliminationsregel

Motivation Die Eliminationsregel für Hypothesen ($\Rightarrow_{EL.H}$) wird benötigt, um aus einer Formel, die bereits eine Definitionsgleichung für die Skolemfunktion enthält, überflüssige Induktionshypothesen oder Bedingungen zu eliminieren. Das sind Induktionshypothesen, die im Beweis nicht gebraucht wurden oder Bedingungen, die Variablen enthalten, die in der Definitionsgleichung für die Skolemfunktion nicht vorkommen.
Um sicher zu stellen, daß nicht beliebig Literale aus einer Induktionsformel eliminiert werden, muß die Anwendung dieser Regel auf die Elimination der oben genannten Formeln beschränkt werden. Dadurch wird u.a. erreicht, daß eine synthetisierte Funktionsdefinition zulässig ist für die zugrunde liegende Theoriespezifikation (vgl. Abschnitt 7.5).

Definition Seien $\Psi \subset LIT(\Sigma',V)$, $\psi = \bigwedge \Psi$, $t \in T(\Sigma',V)$ und das Zielliteral $fx^* \equiv t$ eine Definitionsgleichung für die Skolemfunktion.
Außerdem sei $L \in LIT(\Sigma',V)$ ein Hypothesen- oder Bedingungsliteral mit $Var(L) \setminus Var(fx^* \equiv t) \neq \emptyset$.

Dann gilt $\forall [\psi \wedge L \rightarrow fx^* \equiv t] \Rightarrow_{EL.H} \{ \forall [\psi \rightarrow fx^* \equiv t] \}$.

Korrektheit Angenommen, für eine $\{f\}$-Expansion eines Standardmodells I von $\mathcal{T}$ gelte: $I \models \forall [\psi \rightarrow fx^* \equiv t]$.
Dann gilt offensichtlich auch $I \models \forall [\psi \wedge L \rightarrow fx^* \equiv t]$ und damit
$I \models \forall [\psi \rightarrow fx^* \equiv t] \rightarrow \forall [\psi \wedge L \rightarrow fx^* \equiv t]$.   ∎

Beispiel 5.10 Die Transformation, die, ausgehend von der Spezifikationsformel $\psi_0 = \forall x,y{:}nat\ sub(f(x\ y)\ y) \equiv x$ in Beispiel 5.1 begonnen wurde, sieht nun wie folgt aus:
$\{\psi_0\} \Rightarrow_{IND} \cdots \Rightarrow_{IMPL,NAT2} \{\psi_8,\psi_9,\psi_{13},\psi_{17}\}$, wobei

$$\psi_8 = \forall x,y{:}nat\ [y\equiv 0\ \wedge\ f(x\ y)\equiv 0\ \rightarrow\ 0\equiv x\ \langle Z\rangle]\ ,$$

$$\psi_9 = \forall x,y,u{:}nat\ [y\equiv 0\ \wedge\ f(x\ y)\equiv s(u)\ \rightarrow\ f(x\ y)\equiv x\ \langle Z\rangle]\ ,$$

$$\psi_{13} = \forall x,y,v{:}nat\ [y\equiv s(v)\ \wedge\ f(x\ y)\equiv 0\ \wedge\ sub(f(x\ v)\ v)\equiv x\ \langle H\rangle\ \rightarrow\ 0\equiv x\ \langle Z\rangle]$$

und

$$\psi_{17} = \forall x,y,u,v{:}nat\ [y\equiv s(v)\ \rightarrow\ f(x\ y)\equiv s(f(x\ v))]\ .$$

Mit ψ_{17} ist eine Definitionsformel für den "Rekursionsfall" $y\equiv s(v)$ abgeleitet worden. Das bedeutet, Formel ψ_{13}, die wie ψ_{17} aus dem Induktionsschritt entstanden ist, wird für den Transformationsprozeß nicht mehr benötigt und damit zur Restformel.

Für den Basisfall $y\equiv 0$ liegt noch keine Definitionsformel vor. Allerdings enthält Formel ψ_9 ein Zielliteral, das eine definierende Gleichung für die Skolemfunktion darstellt. Das bedeutet, die Bedingung $f(x\ y)\equiv s(u)$ kann aus ψ_9 eliminiert werden, da die Variable u im Zielliteral nicht vorkommt, und wir erhalten mit $\psi_9 \Rightarrow_{EL.H} \{\psi_{18}\}$ eine Definitionsformel für den Basisfall:

$$\psi_{18} = \forall x,y{:}nat\ [y\equiv 0\ \rightarrow\ f(x\ y)\equiv x]\ .$$

Nun spielt auch Formel ψ_8 keine Rolle mehr im Transformationsprozeß und wird ebenfalls zur Restformel.

Das heißt, der Transformationsprozeß ist damit beendet und liefert folgendes Ergebnis:

$$\{\psi_0\}\ \Rightarrow^+\ DEF_f \cup REM_f\ \text{mit}$$

$$DEF_f = \{\ \forall x,y{:}nat\ [y\equiv 0\ \rightarrow\ f(x\ y)\equiv x]\ ,$$
$$\forall x,y,v{:}nat\ [y\equiv s(v)\ \rightarrow\ f(x\ y)\equiv s(f(x\ v))]\ \text{und}$$

$$REM_f = \{\ \forall x,y{:}nat\ [y\equiv 0\ \wedge\ f(x\ y)\equiv 0\ \rightarrow\ 0\equiv x]\ ,$$
$$\forall x,y,u{:}nat\ [y\equiv 0\ \wedge\ f(x\ y)\equiv s(u)\ \rightarrow\ f(x\ y)\equiv x]\ \}\ .$$

DEF_f ist eine für

$\mathcal{T} = (\{bool,nat\}, \{T,F,0,s,sub\}, Ax = REP_{bool} \cup REP_{nat} \cup DEF_{sub})$ zulässige Menge von Definitionsformeln, denn:

- Die Fallunterscheidung $FU_f = \{y\equiv 0, \exists v{:}nat\ y\equiv s(v)\}$ ist deterministisch:

  Mit $\varphi \in REP_{nat}$, $\varphi = \forall x{:}nat\ \neg s(x)\equiv 0$, gilt:

  $Ax \models_s \forall y{:}nat\ \neg[y\equiv 0\ \wedge\ \exists v{:}nat\ y\equiv s(v)]$.

- FU_f ist vollständig, und $\{y\leftarrow v\}$ ist eine Rekursionssubstitution unter $y\equiv s(v)$ (vgl. Beispiel 5.1).

Nun müssen noch die Restformeln bewiesen werden.

Es ist zu zeigen: $Ax \cup DEF_f \models_s REM_f$.

Aus der ersten Restformel $\forall x,y{:}nat\ [y\equiv 0\ \wedge\ f(x\ y)\equiv 0\ \rightarrow\ 0\equiv x]$ erhält man durch symbolische Auswertung des Terms $f(x\ y)$ mit dem ersten Definitionsaxiom für f die offensichtlich wahre Formel

$\forall x,y{:}nat\ [y\equiv 0\ \wedge\ x\equiv 0\ \rightarrow\ 0\equiv x]$.

Die zweite Restformel $\forall x,y,u{:}nat\ [y\equiv 0\ \wedge\ f(x\ y)\equiv s(u)\ \rightarrow\ f(x\ y)\equiv x]$ kann auf die gleiche Weise in die wahre Formel

$\forall x,y,u{:}nat\ [y\equiv 0\ \wedge\ f(x\ y)\equiv s(u)\ \rightarrow\ x\equiv x]$ überführt werden.

Damit ist durch Synthese eines Programms DEF_f für die Skolemfunktion die Existenzaussage $\psi = \forall x,y{:}nat\ \exists z{:}nat\ sub(z\ y)\equiv x$ aus Beispiel 5.1 bewiesen worden.

DEF_f berechnet die Addition auf den natürlichen Zahlen.

■

6. Das Syntheseverfahren als Existenzbeweismethode

In den vorangegangenen Abschnitten ist das Syntheseverfahren als eine Methode beschrieben worden, Existenzaussagen konstruktiv, durch die Synthese rekursiver Programme für Skolemfunktionen, zu beweisen. Seine Realisierung in Form eines Programmsynthesesystems (das in Abschnitt 7 noch zu beschreiben sein wird) hat gezeigt, daß es geeignet ist, Induktionsbeweise von Existenzaussagen zu automatisieren.

Anhand von Beispielen soll jedoch zunächst aufgezeigt werden, welche Schwierigkeiten sich im allgemeinen bei der Automatisierung von Existenzbeweisen ergeben, sobald Induktion benötigt wird, und wie diese Schwierigkeiten mit dem Syntheseverfahren gelöst werden.

6.1 Auswahl eines geeigneten Induktionsaxioms

Die erste Schwierigkeit, die sich beim Beweis einer Existenzaussage durch vollständige Induktion ergibt, besteht in der Auswahl eines zum Beweis dieser Aussage geeigneten Induktionsaxioms.

Automatische Induktionsbeweiser, wie der von Boyer und Moore [Boyer/ Moore 79] oder das INKA-System [Biundo et al. 86] orientieren sich heuristisch an den Definitionen der in einer Formel vorkommenden rekursiven Funktionen und benutzen deren Rekursionsschemata, um ein Induktionsaxiom zu erzeugen. Die Rekursionsschemata dienen zur Auswahl der Induktionsvariablen: Variablen, die in der zu beweisenden Aussage an Rekursionsargumentpositionen einer Funktion vorkommen, sind als Induktionsvariablen geeignet. Neben den Rekursionsschemata liefern die Funktionsdefinitionen im System von Boyer und Moore aber auch Hinweise darauf, welche Terme geeignete Einsetzungen für die Nicht-Induktionsvariablen in den Induktionshypothesen darstellen.

Tritt nun in einer zu beweisenden Formel eine existenzquantifizierte Variable auf, so geht ein Teil der *Konstruktivität*, die die wichtigste Grundvoraussetzung dieser Verfahren darstellt, verloren.

Eine existenzquantifizierte Variable kommt als Induktionsvariable nicht in Frage. Andererseits steht zunächst kein Term zur Verfügung, der, für die Variable eingesetzt, Hinweise (z.B. auch hinsichtlich der Einsetzungen für die Nicht-Induktionsvariablen in der Induktionshypothese) auf ein geeignetes Induktionsaxiom liefern könnte.

Das hat zur Folge, daß für eine Existenzaussage möglicherweise ein Induktionsaxiom generiert wird, das zum Beweis der Formel ungeeignet ist. Das folgende Beispiel soll dies anhand der Methode von Boyer und Moore verdeutlichen.

Beispiel 6.1 Wir gehen aus von einer zulässigen Theoriespezifikation
$\mathcal{T} = (\mathcal{S}, \Sigma, \mathrm{Ax})$ mit
$\mathcal{S} = \{\mathrm{nat}\}$,
$\Sigma = \{0, \mathrm{s}, \mathrm{pred}, \mathrm{diff}\}$ und
$\mathrm{Ax} = \mathrm{REP}_{\mathrm{nat}} \cup \mathrm{DEF}_{\mathrm{pred}} \cup \mathrm{DEF}_{\mathrm{diff}}$.

$\mathrm{REP}_{\mathrm{nat}}$ sei wie in Beispiel 3.1 die Menge der Repräsentationsformeln für die Datenstruktur der natürlichen Zahlen.

$$\mathrm{DEF}_{\mathrm{pred}} = \{\ \mathrm{PRED1}:\ \forall u{:}\mathrm{nat}\ [u{\equiv}0 \rightarrow \mathrm{pred}(u){\equiv}0]\ ,$$
$$\mathrm{PRED2}:\ \forall u,w{:}\mathrm{nat}\ [u{\equiv}s(w) \rightarrow \mathrm{pred}(u){\equiv}w]\ \}$$

sind die zulässigen Definitionsformeln für die Vorgängerfunktion (engl. *predecessor*),

$$\mathrm{DEF}_{\mathrm{diff}} = \{\ \mathrm{DIFF1}:\ \forall u,v{:}\mathrm{nat}\ [v{\equiv}0 \rightarrow \mathrm{diff}(u\ v){\equiv}u]\ ,$$
$$\mathrm{DIFF2}:\ \forall u,v,w{:}\mathrm{nat}\ [v{\equiv}s(w) \rightarrow \mathrm{diff}(u\ v){\equiv}\mathrm{pred}(\mathrm{diff}(u\ w))]\ \}$$

diejenigen für die Differenz.

Sei $\psi = \forall x,y{:}\mathrm{nat}\ \exists z{:}\mathrm{nat}\ \mathrm{diff}(z\ y){\equiv}x$ die zu beweisende Existenzaussage.
Das Verfahren zur Generierung der Induktionsaxiome orientiert sich an der Definition der Funktion diff , deren einziges Rekursionsargument das zweite ist, wählt y als Induktionsvariable und generiert folgende Induktionsformeln:

$$\psi_1 = \forall x,y{:}nat\ \exists z{:}nat\ [y\equiv 0 \rightarrow diff(z\ y)\equiv x] \qquad und$$

$$\psi_2 = \forall x,y,v{:}nat\ \exists z{:}nat\ [y\equiv s(v) \wedge \exists z'{:}nat\ diff(z'\ v)\equiv x$$
$$\rightarrow \exists z{:}nat\ diff(z\ y)\equiv x].$$

ψ_1 kann mittels symbolischer Auswertung mit Axiom DIFF1 in

$$\psi_3 = \forall x,y{:}nat\ \exists z{:}nat\ [y\equiv 0 \rightarrow z\equiv x] \qquad umgeformt\ werden.$$

ψ_3 ist offensichtlich wahr.

Aus ψ_2 erhält man durch symbolische Auswertung mit Axiom DIFF2

$$\psi_4 = \forall x,y,v{:}nat\ [y\equiv s(v) \wedge \exists z'{:}nat\ diff(z'\ v)\equiv x$$
$$\rightarrow \exists z{:}nat\ pred(diff(z\ v))\equiv x]\ .$$

Nun gibt es aber keine Möglichkeit, Induktionsziel oder -hypothese mit Hilfe der vorhandenen Axiome so zu modifizieren, daß die Induktionshypothese (unter einer geeigneten Einsetzung für z) verwendet werden kann.
Das liegt daran, daß die Hypothese
$\exists z'{:}nat\ diff(z'\ v)\equiv x$ zum Beweis von ψ_4 nicht geeignet ist.
Hätte man stattdessen die Hypothese
$\exists z'{:}nat\ diff(z'\ v)\equiv s(x)$ zur Verfügung, wäre ein Beweis leicht möglich:
Man erhielte die Formel

$$\psi_6 = \forall x,y,v,z'{:}nat\ [y\equiv s(v) \wedge diff(z'\ v)\equiv s(x)$$
$$\rightarrow \exists z{:}nat\ pred(diff(z\ v))\equiv x]\ .$$

(Der Existenzquantor der Hypothese wurde als Allquantor vor die Implikation geschrieben.)
z' wäre ein lösender Term für z , denn mit Axiom PRED2 gilt offensichtlich:

$$\psi_7 = \forall x,y,v,z'{:}nat\ [y\equiv s(v) \wedge diff(z'\ v)\equiv s(x) \rightarrow pred(diff(z'\ v))\equiv x]\ .$$

∎

Die Schwierigkeit bei diesem Induktionsbeweis liegt darin, daß weder aus
der zu beweisenden Existenzformel noch aus den zur Verfügung stehenden
Axiomen zu entnehmen ist, welcher Term in der Induktionshypothese für
die Nicht-Induktionsvariable x einzusetzen ist, um ein brauchbares Induktionsaxiom zu erhalten. Sind in einer zu beweisenden Formel keine Existenzquantoren vorhanden und alle vorkommenden Funktionen konstruktiv
definiert, so können die Einsetzungen für die Nicht-Induktionsvariablen in
den Induktionshypothesen durch Inspektion der entsprechenden Definitionsformeln bestimmt werden.
Dazu betrachten wir folgendes Beispiel:

Beispiel 6.2 Sei $\mathcal{T}$ die zulässige Theoriespezifikation aus Beispiel 6.1 und
$\mathcal{T}'$ die zulässige Erweiterung von $\mathcal{T}$ um das Funktionssymbol plus und
die Axiome DEF_{plus} mit

$$DEF_{plus} = \{\ PLUS1:\ \forall u,v{:}nat\ [v{\equiv}0 \rightarrow plus(u\ v){\equiv}u]\ ,$$
$$PLUS2:\ \forall u,v,w{:}nat\ [v{\equiv}s(w) \rightarrow plus(u\ v){\equiv}plus(s(u)\ w)]\}\ .$$

Mit dieser Definition der Funktion plus kann die für
$\psi = \forall x,y{:}nat\ \exists z{:}nat\ diff(z\ y){\equiv}x$ hinreichende Formel
$\psi' = \forall x,y{:}nat\ diff(plus(x\ y)\ y){\equiv}x$ sofort durch Induktion bewiesen werden,
wenn man die Definition von plus bei der Erzeugung des Induktionsaxioms
für ψ' in Betracht zieht:

Zunächst wird, wie in Beispiel 6.1, y als Induktionsvariable gewählt. Um
eine geeignete Einsetzung für die Nicht-Induktionsvariable x in der Induktionshypothese für ψ' zu finden, wird nun jedes Auftreten von x in ψ'
betrachtet. x ist Subterm von plus(x y) , und man erkennt, daß bei symbolischer Auswertung des Terms plus(x y) im Induktionsschritt (mit Axiom
PLUS2) x im rekursiven Aufruf von plus durch den Term s(x) ersetzt
wird. Eine starke Heuristik ist daher (und danach wird im System von
Boyer und Moore vorgegangen), die Nicht-Induktionsvariable x in der Induktionshypothese durch s(x) zu ersetzen.

Wir erhalten folgende Induktionsformeln:

$$\psi'_1 = \forall x,y{:}nat \ [y\equiv 0 \rightarrow diff(plus(x\ y)\ y)\equiv x] \quad und$$

$$\psi'_2 = \forall x,y,v{:}nat \ [y\equiv s(v) \ \wedge \ diff(plus(s(x)\ v)\ v)\equiv s(x)$$
$$\rightarrow \ diff(plus(x\ y)\ y)\equiv x] \ .$$

ψ'_1 wird durch symbolische Auswertung mit den Axiomen DIFF1 und PLUS1 in die Formel $\psi'_3 = \forall x,y{:}nat \ [y\equiv 0 \rightarrow x\equiv x]$ überführt. ψ'_3 gilt offensichtlich.

Aus ψ'_2 erhalten wir, ebenfalls durch symbolische Auswertung (mit den Axiomen DIFF2 und PLUS2):

$$\psi'_4 = \forall x,y,v{:}nat \ [y\equiv s(v) \ \wedge \ diff(plus(s(x)\ v)\ v)\equiv s(x)$$
$$\rightarrow \ pred(diff(plus(s(x)\ v)\ v))\equiv x] \ .$$

Symbolische Auswertung der Funktion pred mit Axiom PRED2 liefert

$$\psi'_5 = \forall x,y,v{:}nat \ [y\equiv s(v) \ \wedge \ diff(plus(s(x)\ v)\ v)\equiv s(x) \ \rightarrow \ x\equiv x] \ ,$$

und damit ist ψ' bewiesen.

■

An diesen beiden Beispielen ist zu sehen, daß eine Automatisierung von Existenzbeweisen durch Induktion, neben der Suche nach einem lösenden Term für die existenzquantifizierte Variable auch die Suche nach einem geeigneten Induktionsaxiom erfordert, für die hier zu wenig heuristische Information zur Verfügung steht.

Beim Beweis mit dem Syntheseverfahren wird die passende Induktionshypothese für eine Existenzaussage während des Syntheseprozesses konstruiert. Auf eine Spezifikationsformel wird zunächst die Induktionsregel angewandt. Die entstehenden Induktionsformeln werden durch Evaluierungs- und andere Regeln zielgerichtet transformiert, um Induktionsziel und -hypothese möglichst weitgehend aneinander anzugleichen. Danach liefert das modifizierte Induktionsziel eine geeignete Einsetzung für jede Nicht-Induktionsvariable in der Hypothese. Nach Anwendung der Spezialisierungsregel unter-

scheiden sich Ziel und Hypothese dann nur noch an den Positionen, an denen
die Skolemterme auftreten, so daß mit den Extraktionsregeln eine Definitionsformel abgeleitet werden kann.
Dieses Vorgehen soll nun am Beweis der Existenzaussage

$$\psi = \forall x,y{:}nat\ \exists z{:}nat\ diff(z\ y){\equiv}x$$

aus Beispiel 6.1 demonstriert werden. Wir zeigen, wie mit dem Syntheseverfahren eine passende Induktionshypothese für die Spezifikationsformel
ψ_0 generiert und ein Programm für die Skolemfunktion abgeleitet wird,
das dem Programm DEF_{plus} aus Beispiel 6.2 entspricht und die Addition
auf den natürlichen Zahlen berechnet.

Beispiel 6.3 Ausgehend von der Existenzaussage
$\psi = \forall x,y{:}nat\ \exists z{:}nat\ diff(z\ y){\equiv}x$, bzw. der zugehörigen Spezifikationsformel
$\psi_0 = \forall x,y{:}nat\ diff(f(x\ y)\ y){\equiv}x$,
startet das Synthesesystem mit der Induktionsregel und generiert, gemäß
dem Rekursionsschema der Funktion diff , zwei Induktionsformeln:

$$\psi_1 = \forall x,y{:}nat\ [y{\equiv}0 \rightarrow diff(f(x\ y)\ y){\equiv}x] \quad und$$

$$\psi_2 = \forall x,y,v{:}nat\ [y{\equiv}s(v) \wedge \forall x'{:}nat\ diff(f(x'\ v)\ v){\equiv}x' \rightarrow diff(f(x\ y)\ y){\equiv}x].$$

Die Nicht-Induktionsvariable x' ist in der Hypothese allquantifiziert, d.h.
man geht zunächst von einer allgemeinen (starken) Hypothese aus. Während
des Transformationsprozesses wird die Hypothese durch eine geeignete Einsetzung für x' so abgeschwächt (und damit an das Induktionsziel angeglichen), daß durch Anwendung einer Extraktionsregel eine definierende Gleichung für f(x y) abgeleitet werden kann.

ψ_2 wird mittels symbolischer Auswertung mit Axiom DIFF2 transformiert.
Wir erhalten

$$\psi_2 \Rightarrow_{EV,DIFF2} \psi_3 \quad mit{:}$$

$$\psi_3 = \forall x,y,v{:}nat\ [y{\equiv}s(v) \wedge \forall x'{:}nat\ diff(f(x'\ v)\ v){\equiv}x'$$
$$\rightarrow pred(diff(f(x\ y)\ v)){\equiv}x] \ .$$

Die Anwendung der Implikationenregel mit Axiom
PRED2: $\forall u,w:nat\ [u\equiv s(w) \rightarrow pred(u)\equiv w]$
ersetzt das Literal $pred(diff(f(x\ y)\ v))\equiv x$ in ψ_3 durch die entsprechende
Instanz der Prämisse $u\equiv s(w)$ aus PRED2:
$$\psi_3 \Rightarrow_{IMPL,PRED2} \psi_4 \ \text{mit}$$

$$\psi_4 = \forall x,y,v:nat\ [y\equiv s(v)\ \wedge\ \forall x':nat\ diff(f(x'\ v)\ v)\equiv x'$$
$$\rightarrow\ diff(f(x\ y)\ v)\equiv s(x)]\ .$$

Nun kann durch Spezialisierung (setze für die allquantifizierte Variable x'
den Term $s(x)$ ein) die Hypothese so an das Induktionsziel angeglichen
werden, daß die Extraktionsregel für die Gleichheit angewendet werden
kann: $\psi_4 \Rightarrow_{SPEC} \psi_5$.
Man erhält

$$\psi_5 = \forall x,y,v:nat\ [y\equiv s(v)\ \wedge\ diff(f(s(x)\ v)\ v)\equiv s(x)\ \rightarrow\ diff(f(x\ y)\ v)\equiv s(x)]$$

und hat damit eine zum Beweis von ψ_0 geeignete Induktionshypothese gefunden.

Die Extraktionsregeln liefern schließlich eine Definitionsformel für f im
Rekursionsfall.
$$\psi_5 \Rightarrow_{EX.E} \psi_6 \Rightarrow_{EX.F} \psi_7\ ,\ \text{wobei}$$

$$\psi_6 = \forall x,y,v:nat\ [y\equiv s(v) \rightarrow diff(f(x\ y)\ v)\equiv diff(f(s(x)\ v)\ v)]\quad \text{und}$$

$$\psi_7 = \forall x,y,v:nat\ [y\equiv s(v) \rightarrow f(x\ y)\equiv f(s(x)\ v)]\ .$$

Aus $\psi_1 = \forall x,y:nat\ [y\equiv 0 \rightarrow diff(f(x\ y)\ y)\equiv x]$ kann mittels symbolischer
Auswertung sofort eine Definitionsformel für den Basisfall abgeleitet wer-
den: $\psi_1 \Rightarrow_{EV,DIFF1} \psi_8$ mit

$$\psi_8 = \forall x,y:nat\ [y\equiv 0 \rightarrow f(x\ y)\equiv x]\ .$$

Wir erhalten

$$DEF_f = \{\ \forall x,y{:}nat\ [y{\equiv}0 \to f(x\ y){\equiv}x]\ ,$$
$$\forall x,y,v{:}nat\ [y{\equiv}s(v) \to f(x\ y){\equiv}f(s(x)\ v)]\ \}\ .$$

Offensichtlich ist DEF_f zulässig für $\mathcal{T}$, denn es gilt:

(1) $f \notin \Sigma$.

(2) Die Fallunterscheidung für DEF_f ist vollständig, denn die Formel

$\forall y{:}nat\ [y{\equiv}0 \lor \exists v{:}nat\ y{\equiv}s(v)]$ entspricht Axiom NAT3.

Es ist also $\quad Ax \models_s \forall y{:}nat\ [y{\equiv}0 \lor \exists v{:}nat\ y{\equiv}s(v)]$.

(3) Die Fallunterscheidung für DEF_f ist deterministisch, denn die Formel

$\forall y{:}nat\ \neg[y{\equiv}0 \land \exists v{:}nat\ y{\equiv}s(v)]$ folgt sofort aus NAT3.

Damit gilt $\quad Ax \models_s \forall y{:}nat\ \neg[y{\equiv}0 \land \exists v{:}nat\ y{\equiv}s(v)]$.

(4) $\{y{\leftarrow}v\}$ ist eine Rekursionssubstitution unter $[y{\equiv}s(y)]$.

DEF_f berechnet die Addition auf den natürlichen Zahlen. Da durch die Transformation keine Restformeln entstanden sind, ist die Existenzaussage $\psi = \forall x,y{:}nat\ \exists z{:}nat\ diff(z\ y){\equiv}x$ damit bewiesen.

■

Das Synthesesystem hat also durch Konstruktion eines lösenden Terms *und* einer geeigneten Induktionshypothese einen Beweis der Existenzaussage ψ geliefert.

6.2 Konstruktion eines lösenden Terms

Mit dem Syntheseverfahren werden Existenzaussagen durch die *Konstruktion* eines lösenden Terms für die existenzquantifizierte Variable bewiesen. Das heißt, es werden mit Hilfe der Transformationsregeln und der Axiome der zugrundeliegenden Theoriespezifikation Definitionsformeln für die Skolemfunktion abgeleitet. Terminiert das Syntheseverfahren erfolgreich, so ist anschließend der lösende Term vollständig konstruktiv gegeben.

Wie in Beispiel 6.1 bereits gezeigt worden ist, können aber auch auf andere Weise passende Einsetzungen für eine existenzquantifizierte Variable gefunden werden. Dort wurde beim Beweis des Induktionsschrittes die Existenzaussage

$$\forall x,y,v,z':nat\ [y\equiv s(v)\ \wedge\ diff(z'\ v)\equiv s(x)\ \rightarrow\ \exists z:nat\ pred(diff(z\ v))\equiv x]$$

dadurch bewiesen, daß, veranlaßt durch Inspektion des Axioms PRED2 und der Induktionshypothese, z' als lösender Term für z gewählt worden ist.

In diesem Teilabschnitt soll an einem Beispiel gezeigt werden, daß ein Vorgehen, das auf einem (evtl. durch vorhandene Axiome gesteuerten) "Vergleich" zwischen Induktionsziel und -hypothese beruht, in vielen Fällen nicht ausreicht, um einen Beweis zu finden.

Beispiel 6.4 Wir gehen aus von einer zulässigen Theoriespezifikation
$\mathcal{T} = (\mathcal{S}, \Sigma, Ax)$ mit
$\mathcal{S} = \{nat\}$,
$\Sigma = \{0, s, pred, plus\}$ und
$Ax = REP_{nat} \cup DEF_{pred} \cup DEF_{plus} \cup \{\varphi\}$,

wobei REP_{nat} wieder die natürlichen Zahlen repräsentiert. DEF_{pred} und DEF_{plus} sind die zulässigen Programme aus Beispiel 6.1 bzw. 6.2:

$$DEF_{pred} = \{\ PRED1:\ \forall u:nat\ [u\equiv 0\ \rightarrow\ pred(u)\equiv 0]\ ,$$
$$PRED2:\ \forall u,w:nat\ [u\equiv s(w)\ \rightarrow\ pred(u)\equiv w]\ \}$$

DEF_{plus} = { PLUS1: $\forall$u,v:nat [v$\equiv$0 $\rightarrow$ plus(u v)$\equiv$u] ,

PLUS2: $\forall$u,v,w:nat [v$\equiv$s(w) $\rightarrow$ plus(u v)$\equiv$plus(s(u) w)] }

und φ = $\forall$x,u:nat [pred(x)$\equiv$u $\wedge$ $\neg$x$\equiv$0 $\rightarrow$ s(u)$\equiv$x] ist eine einfache Folgerung aus Axiom PRED2.

Nun soll ψ = $\forall$x,y:nat $\exists$z:nat [plus(s(x) y)$\equiv$s(plus(z y))] gezeigt werden.
Mit y als Induktionsvariable werden entsprechend dem Rekursionsschema
der Funktion plus die Induktionsformeln

ψ_1 = $\forall$x,y:nat $\exists$z:nat [y$\equiv$0 $\rightarrow$ plus(s(x) y)$\equiv$s(plus(z y))]   und

ψ_2 = $\forall$x,y,v:nat [y$\equiv$s(v) $\wedge$ $\exists$z':nat plus(s(s(x)) v)$\equiv$s(plus(z' v))

$\rightarrow$ $\exists$z:nat plus(s(x) y)$\equiv$s(plus(z y))]

erzeugt.
Die Nicht-Induktionsvariable x wird dabei im Hinblick auf die Auswertung
der Funktion plus im Rekursionsfall (Axiom PLUS2) in der Induktionshypothese durch den Term s(x) ersetzt.

ψ_1 ist leicht zu zeigen. Symbolische Auswertung von plus mit Axiom
PLUS1 liefert ψ_3 = $\forall$x,y:nat $\exists$z:nat [y$\equiv$0 $\rightarrow$ s(x)$\equiv$s(z)] .
ψ_3 gilt offensichtlich.

Aus ψ_2 erhält man durch symbolische Auswertung mit Axiom PLUS2

ψ_4 = $\forall$x,y,v:nat [y$\equiv$s(v) $\wedge$ $\exists$z':nat plus(s(s(x)) v)$\equiv$s(plus(z' v))

$\rightarrow$ $\exists$z:nat plus(s(s(x)) v)$\equiv$s(plus(s(z) v))] .

Welcher Term könnte nun für z eingesetzt werden, um die Formel ψ_4 zu
erfüllen?

Axiom φ besagt, daß für alle x gilt: s(pred(x))=x , falls x$\neq$0. Diese Information trägt jedoch zur Lösung des Problems nichts bei, denn die Einsetzung von pred(z') für z führt nur unter der Voraussetzung z'$\neq$0 zur Lösung, und diese Voraussetzung ist weder gegeben, noch läßt sie sich aus den
vorhandenen Fakten ableiten.   ■

Hier zeigt sich, daß die durch den Existenzquantor verursachte Inkonstruktivität die Automatisierung der Suche nach einem lösenden Term dadurch erschwert, daß aus der inkonstruktiv gegebenen "Lösung" in der Induktionshypothese zu wenig Information gewonnen werden kann. Das heißt, die Hypothese kann nicht verwendet werden, und damit scheitert der Induktionsbeweis.

Das Syntheseverfahren löst solche Fälle auf folgende Weise:
Die Eigenschaft, daß der lösende Term für z' in der Induktionshypothese von 0 verschieden ist, kann mit dem Syntheseverfahren explizit gemacht werden und manifestiert sich in der Erzeugung einer Restformel. Dadurch erhält man, wie das folgende Beispiel zeigt, einen konstruktiv gegebenen Term als eine Lösung, deren Korrektheit durch den Beweis einer Restformel gesichert werden kann:
Das Programm, das als Lösung gefunden wird, liefert ein geeignetes Induktionsschema für den Beweis der Restformel.

Beispiel 6.5 Sei $\mathcal{T}$ die zulässige Theoriespezifikation aus Beispiel 6.4 und

$\psi = \forall x,y{:}nat\ \exists z{:}nat\ [plus(s(x)\ y){\equiv}s(plus(z\ y))]$ die zu beweisende Formel.
Wir erhalten eine Spezifikation

$\psi_0 = \forall x,y{:}nat\ [plus(s(x)\ y){\equiv}s(plus(f(x\ y)\ y))]$,

und das Synthesesystem generiert nach dem Rekursionsschema des Programmes für plus folgende Induktionsformeln:

$\psi_1 = \forall x,y{:}nat\ [y{\equiv}0 \rightarrow plus(s(x)\ y){\equiv}s(plus(f(x\ y)\ y))]$,

$\psi_2 = \forall x,y,v{:}nat\ [y{\equiv}s(v)\ \wedge\ \forall x'{:}nat\ plus(s(x')\ v){\equiv}s(plus(f(x'\ v)\ v))$
$$\rightarrow plus(s(x)\ y){\equiv}s(plus(f(x\ y)\ y))]\ .$$

Aus ψ_1 entsteht durch symbolische Auswertung der beiden plus-Terme und Anwendung der Extraktionsregel für Funktionsausdrücke eine Definitionsformel für den Basisfall:

$\Psi_1 \Rightarrow_{EV,PLUS1} \Psi_3 \Rightarrow_{EV,PLUS1} \Psi_4 \Rightarrow_{EX.F} \Psi_5$ mit

$\psi_3 = \forall x,y{:}nat\ [y{\equiv}0 \rightarrow s(x){\equiv}s(plus(f(x\ y)\ y))]$,

$\psi_4 = \forall x,y{:}nat\ [y{\equiv}0 \rightarrow s(x){\equiv}s(f(x\ y))]$ und

$\psi_5 = \forall x,y{:}nat\ [y{\equiv}0 \rightarrow f(x\ y){\equiv}x]$.

ψ_2 wird zunächst analog transformiert. Wir erhalten

$\psi_2 \Rightarrow_{EV,PLUS2} \psi_5 \Rightarrow_{EV,PLUS2} \psi_6$ mit

$\psi_6 = \forall x,y,v{:}nat\ [y{\equiv}s(v) \wedge \forall x'{:}nat\ plus(s(x')\ v){\equiv}s(plus(f(x'\ v)\ v))$
$$\rightarrow plus(s(s(x))\ v){\equiv}s(plus(s(f(x\ y))\ v))] .$$

Die Spezialisierungsregel erzeugt nun eine Induktionshypothese (für x'
wird der Term s(x) eingesetzt), die, zunächst durch Anwendung der
Extraktionsregel für die Gleichheit, für den Beweis verwendet werden
kann, d.h.

$\psi_6 \Rightarrow_{SPEC} \psi_7 \Rightarrow_{EX.E} \psi_8$ mit

$\psi_7 = \forall x,y,v{:}nat\ [y{\equiv}s(v) \wedge\ plus(s(s(x))\ v){\equiv}s(plus(f(s(x)\ v)\ v))$
$$\rightarrow plus(s(s(x))\ v){\equiv}s(plus(s(f(x\ y))\ v))]$$
und
$\psi_8 = \forall x,y,v{:}nat\ [y{\equiv}s(v) \rightarrow\ s(plus(f(s(x)\ v)\ v)){\equiv}s(plus(s(f(x\ y))\ v))]$.

Zweimaliges Anwenden der Extraktionsregel für Funktionsausdrücke extrahiert die Skolemterme aus dem Zielliteral. Wir erhalten

$\psi_8 \Rightarrow_{EX.F} \psi_9 \Rightarrow_{EX.F} \psi_{10}$ mit

$\psi_9 = \forall x,y,v{:}nat\ [y{\equiv}s(v) \rightarrow\ plus(f(s(x)\ v)\ v){\equiv}plus(s(f(x\ y))\ v)]$,

$\psi_{10} = \forall x,y,v{:}nat\ [y{\equiv}s(v) \rightarrow\ f(s(x)\ v){\equiv}s(f(x\ y))]$.

Nun muß aber das Zielliteral $f(s(x)\ v){\equiv}s(f(x\ y))$ in eine Gleichung der
Form $f(x\ y){\equiv}...$ gebracht werden.
Dazu kann die Implikationenregel mit Axiom

$\varphi = \forall x,u{:}nat\ [pred(x){\equiv}u \wedge \neg x{\equiv}0 \rightarrow s(u){\equiv}x]$ verwendet werden. Unter Erzeugung einer Restformel generiert sie aus ψ_{10} eine Definitionsformel für
den Rekursionsfall.

Das Zielliteral $f(s(x)\ v) \equiv s(f(x\ y))$ wird durch jeweils eine entsprechend instanziierte Prämisse von φ ersetzt, und wir erhalten zwei Formeln: $\psi_{10} \Rightarrow_{\text{IMPL},\varphi} \{\psi_{11}, \psi_{12}\}$, wobei

$$\psi_{11} = \forall x,y,v\text{:nat } [y \equiv s(v) \rightarrow f(x\ y) \equiv \text{pred}(f(s(x)\ v))] \quad \text{und}$$

$$\psi_{12} = \forall x,y,v\text{:nat } [y \equiv s(v) \rightarrow \neg f(s(x)\ v) \equiv 0] \ .$$

ψ_{11} ist eine Definitionsformel, und ψ_{12} wird in die Restformel

$$\psi_{13} = \forall x,v\text{:nat } [\neg f(s(x)\ v) \equiv 0]$$

transformiert. Die Prämisse $y \equiv s(v)$ wird eliminiert, da die Variable y im Zielliteral $\neg f(s(x)\ v) \equiv 0$ nicht vorkommt.

Damit gilt: $\psi_0 \Rightarrow^+ \text{DEF}_f \cup \text{REM}_f$ mit

$$\text{DEF}_f = \{ \quad \text{F1: } \forall x,y\text{:nat } [y \equiv 0 \rightarrow f(x\ y) \equiv x] \ ,$$
$$\text{F2: } \forall x,y,v\text{:nat } [y \equiv s(v) \rightarrow f(x\ y) \equiv \text{pred}(f(s(x)\ v))] \ \} \quad \text{und}$$

$$\text{REM}_f = \{ \ \forall x,v\text{:nat } [\neg f(s(x)\ v) \equiv 0] \ \} \ .$$

Das Programm DEF_f berechnet eine zweistellige Funktion f , die als Wert ihr erstes Argument liefert, d.h. für alle x, y gilt: $f(x\ y) = x$.

Es ist $f \notin \Sigma$, die Fallunterscheidung für das synthetisierte Programm entspricht derjenigen aus Beispiel 6.3 und ist daher ebenfalls vollständig und deterministisch und $\{y \leftarrow v\}$ ist eine Rekursionssubstitution unter $y \equiv s(v)$. Damit ist DEF_f zulässig für $\mathcal{T}$.

Nun ist noch die Restformel $\forall x,v\text{:nat } [\neg f(s(x)\ v) \equiv 0]$ zu beweisen. Sie wird an den Induktionsbeweiser weitergegeben, der mit Hilfe der Definitionsformeln für f folgende Induktionsformeln erzeugt:

$$\varphi_1 = \forall x,v\text{:nat } [v \equiv 0 \rightarrow \neg f(s(x)\ v) \equiv 0] \quad \text{und}$$

$$\varphi_2 = \forall x,v,w{:}nat \; [v \equiv s(w) \; \wedge \; \neg f(s(x)\;w) \equiv 0 \; \rightarrow \; \neg f(s(x)\;v) \equiv 0] \;.$$

Die Heuristik, für Nicht-Induktionsvariable in den Hypothesen entsprechende Terme aus rekursiven Funktionsaufrufen einzusetzen, funktioniert in diesem Beispiel nicht. Statt $s(x)$ muß x gewählt werden.
φ_1 wird mit F1 in

$$\varphi_3 = \forall x,v{:}nat \; [v \equiv 0 \rightarrow \neg s(x) \equiv 0]$$

überführt und φ_3 folgt sofort aus dem ersten Repräsentationsaxiom für nat .

φ_2 geht mit F2 über in

$$\varphi_4 = \forall x,v,w{:}nat \; [v \equiv s(w) \; \wedge \; \neg f(s(x)\;w) \equiv 0 \; \rightarrow \; \neg pred(f(s(s(x))\;w)) \equiv 0] \;.$$

An dieser Stelle muß das Induktionssystem mit Hilfe der ihm zur Angleichung von Induktionsziel und Hypothese zur Verfügung stehenden Heuristiken ein Lemma generieren und beweisen.
Es lautet:
$$\forall x,w{:}nat \; f(s(s(x))\;w) \equiv s(f(s(x)\;w))$$
und kann sofort durch Induktion über w gezeigt werden.

Damit kann φ_4 in

$$\varphi_5 = \forall x,v,w{:}nat \; [v \equiv s(w) \; \wedge \; \neg f(s(x)\;w) \equiv 0 \; \rightarrow \; \neg pred(s(f(s(x)\;w))) \equiv 0]$$

überführt werden, und mit Axiom PRED2 folgt die offensichtlich wahre Formel

$$\varphi_6 = \forall x,v,w{:}nat \; [v \equiv s(w) \; \wedge \; \neg f(s(x)\;w) \equiv 0 \; \rightarrow \; \neg f(s(x)\;w) \equiv 0] \;. \qquad \blacksquare$$

Damit ist am Beispiel gezeigt worden, wie mit dem Syntheseverfahren ein lösender Term für eine Existenzaussage konstruiert werden kann, insbeson-

dere auch dann, wenn implizit geforderte Eigenschaften des lösenden Terms
für den Beweis zu Hilfe genommen werden müssen.

Im Gegensatz dazu ist ein Vorgehen wie in Beispiel 6.4 (auch wenn sich die
Suche heuristisch an den vorhandenen Axiomen orientiert) zur Mechanisierung von Induktionsbeweisen ungeeignet. Der Grund dafür ist, daß in vielen
Fällen zu wenig Information aus der Spezifikation und damit aus der Induktionshypothese gewonnen werden kann, um den Beweis automatisch durchführen zu können.

6.3 Verwendung von Eigenschaften des lösenden Terms zum Beweis

Eine Schwierigkeit bei der Automatisierung von Induktionsbeweisen in diesem Zusammenhang besteht generell dann, wenn eine Existenzaussage implizit Eigenschaften eines lösenden Terms beschreibt, und diese für den Beweis gebraucht werden. Denn diese Eigenschaften müssen dann in der Induktionshypothese *explizit* zur Verfügung stehen, damit der Induktionsbeweis durchgeführt werden kann.

Mit dem Syntheseverfahren hat man die Möglichkeit, Eigenschaften der zu synthetisierenden Funktion explizit zu fordern und nach erfolgreicher Synthese zu beweisen. Mit Hilfe der Fallunterscheidungsregeln können während des Beweises zusätzliche Annahmen über den lösenden Term gemacht werden. Unter diesen Annahmen wird eine Definition für die Skolemfunktion abgeleitet, und die nachträgliche Rechtfertigung der gemachten Annahmen geschieht durch den Beweis von Restformeln.

Das folgende Beispiel soll dies erläutern.

Beispiel 6.6 Sei $\mathcal{T} = (\mathcal{S}, \Sigma, \mathrm{Ax})$ eine zulässige Theoriespezifikation mit
$\mathcal{S} = \{\mathrm{bool}, \mathrm{nat}\}$,
$\Sigma = \{0, \mathrm{s}, \mathrm{pred}, \mathrm{ge}, \mathrm{sub}\}$ und
$\mathrm{Ax} = \mathrm{REP}_{\mathrm{bool}} \cup \mathrm{REP}_{\mathrm{nat}} \cup \mathrm{DEF}_{\mathrm{pred}} \cup \mathrm{DEF}_{\mathrm{ge}} \cup \mathrm{DEF}_{\mathrm{sub}}$.

$\mathrm{REP}_{\mathrm{bool}} = \{\ \neg\mathrm{T}\equiv\mathrm{F}\ ,\ \forall x{:}\mathrm{bool}\ [x\equiv\mathrm{T} \lor x\equiv\mathrm{F}]\ \}$.

$\mathrm{REP}_{\mathrm{nat}}$ und $\mathrm{DEF}_{\mathrm{pred}}$ seien wie in Beispiel 6.4.

$\mathrm{DEF}_{\mathrm{ge}}$ ist ein zulässiges Programm, welches das $\geq$-Prädikat auf den natürlichen Zahlen berechnet:

$\mathrm{DEF}_{\mathrm{ge}} = \{\ $ GE1: $\forall x,y{:}\mathrm{nat}\ [y\equiv 0 \rightarrow \mathrm{ge}(x\ y)\equiv\mathrm{T}]$,

$\qquad\qquad$ GE2: $\forall x,y,v{:}\mathrm{nat}\ [x\equiv 0 \land y\equiv\mathrm{s}(v) \rightarrow \mathrm{ge}(x\ y)\equiv\mathrm{F}]$,

$\qquad\qquad$ GE3: $\forall x,y,u,v{:}\mathrm{nat}\ [x\equiv\mathrm{s}(u) \land y\equiv\mathrm{s}(v) \rightarrow \mathrm{ge}(x\ y)\equiv\mathrm{ge}(u\ v)]\ \}$.

DEF_{sub} berechnet die Subtraktion auf folgende Weise:

DEF_{sub} = { SUB1: $\forall$x,y:nat [y$\equiv$0 $\rightarrow$ sub(x y)$\equiv$x] ,

        SUB2: $\forall$x,y,v:nat [y$\equiv$s(v) $\wedge$ ge(x y)$\equiv$T

                           $\rightarrow$ sub(x y)$\equiv$sub(pred(x) v)] ,

        SUB3: $\forall$x,y,v:nat [y$\equiv$s(v) $\wedge$ $\neg$ge(x y)$\equiv$T $\rightarrow$ sub(x y)$\equiv$0] } .

Nun sei zu zeigen:

ψ = $\forall$x,y:nat $\exists$z:nat sub(z y)$\equiv$x .

Die zugehörige Spezifikationsformel lautet:

ψ_0 = $\forall$x,y:nat sub(f(x y) y)$\equiv$x .

Die Induktionsregel wählt y als Induktionsvariable und generiert folgende Induktionsformeln:

ψ_1 = $\forall$x,y:nat [y$\equiv$0 $\rightarrow$ sub(f(x y) y)$\equiv$x]   und

ψ_2 = $\forall$x,y,v:nat [y$\equiv$s(v) $\wedge$ $\forall$x':nat sub(f(x' v) v)$\equiv$x' $\rightarrow$ sub(f(x y) y)$\equiv$x] .

Wir erhalten mit $\psi_1 \Rightarrow_{EV,SUB1} \psi_3$ bereits eine Definitionsformel für den Basisfall:

ψ_3 = $\forall$x,y:nat [y$\equiv$0 $\rightarrow$ f(x y)$\equiv$x] .

Im Induktionsschritt kann die Evaluierungsregel zunächst nicht angewandt werden, da ψ_2 keine Bedingung ge(f(x y) y)$\equiv$T bzw. $\neg$ge(f(x y) y)$\equiv$T enthält. Also muß eine binäre Fallunterscheidung durchgeführt werden, und wir erhalten:

ψ_4 = [y$\equiv$s(v) $\wedge$ ge(f(x y) y)$\equiv$T $\wedge$ $\forall$x':nat sub(f(x' v) v)$\equiv$x'

                               $\rightarrow$ sub(f(x y) y)$\equiv$x] ,

ψ_5 = [y$\equiv$s(v) $\wedge$ $\neg$ge(f(x y) y)$\equiv$T $\wedge$ $\forall$x':nat sub(f(x' v) v)$\equiv$x'

                               $\rightarrow$ sub(f(x y) y)$\equiv$x] .

$\psi_4 \Rightarrow_{EV,SUB2} \psi_6$ mit

$$\psi_6 = [y \equiv s(v) \;\wedge\; ge(f(x\ y)\ y) \equiv T \;\wedge\; \forall x':nat\ sub(f(x'\ v)\ v) \equiv x'$$
$$\rightarrow\ sub(pred(f(x\ y))\ v) \equiv x]\ .$$

Mit der Spezialisierungsregel wird nun eine geeignete Induktionshypothese erzeugt (für x' wird x eingesetzt), so daß die Extraktionsregeln angewandt werden können:

$$\psi_6 \Rightarrow_{SPEC} \psi_7 \quad \text{mit}$$

$$\psi_7 = [y \equiv s(v) \;\wedge\; ge(f(x\ y)\ y) \equiv T \;\wedge\; sub(f(x\ v)\ v) \equiv x$$
$$\rightarrow\ sub(pred(f(x\ y))\ v) \equiv x].$$

$$\psi_7 \Rightarrow_{EX.E} \psi_8 \Rightarrow_{EX.F} \psi_9 \quad \text{mit}$$

$$\psi_8 = [y \equiv s(v) \;\wedge\; ge(f(x\ y)\ y) \equiv T \;\rightarrow\; sub(f(x\ v)\ v) \equiv sub(pred(f(x\ y))\ v)]\ ,$$

$$\psi_9 = [y \equiv s(v) \;\wedge\; ge(f(x\ y)\ y) \equiv T \;\rightarrow\; pred(f(x\ y)) \equiv f(x\ y)]\ .$$

Anwendung der Implikationenregel mit dem Axiom
PRED2: $\forall x,u:nat\ [x \equiv s(u) \rightarrow pred(x) \equiv u]$ (ersetze das Zielliteral in ψ_9 durch die entsprechende Instanz von $x \equiv s(u)$) liefert schließlich eine definierende Gleichung für $f(x\ y)$:

$$\psi_9 \Rightarrow_{IMPL,PRED2} \psi_{10} \quad \text{mit}$$

$$\psi_{10} = [y \equiv s(v) \;\wedge\; ge(f(x\ y)\ y) \equiv T \;\rightarrow\; f(x\ y) \equiv s(f(x\ v))]\ .$$

Um eine zulässige Definition für f zu erhalten, die insbesondere die Terminierungsbedingung erfüllt, muß nun noch die Bedingung $ge(f(x\ y)\ y) \equiv T$ aus ψ_{10} eliminiert werden.
Wir erhalten die Definitionsformel

$$\psi_{11} = [y \equiv s(v) \;\rightarrow\; f(x\ y) \equiv s(f(x\ v))]\ .$$

Die Anwendung der Spezialisierungsregel hat aus ψ_5 die Formel

$$\psi_5' = [y \equiv s(v) \;\wedge\; \neg ge(f(x\ y)\ y) \equiv T \;\wedge\; sub(f(x\ v)\ v) \equiv x \;\rightarrow\; sub(f(x\ y)\ y) \equiv x]$$

erzeugt. Durch symbolische Auswertung des sub-Termes
$(\psi_5' \Rightarrow_{EV,SUB3} \psi_{12})$ entsteht dann

$$\psi_{12} = [y\equiv s(v) \;\wedge\; \neg ge(f(x\;y)\;y)\equiv T \;\wedge\; sub(f(x\;v)\;v)\equiv x \;\rightarrow\; x\equiv 0] \;.$$

Aus dieser Formel kann keine Definitionsformel für f gewonnen werden.
Damit ist der Syntheseprozeß beendet. Es ist

$$DEF_f = \{ \;\; F1: \; \forall x,y:nat \; [y\equiv 0 \rightarrow f(x\;y)\equiv x] \;,$$
$$F2: \; \forall x,y,v:nat \; [y\equiv s(v) \rightarrow f(x\;y)\equiv s(f(x\;v))] \;\} \;\; und$$

$$REM_f = \{ \;\; \forall x,y,v:nat$$
$$[y\equiv s(v) \;\wedge\; \neg ge(f(x\;y)\;y)\equiv T \;\wedge\; sub(f(x\;v)\;v)\equiv x \;\rightarrow\; x\equiv 0] \;\} \;.$$

DEF_f ist zulässig für $\mathcal{T}$.
Die Restformel beschreibt eine Eigenschaft der Skolemfunktion. Generalisiert und etwas umgeformt lautet sie:

$$\forall x,y,v:nat \; [y\equiv s(v) \;\wedge\; \neg x\equiv 0 \;\rightarrow\; ge(f(x\;y)\;y)\equiv T] \;.$$

Diese Formel kann unter Verwendung von DEF_f leicht durch Induktion
über y gezeigt werden.
Damit ist schließlich auch die Existenzaussage
$$\psi = \forall x,y:nat \; \exists z:nat \; sub(z\;y)\equiv x$$
bewiesen.

$\blacksquare$

Wie hier beispielhaft gezeigt worden ist, ermöglicht das Syntheseverfahren
die explizite Verwendung von (implizit geforderten) Eigenschaften eines lösenden Terms zum Beweis der entsprechenden Existenzaussage. Diese Eigenschaften drücken sich in Restformeln aus, die, wie im vorliegenden Beispiel, mit Hilfe der synthetisierten Funktionsdefinition leicht zu zeigen sind.
Wichtig ist, daß dabei das Induktionsschema zum Beweis der Restformel aus
der rekursiven Definition der synthetisierten Funktion gewonnen wird.

Versucht man auf andere Weise eine Lösung zu finden (vgl. Beispiel 6.4), so lassen sich die für den Beweis benötigten Eigenschaften des lösenden Terms oft in gleicher Weise explizit machen. Die nachträgliche Rechtfertigung der über den Lösungsterm gemachten Annahmen scheitert dann aber möglicherweise daran, daß für diesen Term keine Axiome zur Verfügung stehen.

Das folgende Beispiel belegt diese Tatsache anhand eines Beweises der Existenzaussage aus Beispiel 6.6.

Beispiel 6.7 Sei $\mathcal{T} = (S, \Sigma, \mathrm{Ax})$ wie in Beispiel 6.6 und $\psi = \forall x,y{:}\mathrm{nat}\ \exists z{:}\mathrm{nat}\ \mathrm{sub}(z\ y)\equiv x$ die zu beweisende Formel.

Wie in Beispiel 6.6 wird y als Induktionsvariable gewählt, und wir erhalten zwei Induktionsformeln:

$$\psi_1 = \forall x,y{:}\mathrm{nat}\ \exists z{:}\mathrm{nat}\ [y\equiv 0 \rightarrow \mathrm{sub}(z\ y)\equiv x]\quad\text{und}$$

$$\psi_2 = \forall x,y,v{:}\mathrm{nat}\ [y\equiv s(v)\ \wedge\ \exists z'{:}\mathrm{nat}\ \mathrm{sub}(z'\ v)\equiv x\ \rightarrow\ \exists z{:}\mathrm{nat}\ \mathrm{sub}(z\ y)\equiv x]\ .$$

Im Basisfall liefert die symbolische Auswertung der Funktion sub mit Axiom SUB1 sofort eine passende Einsetzung für z :

$$\psi_3 = \forall x,y{:}\mathrm{nat}\ \exists z{:}\mathrm{nat}\ [y\equiv 0 \rightarrow z\equiv x]\ .$$

ψ_3 gilt offensichtlich.

Im Induktionsschritt dagegen kann sub nur unter der zusätzlichen Bedingung ge(z y) bzw. ¬ge(z y) ausgewertet werden.
Unterstellt man ¬ge(z y) , so erhält man

$$\psi_4 = \forall x,y,v{:}\mathrm{nat}\ [y\equiv s(v)\ \wedge\ \exists z'{:}\mathrm{nat}\ \mathrm{sub}(z'\ v)\equiv x\ \rightarrow\ 0\equiv x]\ .$$

Unterstellt man dagegen ge(z y) , so liefert die Auswertung mit Axiom SUB2 die Formel

$$\psi_5 = \forall x,y,v{:}\mathrm{nat}\ [y\equiv s(v)\ \wedge\ \exists z'{:}\mathrm{nat}\ sub(z'\ v)\equiv x$$
$$\rightarrow\ \exists z{:}\mathrm{nat}\ sub(pred(z)\ v)\equiv x]\ .$$

ψ_5 ist äquivalent zu

$$\psi_6 = \forall x,y,v,z'{:}\mathrm{nat}\ [y\equiv s(v)\ \wedge\ sub(z'\ v)\equiv x\ \rightarrow\ \exists z{:}\mathrm{nat}\ sub(pred(z)\ v)\equiv x]\ .$$

$s(z')$ ist ein lösender Term für z , denn mit Axiom PRED2 gilt offensichtlich:

$$\psi_7 = \forall x,y,v,z'{:}\mathrm{nat}\ [y\equiv s(v)\ \wedge\ sub(z'\ v)\equiv x\ \rightarrow\ sub(pred(s(z'))\ v)\equiv x]\ .$$

∎

Das heißt, unter der Annahme $ge(z\ y)$ findet sich auch im Induktionsschritt ein lösender Term für die existenzquantifizierte Variable z . Diese Annahme kann jedoch auch im Nachhinein (zeige: $ge(s(z')\ y)$) mit Hilfe des für z gefundenen Terms nicht gerechtfertigt werden, denn auch über z' , den lösenden Term aus der Induktionshypothese, liegen keine expliziten Informationen vor.

Eine Lösung wäre in diesem Fall, aus dem gescheiterten Induktionsbeweis der Existenzaussage ψ die Information für eine geeignete *Generalisierung* der Formel zu gewinnen und statt ψ die Formel
$$\psi' = \forall x,y{:}\mathrm{nat}\ \exists z{:}\mathrm{nat}\ [sub(z\ y)\equiv x\ \wedge\ ge(z\ y)]\ \text{zu beweisen.}$$

Die Verwendung des Syntheseverfahrens macht eine solche Generalisierung überflüssig. Hier können Eigenschaften des lösenden Terms, die für den Beweis benötigt worden sind, anschließend bewiesen werden, da man Axiome in Form eines Programms für die Skolemfunktion zur Verfügung hat.

7. Die Mechanisierung des Verfahrens

Nachdem wir in den Abschnitten 4 und 5 das Syntheseverfahren formal beschrieben und seine Korrektheit nachgewiesen haben, soll nun seine Realisierung als automatisches Synthesesystem vorgestellt werden. Wir beschreiben die Suchstrategie und veranschaulichen die einzelnen Transformationsphasen an einem einheitlichen Beispiel. Wir zeigen: Falls das System für eine eingegebene Spezifikation erfolgreich terminiert, so ist das synthetisierte Programm auch zulässig.

Zusammen mit Abschnitt 8, in dem die Heuristiken zur Steuerung der Suche ausführlich beschrieben werden, stellt dieser Abschnitt also eine "Implementierungsanleitung" für das Verfahren dar.

Das System wurde zunächst als Komponente des Induktionsbeweissystems INKA [Biundo et al. 86] implementiert und wird dort zum automatischen Beweis von Existenzaussagen eingesetzt.

7.1 Die Struktur des Suchraumes

Eine Transformation $\{\psi_0\} \Rightarrow^+ \Psi_D \cup \Psi_R$ einer Spezifikationsformel ψ_0 in eine Menge von Definitions- und Restformeln kann als ein Transformationsbaum (Ableitungsbaum) dargestellt werden, dessen Knoten Formeln sind, und dessen Kanten Transformationsschritte (Regelanwendungen) repräsentieren.

Betrachten wir beispielsweise die Transformation aus Abschnitt 5, wo ausgehend von der Theoriespezifikation

$\mathcal{T} = (S, \Sigma, Ax)$ mit

$S = \{nat\},$

$\Sigma = \{0, s, sub\}$,

$Ax = REP_{nat} \cup DEF_{sub}$

und der Spezifikationsformel

$\psi_0 = \forall x,y{:}nat\ sub(f(x\ y)\ y) \equiv x$, eine Transformation

$t = \{\psi_0\} \Rightarrow_{IND} \ldots \Rightarrow_{EX.E} DEF_f \cup REM_f$ durchgeführt wurde.

Mit

$$DEF_f = \{\ F1: \forall x,y{:}nat\ [y{\equiv}0 \rightarrow f(x\ y){\equiv}x]\ ,$$

$$F2: \forall x,y,v{:}nat\ [y{\equiv}s(v) \rightarrow f(x\ y){\equiv}s(f(x\ v))]\ \}\quad und$$

$$REM_f = \{\ R1: \forall x,y{:}nat\ [y{\equiv}0 \wedge f(x\ y){\equiv}0 \rightarrow 0{\equiv}x]\ ,$$

$$R2: \forall x,y,v{:}nat\ [y{\equiv}s(v) \wedge f(x\ y){\equiv}0 \wedge sub(f(x\ v)v){\equiv}x \rightarrow 0{\equiv}x]\ \}$$

sind also im zugehörigen Transformationsbaum $\mathcal{B}(t)$ ψ_0 die Wurzel und F1, F2, R1, und R2 die Blätter.

Damit das System einen solchen Transformationsbaum automatisch erzeugen, d.h. also für eine Eingabe ψ_0 erfolgreich terminieren kann, muß es insbesondere in der Lage sein, entsprechende Knoten im Baum als Definitions- bzw. Restformeln zu erkennen. Dazu dienen syntaktische Kriterien, denen diese Formeln genügen und die nun definiert werden:

Definition 7.1 Seien $\mathcal{T} = (S, \Sigma, Ax)$ eine zulässige Theoriespezifikation, $\Sigma' = \Sigma \cup \{f\}$ und $t = \{\psi_0\} \Rightarrow^+ \Psi$ eine Transformation mit $\psi_0 \in F(\Sigma',V)$ und $\Psi \subset F(\Sigma',V)$.

Ferner seien $s \in S$, $w \in S^*$, $x^* \in V_w$, $f \in \Sigma'_{w,s}$, sowie $\forall \varphi \in \Psi$.

$\forall \varphi$ erfüllt das *Definitionsformelkriterium* gdw.

(1) φ ist eine Elementardisjunktion:

   $\varphi = \bigvee \Phi$ mit $\Phi = \{L_1,...,L_n\}$ und $L_i \in LIT(\Sigma',V)$ für $1{\leq}i{\leq}n$.

(2)   Es gibt in φ kein Hypothesenliteral und genau ein Zielliteral L .
   L ist eine definierende Gleichung für die Skolemfunktion, d.h.
   $L = fx^* {\equiv} t$ mit $t \in T(\Sigma',V)_s$.

(3)   Es gelten folgende Variablenbedingungen:
   $Var(x^*) \cap Var(\Phi \setminus \{L\}) \neq \emptyset$ und $Var(t) \subset Var(\Phi \setminus \{L\})$.

(4)   Der Term fx^* kommt weder in t noch in einem von L verschiedenen Literal aus φ vor.   ∎

Bemerkung Forderung (1) bedeutet, daß eine Formel, die das Definitionsformelkriterium erfüllt, keine Metavariablen enthalten darf. Das heißt, alle Nicht-Induktionsvariablen aus den Induktionshypothesen müssen durch Terme aus $T(\Sigma,V)$ ersetzt worden sein. Die Forderungen (1) und (2) setzen zudem voraus, daß in der Transformation t sowohl eine Anwendung der Induktionsregel, als auch ein Normalisierungsschritt enthalten ist: Nur dann sind entsprechende Literale einer Formel aus Ψ als Ziele, Hypothesen etc. ausgewiesen (vgl. Abschnitte 5.1 und 5.2).

Folgendes Lemma zeigt, daß eine Formel, die diesem Kriterium genügt, tatsächlich eine Definitionsformel im Sinne von Definition 3.11 ist. Zum Beweis werden nur die Eigenschaften (1) bis (3) aus Definition 7.1 benötigt. Eigenschaft (4) wird später beim Nachweis der Zulässigkeit einer Menge synthetisierter Definitionsformeln garantieren, daß diese die Terminierungsbedingung erfüllt.

Lemma 7.1 Seien $\mathcal{T} = (\mathcal{S}, \Sigma, \mathrm{Ax})$ eine zulässige Theoriespezifikation, $\Sigma' = \Sigma \cup \{f\}$, $s \in \mathcal{S}$, $w \in \mathcal{S}^*$, $x^* \in V_w$, $f \in \Sigma'_{w,s}$.

t sei eine korrekte Transformation, ausgehend von einer Spezifikationsformel $\psi_0 [\![\, fx^* \,]\!] \in F(\Sigma',V)$.

Erfüllt eine Formel φ' aus $\mathcal{B}(t)$ das Definitionsformelkriterium, so ist φ' eine Definitionsformel.

Beweis: φ' erfüllt das Definitionsformelkriterium, ist also nach Definition 7.1 (1) eine Formel der Form $\forall \varphi$ mit $\varphi = \bigvee \Phi$, $\Phi = \{L_1,\ldots,L_n\}$ und $L_i \in \mathrm{LIT}(\Sigma',V)$ für $i \in I$, $I = \{1,\ldots,n\}$.

Nach 7.1 (2) gibt es ein $i \in I$ mit $L_i = fx^* \equiv t$ und $t \in T(\Sigma',V)_s$.

Sei $\quad$ (*) $\quad \varphi_i = \bigwedge_{j \in I \setminus \{i\}} \neg L_j$.

Dann läßt sich $\forall \varphi$ schreiben als $\forall [\varphi_i \rightarrow fx^* \equiv t]$.

Mit 7.1 (3) und (*) gelten dann auch die Variablenbedingungen

$\mathrm{Var}(x^*) \cap \mathrm{Var}(\varphi_i) \neq \emptyset$ $\quad$ und $\quad$ $\mathrm{Var}(t) \subset \mathrm{Var}(\varphi_i)$.

Definition 7.2 Seien $\mathcal{T}$, Σ' und t wie in Definition 7.1.

Eine Formel $\forall \varphi \in \Psi$ erfüllt das *Restformelkriterium* gdw.

(1)   das Funktionssymbol f kommt in φ nicht vor oder

(2)   es kann keine Transformationsregel *zielgerichtet* (engl. goal-directed) auf φ angewandt werden (vgl. dazu Abschnitt 7.3).

Neben diesen beiden formalen Kriterien gibt es auch noch heuristische Kriterien, nach denen die Formeln einer Transformation schon als Restformeln eingestuft werden können, bevor eine der obigen Bedingungen zutrifft (vgl. Abschnitt 8.6).

∎

Definition 7.3 Seien $\mathcal{T}$ und t wie in Definition 7.1.
Ein Knoten φ im Transformationsbaum $\mathcal{B}(t)$ ist *geschlossen* gdw. φ
(1)   eine Definitionsformel für f oder
(2)   eine Restformel ist.

Der Transformationsbaum $\mathcal{B}(t)$ heißt geschlossen, falls alle Blätter geschlossen sind.

Einen geschlossenen Transformationsbaum nennen wir *Synthesebaum*.

∎

Der Suchraum, den das System bearbeiten muß, um ausgehend von einer Spezifikationsformel ψ_0 einen Synthesebaum zu finden, umfaßt alle von ψ_0 aus möglichen Transformationen $\{\psi_0\} \Rightarrow^+ \Psi$.
Er besitzt damit die Struktur eines *UND/ODER-Baumes* (vgl. z.B. [Nilsson 82]). In einem solchen UND/ODER-Baum (wir bezeichnen ihn im folgenden mit $\mathcal{B}(\psi_0)$) sind diejenigen Kanten "durch UND verknüpft", die zur selben Regelanwendung gehören, während die Kanten unterschiedlicher Regelanwendungen Alternativen darstellen:

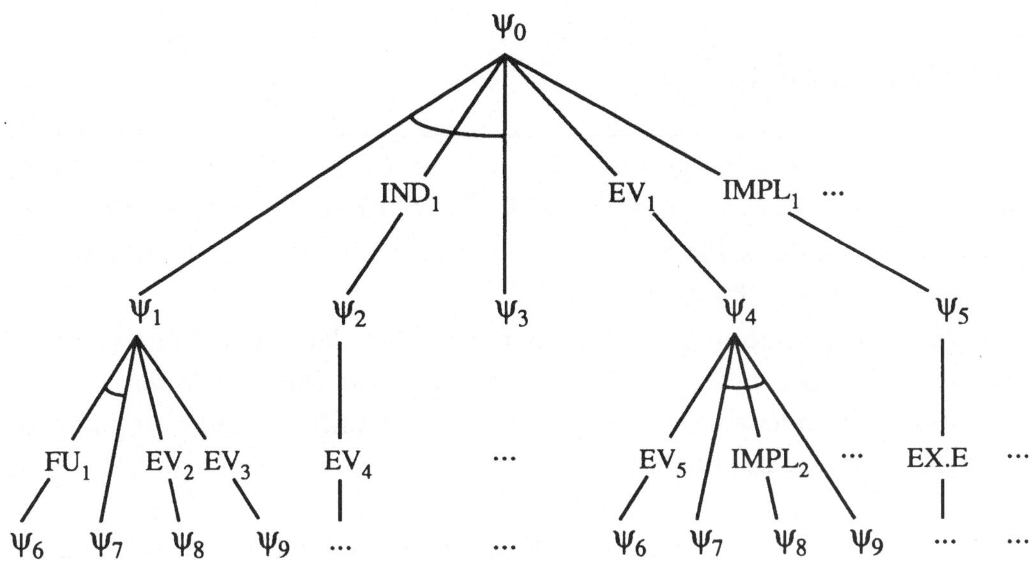

Aus ψ_0 eine Definition für die Skolemfunktion abzuleiten bedeutet nun, einen Synthesebaum in $\mathcal{B}(\psi_0)$ zu finden, d.h. einen *Unterbaum* $\mathcal{B}(t)$ von $\mathcal{B}(\psi_0)$, der folgenden Bedingungen genügt:

(1) ψ_0 ist die Wurzel von $\mathcal{B}(t)$,

(2)   alle Blätter in $\mathcal{B}(t)$ sind geschlossen,

(3)   zu jedem Knoten ψ_i aus $\mathcal{B}(\psi_0)$ enthält $\mathcal{B}(t)$ einen von ψ_i ausgehenden "ODER"-Pfad, sowie alle von ψ_i ausgehenden "UND"-Pfade.

7.2 Die Suchstrategie

In diesem Teilabschnitt soll beschrieben werden, wie ausgehend von einer Spezifikationsformel $\psi_0 \llbracket fx* \rrbracket$ ein UND/ODER-Baum entwickelt und abgearbeitet wird, der schließlich einen Synthesebaum $\mathcal{B}(t)$ enthält mit
$t = \{\psi_0\} \Rightarrow^+ \Psi_D \cup \Psi_R$ und $\Psi_D = DEF_f$.
Wir geben hier eine allgemeine Übersicht über den Ablauf des automatischen Syntheseprozesses. In den beiden folgenden Teilabschnitten, sowie in Abschnitt 8 (Heuristiken) erfolgt dann eine detaillierte Beschreibung der einzelnen Aspekte der Suchstrategie.

Um in einem UND/ODER-Baum $\mathcal{B}(\psi_0)$ einen möglichst kleinen Synthesebaum $\mathcal{B}(t)$ zu finden, wird $\mathcal{B}(\psi_0)$ schrittweise aufgebaut und mittels *Tiefensuche* abgearbeitet. Er enthält nur solche Transformationsschritte, die eine zu bearbeitende Formel (engl. goal) *zielgerichtet reduzieren.* Das heißt, die dabei entstehenden Formeln (engl. subgoals) stellen leichter zu lösende "Teilprobleme" des ursprünglichen Problems ψ_0 dar, beispielsweise dadurch, daß Terme symbolisch evaluiert oder bestimmte Literale durch neue ersetzt worden sind. Durch weitere Transformationsschritte werden sie dann so lange in neue Teilprobleme zerlegt, bis eine Lösung in Form geschlossener Formeln vorliegt.
Diese Methode der Problemreduktion (engl. goal reduction, problem reduction, vgl. [Nilsson 82]) wird auf folgende Weise realisiert:

Das Synthesesystem verfügt über eine globale Suchstrategie, nach der alle eingegebenen Syntheseprobleme ψ_0 in gleicher Weise bearbeitet werden. Diese *statische* Komponente der Strategie besteht in vier getrennt ablaufenden Phasen, die den Aufbau des UND/ODER-Baumes global bestimmen. Diese Phasen sind:
- Induktion und Normalisierung
- Evaluierung
- Extraktion und
- Elimination.
Sie werden in Abschnitt 7.4 im einzelnen erläutert.

In jeder Phase sind nur bestimmte Regelanwendungen zugelassen. Beispielsweise dürfen in der Evaluierungsphase nur die Evaluierungsregel und Fallunterscheidungsregeln angewandt werden. Innerhalb einer jeden Phase werden die erlaubten Regeln zum einen wiederum bestimmten, statisch vorgegebenen Strategien folgend angewandt. Andererseits gibt es dort aber auch Heuristiken, die die Regelauswahl steuern, so daß der Aufbau des UND/ODER-Baumes innerhalb der einzelnen Phasen auch *dynamisch* von den jeweils zu transformierenden Formeln bestimmt wird.

Die Heuristiken arbeiten in der Weise, daß in manchen Situationen (z.B. innerhalb der Extraktionsphase) alle Regelanwendungen, die einen zu expandierenden Knoten ψ_i im Baum auf bestimmte Weise modifizieren, berechnet und anschließend bewertet werden. Dadurch entstehen ODER-Verzweigungen. Die von ψ_i ausgehenden ODER-Kanten werden dabei ihrer Bewertung entsprechend so sortiert, daß bei der Abarbeitung des Baumes die jeweils besten Alternativen zuerst bearbeitet werden.

Eine Beschränkung des Tiefenwachstums wird dadurch erreicht, daß die Bewertung mit wachsender Tiefe schlechter wird ("Tiefen-Malus"). Ist eine maximale Bewertung erreicht oder keine Regel mehr anwendbar, ohne daß eine geschlossene Formel vorliegt, so sorgt ein *Rücksetzmechanismus* dafür, daß die jeweils nächstbeste Alternative entwickelt wird.

Damit läßt sich die Strategie bezüglich des Aspektes der Suchraumbegrenzung wie folgt zusammenfassen:

- Der Syntheseprozeß besteht im Aufbau und der Abarbeitung eines UND/ODER-Baumes.
- Dabei gibt es vier Phasen, in denen jeweils nur bestimmte Regelanwendungen erlaubt sind.
- Die Abarbeitung des Baumes erfolgt mittels Tiefensuche, wobei das Tiefenwachstum statisch begrenzt ist.
- Heuristische Bewertungen sorgen beim Aufbau von ODER-Verzweigungen dafür, daß die erfolgversprechendsten Regelanwendungen zuerst weiter verfolgt werden.

Neben der Begrenzung des Suchraumes durch eine zielgerichtete Entwikklung des UND/ODER-Baumes $\mathcal{B}(\psi_0)$ muß die Suchstrategie aber auch sicherstellen, daß für einen Synthesebaum $\mathcal{B}(t)$ $(t = \{\psi_0\} \Rightarrow^+ \Psi_D \cup \Psi_R$ und $\Psi_D = DEF_f$.), der als Unterbaum von $\mathcal{B}(\psi_0)$ entstanden ist, gilt:

DEF_f ist eine *zulässige* Menge von Definitionsformeln.

Dazu verfügt das Synthesesystem über zwei Mechanismen:
Der erste Mechanismus ist rein statischer Natur und besteht darin, daß aus mindestens einer Formel einer jeden UND-Verzweigung eine Definitionsformel abgeleitet werden muß.
Der zweite Mechanismus besitzt eine dynamische Komponente: Bei bestimmten Regelanwendungen, die aus einer Formel ψ_i eine Formel*menge* (und damit eine UND-Verzweigung) erzeugen, wird, u.a. nach heuristischen Kriterien, entschieden, welche der resultierenden Formeln in eine Definitionsformel transformiert wird, oder welche Formel bereits als Restformel betrachtet und damit geschlossen werden kann (vgl. Abschnitt 8.4).

Das Synthesesystem arbeitet also wie folgt:

Beginnend mit der Wurzel ψ_0 werden die Knoten in $\mathcal{B}(\psi_0)$ den einzelnen Phasen des Transformationsprozesses entsprechend expandiert, indem bestimmte Transformationsregeln auf sie angewandt werden. Können auf einen Knoten mehrere Regeln in zielgerichteter Weise angewandt werden, so entsteht zunächst eine ODER-Verzweigung:

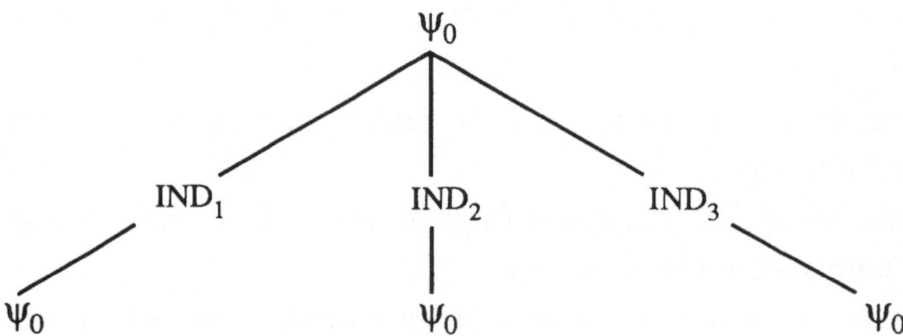

Jedes Blatt dieser ODER-Verzweigung wird nun durch die entsprechende Regelanwendung expandiert. Die Regelanwendungen erzeugen UND-Verzweigungen:

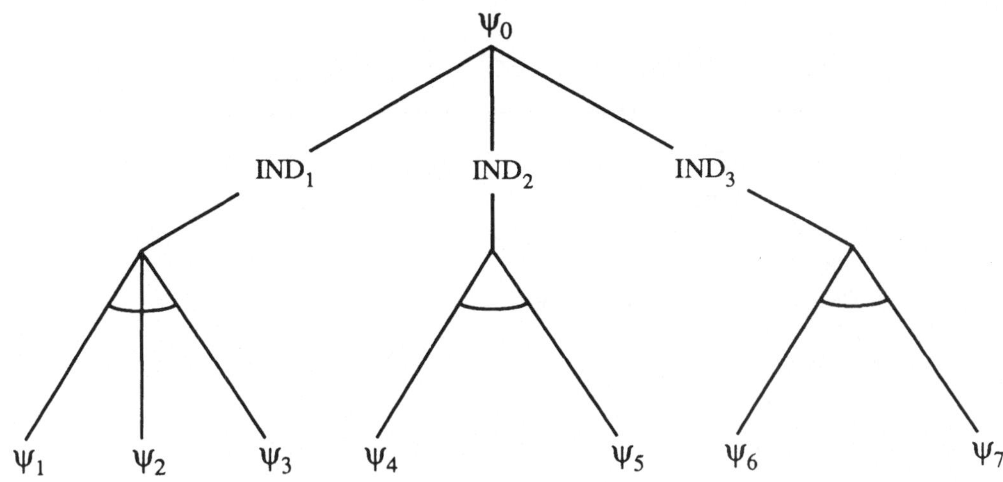

Die Knoten einer UND-Verzweigung können mit einer Markierung versehen sein, die besagt, daß diese Knoten in eine Definitionsformel zu transformieren sind. Die Formeln, die beispielsweise aus einer Anwendung der Induktionsregel entstehen (etwa ψ_1, ψ_2 und ψ_3), werden immer markiert. Die Expansion der Knoten erfolgt in der Weise, daß nach einem Knoten ψ_i immer sein "linkester" Nachfolger expandiert wird. Hier würde also als nächster Knoten ψ_1 aktiviert. Dabei entsteht, falls wieder verschiedene Regelanwendungen in Frage kommen, eine ODER-Verzweigung, gefolgt von entsprechenden UND-Verzweigungen:

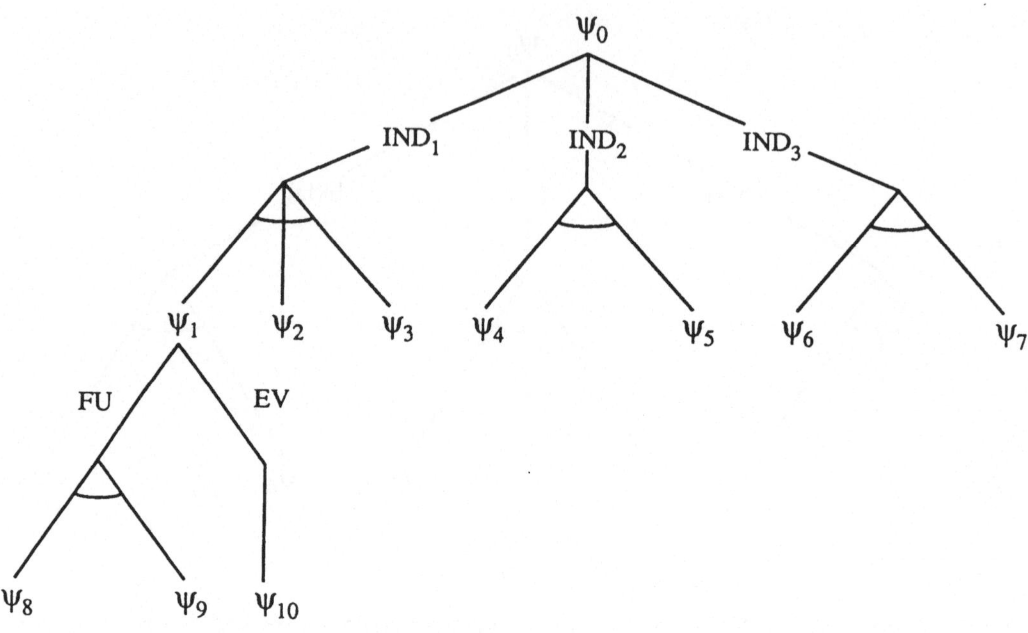

Falls es nur eine Möglichkeit zur Expansion gibt, entsteht lediglich eine UND-Verzweigung:

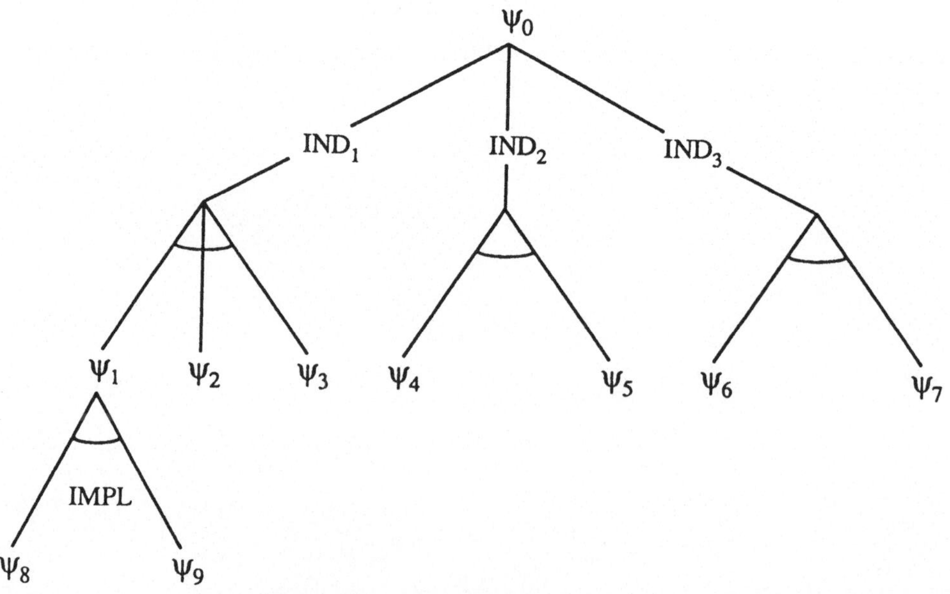

Das bedeutet, der jeweils "aktuelle ", d.h. als nächstes zu expandierende, Knoten ist immer Blatt einer UND-Verzweigung.

Erfüllt nun der aktuelle Knoten das Definitionsformelkriterium, so werden nur noch seine markierten Nachbarn expandiert, d.h. diejenigen Formeln, die in Definitionsformeln transformiert werden müssen. Alle anderen Knoten der aktuellen UND-Verzweigung werden als Restformeln geschlossen.

Sind in der aktuellen UND-Verzweigung keine Formeln mehr zu bearbeiten, setzt das System zur nächsten UND-Verzweigung zurück und verfährt dort in gleicher Weise: markierte Knoten werden expandiert, alle anderen Knoten werden als Restformeln geschlossen. Erreicht es auf diesem "Rückweg" über alle UND-Verzweigungen die Wurzel ψ_0 des Baumes, so terminiert der Syntheseprozeß erfolgreich.

Der "Rückweg" über die UND-Verzweigungen bis zur Wurzel stellt dann einen Synthesebaum $\mathcal{B}(t)$ dar:

- Er ist Unterbaum von $\mathcal{B}(\psi_0)$ mit Wurzel ψ_0.
- Alle Blätter sind geschlossen, d.h. es ist $t = \{\psi_0\} \Rightarrow^+ \mathrm{DEF}_f \cup \mathrm{REST}_f$.
- Er enthält zu jedem Knoten alle von diesem Knoten ausgehenden UND-Pfade, sowie (höchstens) einen ODER-Pfad.

In Abschnitt 7.5 wird gezeigt, daß DEF_f eine zulässige Menge von Definitionsformeln darstellt.

Ist ein aktueller Knoten in eine Definitionsformel zu transformieren, d.h. markiert, erfüllt aber das Restformelkriterium, so setzt das System zur letzten ODER-Verzweigung zurück. Nun werden sequentiell die nächsten Alternativen bearbeitet. Können hier ebenfalls keine Lösungen gefunden werden, wird zur nächsten ODER-Verzweigung zurückgesetzt und so fort. Steht schließlich keine Alternative mehr zur Verfügung, so ist der Syntheseprozeß gescheitert. Das heißt, aus der Spezifikationsformel ψ_0 konnte keine Definition für die Skolemfunktion synthetisiert werden, und damit ist der Beweis der ursprünglichen Existenzformel ψ gescheitert.

Erfüllt ein unmarkierter Knoten das Restformelkriterium, so wird er geschlossen. Anschließend wird der nächste Nachbarknoten expandiert, der, falls keine weiteren Nachbarknoten mehr existieren, markiert werden muß, denn aus jeder UND-Verzweigung muß *mindestens eine* Definitionsformel entstehen.

Ist die Tiefenbeschränkung erreicht oder keine Regel mehr anwendbar, wird der aktuelle Knoten als Restformel geschlossen.

7.3 Die vier Phasen des Syntheseprozesses

Hier sollen die vier verschiedenen Phasen eines Syntheseprozesses detailliert beschrieben werden. Wir veranschaulichen unsere Darstellung (ähnlich wie die Anwendung der Transformationsregeln in Abschnitt 5.) an einem durchgängigen Beispiel: der Synthese eines Programms für die Subtraktion auf den natürlichen Zahlen.

Dabei soll deutlich werden, wie sowohl durch die statisch vorgegebenen Transformationsstrategien innerhalb der einzelnen Phasen, als auch durch eine heuristische Bewertung alternativer Regelanwendungen eine zielgerichtete Einschränkung des Suchraumes erreicht wird.

Der Transformationsprozeß gliedert sich in die vier Phasen:
- Anwendung der Induktionsregel und Herstellung der Normalform
- Evaluierung
- Extraktion
- Elimination.

In jeder Phase sind nur bestimmte Transformationsschritte erlaubt.

Induktion und Normalisierung

Um aus einer Spezifikationsformel $\psi_0[\![\, fx* \,]\!]$ ein rekursives Programm, d.h. Definitionsformeln für die Skolemfunktion f zu synthetisieren, benötigt man eine Fallunterscheidung, sowie geeignete Rekursionssubstitutionen. Daher wird auf eine Spezifikationsformel ψ_0 als erste Transformationsregel *immer* die Induktionsregel angewandt. Sie erzeugt durch das Finden einer geeigneten vollständigen Fallunterscheidung eine Menge von Induktionsformeln. Die Induktionshypothesen, die in diesen Induktionsformeln auftreten, bestimmen später die Rekursion der Skolemfunktion, indem sie geeignete Rekursionssubstitutionen für Variablen aus $x*$ zur Verfügung stellen.

Jede der Induktionsformeln kann nun wiederum als Spezifikationsformel "für einen bestimmten Fall" aufgefaßt werden. Das bedeutet eine Problemreduktion, da die einzelnen Induktionsformeln in der Regel sehr viel leichter zu beweisen, d.h. durch Anwendung der Transformationsregeln in geschlossene Formeln zu überführen sind, als ψ_0 : Sie enthalten "strukturelle Information" über die Induktionsvariablen. Dadurch gelangt man in den Basisfällen oft schon allein durch symbolische Auswertung bestimmter Terme ans Ziel. Im Induktionsschritt stehen dann die Induktionshypothesen als wichtiges Hilfsmittel für den Beweis zur Verfügung.

Die Anwendung der Induktionsrgel bedeutet die Auswahl eines zum Beweis von ψ_0 geeigneten Induktionsaxioms. Das System orientiert sich dabei an den Definitionen der in ψ_0 vorkommenden Funktionen und berechnet verschiedene Induktionsaxiome (vgl. Abschnitt 8.1). Diese unterschiedlichen Anwendungen der Induktionsregel auf die Spezifikationsformel ψ_0 werden dann nach heuristischen Kriterien bewertet und entsprechend wird der UND/ODER-Baum $\mathcal{B}(\psi_0)$ aufgespannt.

Beispiel 7.1 Wir gehen aus von der zulässigen Theoriespezifikation
$\mathcal{T} = (S, \Sigma, \text{Ax})$ mit
$S = \{\text{bool, nat}\}$,
$\Sigma = \{\text{T, F, 0, s, ge, plus}\}$ und
$\text{Ax} = \text{REP}_{\text{bool}} \cup \text{REP}_{\text{nat}} \cup \text{DEF}_{\text{ge}} \cup \text{DEF}_{\text{plus}}$.

Das Programm DEF_{ge} repräsentiert das $\geq$-Prädikat auf den natürlichen Zahlen:
$\text{DEF}_{\text{ge}} = \{$ GE1: $\forall x,y{:}\text{nat} \ [y{\equiv}0 \rightarrow \text{ge}(x\ y){\equiv}T]$,

$\qquad\qquad$ GE2: $\forall x,y,v{:}\text{nat} \ [x{\equiv}0 \wedge y{\equiv}s(v) \rightarrow \text{ge}(x\ y){\equiv}F]$,

$\qquad\qquad$ GE3: $\forall x,y,u,v{:}\text{nat} \ [x{\equiv}s(u) \wedge y{\equiv}s(v) \rightarrow \text{ge}(x\ y){\equiv}\text{ge}(u\ v)] \}$,

DEF_{plus} die Addition:
$\text{DEF}_{\text{plus}} = \{$ PLUS1: $\forall x,y{:}\text{nat} \ [y{\equiv}0 \rightarrow \text{plus}(x\ y){\equiv}x]$,.

$\qquad\qquad$ PLUS2: $\forall x,y,v{:}\text{nat} \ [y{\equiv}s(v) \rightarrow \text{plus}(x\ y){\equiv}s(\text{plus}(x\ v))] \}$.

Wir wollen zeigen:
$\psi = \forall x,y{:}\text{nat} \ \exists z{:}\text{nat} \ [\text{ge}(x\ y){\equiv}T \rightarrow \text{plus}(z\ y){\equiv}x]$.

Die zugehörige Spezifikationsformel lautet:

$$\psi_0 = \forall x,y{:}nat\ [ge(x\ y){\equiv}T \to plus(f(x\ y)\ y){\equiv}x]\ .$$

Die Induktionsregel kann nun auf verschiedene Weise auf ψ_0 angewandt werden (vgl. Beispiel 8.1). Hier soll nur die am besten bewertete Regelanwendung aufgeführt werden:
Sie generiert die Induktionsformeln entsprechend dem Rekursionsschema der Funktion ge , und wir erhalten:

$$\psi_1 = \forall x,y{:}nat\ [y{\equiv}0 \to [ge(x\ y){\equiv}T \to plus(f(x\ y)\ y){\equiv}x]]$$

$$\psi_2 = \forall x,y,v{:}nat\ [x{\equiv}0 \wedge y{\equiv}s(v) \to [ge(x\ y){\equiv}T \to plus(f(x\ y)\ y){\equiv}x]]$$

$$\psi_3 = \forall x,y,u,v{:}nat\ [x{\equiv}s(u) \wedge y{\equiv}s(v) \wedge [ge(u\ v){\equiv}T \to plus(f(u\ v)\ v){\equiv}u]$$
$$\to\ [ge(x\ y){\equiv}T \to plus(f(x\ y)\ y){\equiv}x]]$$

$\blacksquare$

Jede Induktionsformel wird markiert, d.h. aus ihr muß im Verlauf des weiteren Prozesses (mindestens) eine Definitionsformel entstehen.
Im aufgespannten UND/ODER-Baum wird jetzt das linke Blatt, also die erste Induktionsformel expandiert. Dieses geschieht durch den Normalisierungsschritt, der immer als erstes auf eine Induktionsformel angewandt wird und im Baum eine UND-Verzweigung erzeugt. Die Normalisierung ermöglicht zum einen die uniforme Anwendung der Transformationsregeln. Zum anderen werden dadurch solche Teilformeln erkannt, die zur Definition der Skolemfunktion nichts beitragen und deswegen schon nach dem Normalisierungsschritt als Restformeln geschlossen werden können. Das heißt, alle weiteren Transformationsschritte beschränken sich dann auf die für die Synthese "relevanten Bestandteile" einer Induktionsformel.

Beispiel 7.2 Die Normalisierung der Induktionsformeln ψ_1 und ψ_2 resultiert jeweils in *einer* neuen Formel (wir schreiben die Disjunktion der als Hypothesen bzw. Ziele gekennzeichneten Literale wieder als Implikation und verzichten auf die $\forall$-Quantoren):

$$\psi_1' = [y \equiv 0 \land ge(x\ y) \equiv T\ \langle Z1 \rangle \quad \to \quad plus(f(x\ y)\ y) \equiv x\ \langle Z2 \rangle]$$

$$\psi_2' = [x \equiv 0 \land y \equiv s(v) \land ge(x\ y) \equiv T\ \langle Z1 \rangle \quad \to \quad plus(f(x\ y)\ y) \equiv x\ \langle Z2 \rangle]$$

Beide Formeln werden, wie ihre Vorgänger, markiert, d.h. müssen in eine Definitionsformel transformiert werden.

Aus der dritten Induktionsformel, dem Induktionsschritt, erhält man durch die Normalisierung *zwei* neue Formeln:

$$\psi_3' = [x \equiv s(u) \ \land \ y \equiv s(v) \ \land \ \neg ge(u\ v) \equiv T\ \langle H1 \rangle \ \land \ ge(x\ y) \equiv T \langle Z1 \rangle$$
$$\to \quad plus(f(x\ y)\ y) \equiv x\ \langle Z2 \rangle]$$

und

$$\psi_3'' = [x \equiv s(u) \ \land \ y \equiv s(v) \ \land \ plus(f(u\ v)\ v) \equiv u\ \langle H2 \rangle \ \land \ ge(x\ y) \equiv T\ \langle Z1 \rangle$$
$$\to \quad plus(f(x\ y)\ y) \equiv x\ \langle Z2 \rangle]\ .$$

Aus einer Formel, die aus einem Induktionsschritt entstanden ist, kann nur dann eine *rekursive* Definitionsformel abgeleitet werden, wenn sie ein Hypothesenliteral enthält, in dem das Funktionssymbol f vorkommt. Im Hypothesenliteral der Formel ψ_3' kommt f nicht vor. Daher wird ψ_3' als Restformel geschlossen (vgl. Abschnitt 8.6) und ψ_3'' , als einzig verbleibende Formel der entstandenen UND-Verzweigung, wird markiert.

Nach dem Normalisierungsschritt folgt die Evaluierungsphase.

Evaluierung

Die symbolische Evaluierung von Termen in Induktionsformeln spielt beim automatischen Beweisen durch vollständige Induktion eine zentrale Rolle (vgl. [Aubin 79b], [Boyer/Moore 79], und [Hutter 86]). Aus den gleichen Gründen wie dort ist sie auch für den Syntheseprozeß von entscheidender Bedeutung:
Angewandt auf die Formeln der Basisfälle, dient sie dazu, die Literale, in denen die Skolemfunktion vorkommt, so zu vereinfachen, daß eine definierende Gleichung entsteht. Bei Formeln des Induktionsschrittes wird sie benötigt, um Induktionsziele und -hypothesen aneinander anzugleichen. Dadurch kann im weiteren Verlauf der Transformation (etwa durch die Anwendung der Extraktionsregeln) eine rekursive Definitionsformel abgeleitet werden.
Die symbolische Auswertung der in den Formeln vorkommenden Funktionen erfolgt nach einer fest vorgegebenen Strategie. Dabei sind lediglich Anwendungen der Evaluierungsregel und der Fallunterscheidungsregeln erlaubt. Letztere dürfen jedoch nur in zielgerichteter Weise (d.h. im Hinblick auf anschließend mögliche Evaluierungen) benutzt werden.
Die Strategie, nach der die symbolische Evaluierung erfolgt, verfolgt zwei Ziele: Zum einen muß der Prozeß der Evaluierung terminieren. Dafür gibt es Heuristiken, die in Abschnitt 8.2 diskutiert werden. Zum anderen sollen nur "nützliche" Auswertungsschritte durchgeführt werden.
Das zweite Ziel wird erreicht, indem als Auswertestrategie die sogenannte *call-by-need*-Regel (vgl. [Aubin 79b]) verwendet wird. Dabei werden von innen nach außen fortschreitend nur solche Terme symbolisch evaluiert, die an Rekursionspositionen in Funktionsausdrücken auftreten. Das Gleichheitsprädikat wird dabei als auf beiden Argumentpositionen rekursiv angesehen, so daß zuletzt auch die äußeren Funktionsausdrücke in einem Literal evaluiert werden.

Die Knoten des UND/ODER-Baumes repräsentieren intern nicht nur Formeln, sondern verfügen zusätzlich über eine *Agenda*. Diese Agenda enthält strategische Information darüber, welche Terme in der Formel zu evaluieren sind, ob Fallunterscheidungen durchgeführt werden, welche Variablen oder Terme in diesen Fallunterscheidungen vorkommen dürfen und welche

Evaluierungs- oder Fallunterscheidungsschritte als nächstes auszuführen
sind. Nach jedem Transformationsschritt wird die Agenda entsprechend an-
gepaßt.

Der Evaluierungsprozeß erzeugt keine ODER-Verzweigungen. Die Formeln
werden entsprechend der in der Agenda vorgegebenen Strategie bearbeitet,
und der Prozeß endet, sobald der aktuelle Knoten entweder eine geschlossene Formel ist oder über eine leere Agenda verfügt. Liegt eine geschlossene
Formel vor, wird der Rücksetzmechanismus aktiviert und arbeitet dann auf
die im vorherigen Abschnitt beschriebene Weise.

Ist die Agenda des aktuellen Knotens leer, ohne daß die Formel geschlossen
werden kann, so erfolgt die weitere Verarbeitung in der Extraktionsphase.

Beispiel 7.3 Der Evaluierungsprozeß für die Formeln des Beispieles ist
sehr einfach. Wir beginnen mit

$$\psi_1' = [y\equiv 0 \;\wedge\; ge(x\ y)\equiv T \;\langle Z1\rangle \;\rightarrow\; plus(f(x\ y)\ y)\equiv x\ \langle Z2\rangle] \;.$$

Die zu evaluierenden Terme sind: $ge(x\ y)$ und $plus(f(x\ y)\ y)$. Das System
führt folgende Transformationsschritte aus:

$$\psi_1' \Rightarrow_{EV,GE1} \psi_4 \Rightarrow_{EV,PLUS1} \psi_5 \;,\; \text{wobei}$$

$$\psi_4 = [y\equiv 0 \;\wedge\; T\equiv T \;\langle Z1\rangle \;\rightarrow\; plus(f(x\ y)\ y)\equiv x\ \langle Z2\rangle] \quad \text{und}$$

$$\psi_5 = [y\equiv 0 \;\wedge\; T\equiv T \;\langle Z1\rangle \;\rightarrow\; f(x\ y)\equiv x\ \langle Z2\rangle] \;.$$

Das INKA-System, als Bestandteil dessen das Synthesesystem implementiert
worden ist, verfügt über einen Simplifikationsalgorithmus, der Gleichungen
über Konstruktorgrundtermen entscheidet. Diesen Simplifikationsalgorithmus verwenden wir auch für die Synthese. Er wird in der Evaluierungsphase nach jedem Schritt aufgerufen, so daß Formeln, in denen Konstruktor-
grundterme vorkommen, gegebenenfalls entsprechend modifiziert werden
können.

Das geschieht im vorliegenden Fall: $T\equiv T$ ist offensichtlich wahr und kann
daher aus ψ_5 entfernt werden. Wir erhalten

$\psi_6 = [y\equiv0 \rightarrow f(x\ y)\equiv x]$.

ψ_6 erfüllt das Definitionsformelkriterium und kann geschlossen werden.

$\psi_2' = [x\equiv0 \land y\equiv s(v) \land ge(x\ y)\equiv T \langle Z1\rangle \rightarrow plus(f(x\ y)\ y)\equiv x \langle Z2\rangle]$

wird auf folgende Weise transformiert: $\psi_2' \Rightarrow_{EV,GE2} \psi_7 \Rightarrow_{EV,PLUS2} \psi_8$.

$\psi_7 = [x\equiv0 \land y\equiv s(v) \land F\equiv T \langle Z1\rangle \rightarrow plus(f(x\ y)\ y)\equiv x \langle Z2\rangle]$,

$\psi_8 = [x\equiv0 \land y\equiv s(v) \land F\equiv T \langle Z1\rangle \rightarrow s(plus(f(x\ y)\ v))\equiv x \langle Z2\rangle]$.

Der Simplifikationsalgorithmus erkennt das Literal $F\equiv T$ als falsch. Damit ist Formel ψ_8 wahr. ψ_8 ist aber, ebenso wie ψ_2' , markiert, muß also in eine Definitionsformel transformiert werden. Da ψ_8 wahr ist, unabhängig davon, wie die definierende Gleichung für $f(x\ y)$ in diesem Fall aussieht, wählt das System die Basiskonstante 0 als definierenden Term und erzeugt folgende Definitionsformel:

$\psi_9 = [x\equiv0 \land y\equiv s(v) \rightarrow f(x\ y)\equiv 0]$.

Zuletzt wird der Evaluierungsprozeß auf

$$\psi_3'' = [x\equiv s(u) \land y\equiv s(v) \land plus(f(u\ v)\ v)\equiv u \langle H2\rangle \land ge(x\ y)\equiv T \langle Z1\rangle$$
$$\rightarrow plus(f(x\ y)\ y)\equiv x \langle Z2\rangle]$$

angewandt. Wir erhalten $\psi_3'' \Rightarrow_{EV,GE3} \psi_{10} \Rightarrow_{EV,PLUS2} \psi_{11}$ mit

$$\psi_{10} = [x\equiv s(u) \land y\equiv s(v) \land plus(f(u\ v)\ v)\equiv u \langle H2\rangle \land ge(u\ v)\equiv T \langle Z1\rangle$$
$$\rightarrow plus(f(x\ y)\ y)\equiv x \langle Z2\rangle]$$

und

$$\psi_{11} = [x\equiv s(u) \land y\equiv s(v) \land plus(f(u\ v)\ v)\equiv u \langle H2\rangle \land ge(u\ v)\equiv T \langle Z1\rangle$$
$$\rightarrow s(plus(f(x\ y)\ v))\equiv x \langle Z2\rangle]$$.

ψ_{11} ist nun der aktuelle Knoten im Baum und wird im Extraktionsprozeß weiter verarbeitet.

■

Extraktion

Nach Durchlaufen des Evaluierungsprozesses sind aus den Induktionsformeln für die Basisfälle oft schon Definitionsformeln abgeleitet (vgl. Beispiel 7.3). Kann ein aktueller Knoten nach der Evaluierung noch nicht geschlossen werden, folgt der Extraktionsprozeß.

Ziel des Extraktionsprozesses ist es, eine gegebene Formel in eine Definitionsformel zu transformieren. Dazu muß zunächst ein Zielliteral der Formel in eine Definitionsgleichung für die Skolemfunktion, d.h. eine Gleichung der Form $fx^* \equiv t$, umgeformt werden. Um hier zielgerichtet vorgehen zu können, werden zwei Gruppen von Transformationsregeln benötigt:

1. Extraktionsregeln

Sie werden benutzt, um Skolemterme zu isolieren. Die Extraktionsregel für die Gleichheit isoliert je einen Term aus einem Ziel- und einem Hypothesenliteral und ersetzt dann das Zielliteral durch eine neue Gleichung: die beiden isolierten Terme werden identifiziert. Die Extraktionsregel für Funktionsausdrücke isoliert in entsprechender Weise Terme, die in Zielen als Subterme auftreten.

Der Extraktionsprozeß besteht nun darin, diese Regeln so anzuwenden, daß eine Definitionsgleichung entsteht. Die Extraktionsregeln bestimmen daher alle weiteren Transformationsschritte: Falls eine solche Regel nicht angewandt werden kann, so muß die Ursache dafür gezielt beseitigt werden.

Ein Knoten, der in den Extraktionsprozeß eintritt, besitzt eine leere Agenda. Zunächst wird versucht, eine Extraktionsregel auf ihn anzuwenden. Sofern die Formel einem Induktionsschluß angehört und eine entsprechende Hypothese vorliegt, wird die Extraktionsregel für die Gleichheit bevorzugt, da sie eine Gleichung zwischen denjenigen Termen aus Induktionsziel und -hypothese herstellen kann, in denen die Skolemfunktion vorkommt. Scheitert eine solche Regelanwendung, werden die aufgetretenen Konflikte in die Agenda eingetragen, zusammen mit dem Auftrag, nach Lösung eines Konfliktes die Anwendung dieser Extraktionsregel erneut zu versuchen.

Gibt es mehrere Möglichkeiten, Extraktionsregeln auf eine Formel anzuwenden, werden diese bewertet (vgl. Abschnitt 8.7), wobei es auf die Regel selbst, sowie die Anzahl und Schwere der Konflikte ankommt, die vorher noch zu lösen sind. Es entsteht eine ODER-Verzweigung. Bei der anschliessenden Expansion eines solchen Knotens entscheidet eine Kontrollfunktion, welcher Konflikt zuerst zu lösen ist und welche Transformationsregeln dafür in Frage kommen. Das folgende Beispiel zeigt, in welcher Weise Extraktionsregeln auf eine Formel angewandt werden und welche Konflikte dabei entstehen.

Beispiel 7.4 Bei Formel

$$\psi_{11} = [x \equiv s(u) \ \wedge \ y \equiv s(v) \ \wedge \ plus(f(u\ v)\ v) \equiv u \ \langle H2 \rangle \ \wedge \ ge(u\ v) \equiv T \ \langle Z1 \rangle$$
$$\rightarrow \ s(plus(f(x\ y)\ v)) \equiv x \ \langle Z2 \rangle]$$

gibt es zwei Möglichkeiten, Extraktionsregeln anzuwenden:

1. Wende auf H2 und Z2 die Extraktionsregel für die Gleichheit an, um eine Gleichung zwischen denjenigen Termen zu erhalten, in denen die Skolemfunktion vorkommt. Dabei tritt das Problem auf, daß die beiden rechten Seiten u und x der Literale verschieden sind. Sie müßten mit Hilfe konfliktlösender Regeln zunächst gleich gemacht werden.

2. Wende auf Z2 die Extraktionsregel für Funktionsausdrücke an, um das führende Funktionssymbol s auf der linken Seite von Z2 zu beseitigen und damit eine Angleichung von Induktionsziel und Hypothese (gleiche führende Funktionssymbole der beiden "entscheidenden" Terme!) zu erreichen. Hier besteht der Konflikt darin, daß die rechte Seite von Z2 kein "s-Term" ist.

■

Falls in einer Formel keine Bedingungs- oder Hypothesenliterale (mehr) vorhanden sind, in denen der Skolemterm auftritt, konzentriert sich der Isolationsprozeß auf die Terme im entsprechenden Zielliteral. Auch hier wird im Fall des Scheiterns der Extraktionsregel in der oben beschriebenen Weise verfahren.

2. Regeln zur Konfliktlösung

Die Termersetzungsregeln sowie Spezialisierungs- und Implikationenregel
können zur Lösung von Konflikten herangezogen werden. Erstere werden
benötigt, um z.B. unter Verwendung von Definitionsaxiomen oder von
Lemmata Terme in Induktionszielen (Zielliteralen) zu ersetzen. Die Spezialisierungsregel modifiziert Induktionshypothesen, indem sie die dort vorhandenen Metavariablen durch konkrete Terme ersetzt, und bewirkt so eine
Angleichung der Hypothese an das Induktionsziel. Die Implikationenregel
ersetzt unter bestimmten Voraussetzungen Zielliterale durch passende Instanzen von Axiomliteralen.

Besteht nun die Expansion eines aktuellen Knotens darin, einen Konflikt zu
lösen, so entscheidet eine Kontrollfunktion, welche Regeln für diesen Fall in
Frage kommen. Kriterien, die bei dieser Entscheidung eine Rolle spielen,
sind beispielsweise:

❑ Gibt es noch Metavariablen in den Induktionshypothesen, die evtl. instanziiert werden könnten?

❑ Sind Konstruktorterme involviert, so daß Regelanwendungen mit Kon-
  struktoraxiomen sinnvoll wären?

❑ Sind führende Funktionssymbole zu eliminieren?

Die Kontrollfunktion wählt anhand dieser und anderer Kriterien (vgl. Abschnitt 8.4) diejenigen Regeln aus, die den Konflikt bearbeiten sollen, und
stellt evtl. noch zusätzlich suchraumeinschränkende Information zur Verfügung, z.B. welche Axiome nicht verwendet werden sollen, oder welche
Fallunterscheidungen verboten sind.

Kann eine einzelne Regelanwendung einen Konflikt nicht unmittelbar lösen,
so bestehen die Vorschläge, die von den einzelnen Regeln zur Konfliktlösung angeboten werden, oft aus einer *Liste* von auszuführenden Regelanwendungen (Lösungs*weg* bzw. *-plan*). Die Suche ist hier jedoch auf eine
geringe Tiefe beschränkt, so daß der Bearbeitungsvorschlag für die aktuelle
Formel dann eher einen Lösungs*ansatz* darstellt, der die Formel an den be-
zeichneten Konfliktstellen modifiziert.

Die Kontrollfunktion sammelt alle Vorschläge der ausgewählten Regeln zur
Konfliktlösung auf. Diese Bearbeitungsvorschläge enthalten die aktuelle
Formel, eine modifizierte Agenda, die den Lösungsweg beschreibt, sowie
eine Bewertung.

Diese Bewertung ist abhängig von Länge und Vollständigkeit des Lösungsweges sowie den dazu notwendigen Regelanwendungen und der bereits erreichten Tiefe des UND/ODER-Baumes. Sie limitiert damit sowohl das Breitenwachstum des Baumes (manche Alternativen sind so schlecht, daß sie nie berücksichtigt werden), als auch das Tiefenwachstum: überschreitet die Bewertung einen Maximalwert, so wird der aktuelle Knoten als Restformel geschlossen.

Die Bearbeitungsvorschläge werden nun als ODER-Verzweigung in den Baum eingetragen. Der am besten bewertete Lösungsvorschlag wird zuerst aktiviert. Das bedeutet, der aktuelle Knoten wird dem obersten Agendaeintrag entsprechend expandiert, und es entsteht eine UND-Verzweigung. Entstehen dabei mehrere Knoten, so werden diese so sortiert, daß die Expansion desjenigen Knotens als nächstes erfolgt, den die Agenda vorsieht. Alle anderen Knoten dieser UND-Verzweigung werden außerdem mit einer leeren Agenda versehen.

Ist die Agenda eines aktuellen Knotens leer, ohne daß dieser geschlossen werden kann oder wenigstens eine definierende Gleichung für die Skolemfunktion enthält, beginnt der Extraktionsprozeß von neuem. Dies wird so lange fortgeführt, bis entweder eine geschlossene Formel entsteht und das System zurücksetzt, oder die aktuelle Formel eine definierende Gleichung enthält und der Eliminationsprozeß aktiviert werden kann.

Beispiel 7.5 zeigt nun die Lösung der in Beispiel 7.4 aufgetretenen Konflikte und die anschließende Weiterführung des Extraktionsprozesses.

Beispiel 7.5 Wie in Beispiel 7.4 bereits ausgeführt, kann die aktuelle Formel

$$\psi_{11} = [x\equiv s(u) \ \wedge \ y\equiv s(v) \ \wedge \ plus(f(u\ v)\ v)\equiv u \ \langle H2\rangle \ \wedge \ ge(u\ v)\equiv T \ \langle Z1\rangle$$
$$\rightarrow \ s(plus(f(x\ y)\ v))\equiv x \ \langle Z2\rangle]$$

auf zwei Arten expandiert werden:

(1) Anwendung der Extraktionsregel für die Gleichheit nach Lösung des Konfliktes zwischen den Termen u und x .

(2) Anwendung der Extraktionsregel für Funktionsausdrücke nach einer Regelanwendung, die x auf der rechten Seite von Z2 durch einen "s-Term" ersetzt.

Da bei beiden Möglichkeiten je ein Konflikt zu beseitigen ist, zeigt eine kurze Prüfung (vgl. Abschnitt 8.7), daß derjenige aus (2) unmittelbar gelöst werden kann. Das System entscheidet also, Alternative (2) als erstes zu verfolgen, und wir erhalten:

$$\psi_{11} \Rightarrow_{\text{SUBST}} \psi_{12} \quad \text{mit}$$

$$\psi_{12} = [x \equiv s(u) \ \wedge \ y \equiv s(v) \ \wedge \ \text{plus}(f(u\ v)\ v) \equiv u \ \langle \text{H2} \rangle \ \wedge \ \text{ge}(u\ v) \equiv T \ \langle \text{Z1} \rangle$$
$$\rightarrow \quad s(\text{plus}(f(x\ y)\ v)) \equiv s(u) \ \langle \text{Z2} \rangle] \ .$$

Nun wird, wie in der Agenda vorgesehen, die Extraktionsregel für Funktionsausdrücke angewandt: $\quad \psi_{12} \Rightarrow_{\text{EX.F}} \psi_{13} \ .$

$$\psi_{13} = [x \equiv s(u) \ \wedge \ y \equiv s(v) \ \wedge \ \text{plus}(f(u\ v)\ v) \equiv u \ \langle \text{H2} \rangle \ \wedge \ \text{ge}(u\ v) \equiv T \ \langle \text{Z1} \rangle$$
$$\rightarrow \quad \text{plus}(f(x\ y)\ v) \equiv u \ \langle \text{Z2} \rangle] \ .$$

Die Agenda des aktuellen Knotens ψ_{13} ist leer. Das heißt, die Anwendbarkeit der Extraktionsregeln wird erneut geprüft. EX.E ist unmittelbar anwendbar, und wir erhalten: $\quad \psi_{13} \Rightarrow_{\text{EX.E}} \psi_{14} \quad \text{mit}$

$$\psi_{14} = [x \equiv s(u) \ \wedge \ y \equiv s(v) \ \wedge \ \text{ge}(u\ v) \equiv T \ \langle \text{Z1} \rangle$$
$$\rightarrow \quad \text{plus}(f(x\ y)\ v) \equiv \text{plus}(f(u\ v)\ v) \ \langle \text{Z2} \rangle] \ .$$

Anschließend liefert EX.F die Formel

$$\psi_{15} = [x \equiv s(u) \ \wedge \ y \equiv s(v) \ \wedge \ \text{ge}(u\ v) \equiv T \ \langle \text{Z1} \rangle \ \rightarrow \ f(x\ y) \equiv f(u\ v) \ \langle \text{Z2} \rangle] \ ,$$

die eine definierende Gleichung für die Skolemfunktion enthält. Damit ist der Extraktionsprozeß beendet, und es folgt der Eliminationsschritt.

∎

Elimination

Enthält eine Formel schließlich eine Definitionsgleichung für die Skolemfunktion, muß sie nicht notwendigerweise auch das Definitionsformelkriterium erfüllen. Gegebenenfalls sorgt daher ein Nachbearbeitungsschritt, die Eliminationsphase, dafür, daß sie in eine *zulässige* Definitionsformel transformiert wird.

Zunächst werden alle noch existierenden Hypothesenliterale eliminiert. Sie werden nun nicht mehr gebraucht, zerstören aber die Vollständigkeit der Fallunterscheidung für das zu synthetisierende Programm.

Existieren außer der Definitionsgleichung noch weitere Ziele in der Formel, so werden, aus dem gleichen Grund, auch diese entfernt. Auch Bedingungsliterale, die den Skolemterm fx^* der Spezifikation enthalten, müssen eliminiert werden.

Mit dieser letzten Transformationsphase kann auch der Syntheseprozeß in unserem Beispiel beendet werden:

Beispiel 7.6 Auf den aktuellen Knoten

$$\psi_{15} = [x \equiv s(u) \;\wedge\; y \equiv s(v) \;\wedge\; ge(u\ v) \equiv T\ \langle Z1 \rangle \;\rightarrow\; f(x\ y) \equiv f(u\ v)\ \langle Z2 \rangle]$$

wird die Eliminationsregel angewandt: $\quad \psi_{15} \Rightarrow_{EL} \psi_{16}\,,\quad$ und wir erhalten die Definitionsformel

$$\psi_{16} = [x \equiv s(u) \;\wedge\; y \equiv s(v) \;\rightarrow\; f(x\ y) \equiv f(u\ v)]\ .$$

Damit ist der Syntheseprozeß beendet:
Der markierte Knoten ψ_{11}, der als einziger noch nicht geschlossen war, ist in eine Definitionsformel transformiert worden. Auf dem Pfad von ψ_{11} zum Blatt ψ_{16} liegt keine UND-Verzweigung mehr, deren Knoten noch zu bearbeiten sind. Also erreicht das System beim Rücksetzen die Wurzel ψ_0 des Baumes und terminiert damit erfolgreich:

Ausgehend von der Spezifikation

$$\psi_0 = \forall x,y{:}nat\ [ge(x\ y)\equiv T \rightarrow plus(f(x\ y)\ y)\equiv x]$$

hat das System folgende Menge von Definitionsformeln für die Skolemfunktion synthetisiert:

$$DEF_f = \{\ \forall x,y{:}nat\ [y\equiv 0 \rightarrow f(x\ y)\equiv x]\ ,$$
$$\forall x,y,v{:}nat\ [x\equiv 0\ \wedge\ y\equiv s(v)\ \rightarrow\ f(x\ y)\equiv 0]\ ,$$
$$\forall x,y,u,v{:}nat\ [x\equiv s(u)\ \wedge\ y\equiv s(v)\ \rightarrow\ f(x\ y)\equiv f(u\ v)]\ \}\ .$$

Die einzige Restformel ist die nach dem Normalisierungsschritt geschlossene Formel ψ_3' :

$$REM_f = \{\ \forall x,y,u,v{:}nat\ [x\equiv s(u)\ \wedge\ y\equiv s(v)\ \wedge\ \neg ge(u\ v)\equiv T\ \wedge\ ge(x\ y)\equiv T$$
$$\rightarrow\ plus(f(x\ y)\ y)\equiv x]\ \}\ .$$

Das Induktionssystem kann diese Restformel leicht beweisen, denn mit Axiom GE3 gilt $ge(x\ y)\equiv ge(u\ v)$ unter der Voraussetzung $x\equiv s(u)$ und $y\equiv s(v)$, und damit erhält man die offensichtlich wahre Formel

$$\forall x,y,u,v{:}nat\ [x\equiv s(u)\ \wedge\ y\equiv s(v)\ \wedge\ \neg ge(u\ v)\equiv T\ \wedge\ ge(u\ v)\equiv T$$
$$\rightarrow\ plus(f(x\ y)\ y)\equiv x]\ .$$

Damit ist schließlich auch die ursprüngliche Existenzformel

$$\psi = \forall x,y{:}nat\ \exists z{:}nat\ [ge(x\ y)\equiv T \rightarrow plus(z\ y)\equiv x]\quad \text{bewiesen.}$$

■

7.4 Die Zulässigkeit des synthetisierten Programmes

Nun soll gezeigt werden, daß die in den Abschnitten 7.2 und 7.3 beschriebene Strategie gewährleistet, daß eine synthetisierte Funktionsdefinition die Zulässigkeitsbedingungen erfüllt.
Terminiert der Syntheseprozeß erfolgreich, d.h. liefert er eine Formelmenge $DEF_f \cup REM_f$, so ist DEF_f eine zulässige Menge von Definitionsformeln.

Wir gehen aus von einer zulässigen Theoriespezifikation $\mathcal{T} = (\mathcal{S}, \Sigma, Ax)$, einer erweiterten Signatur $\Sigma' = \Sigma \cup \{f\}$ und einer Spezifikationsformel $\psi_0 [\![fx*]\!]$.

Vollständigkeit

Gemäß der beschriebenen Strategie wird auf eine Spezifikationsformel als erste Regel immer die Induktionsregel angewandt. Man erhält eine Menge von Induktionsformeln und damit zunächst eine vollständige Fallunterscheidung.
Also ist ein notwendiges Kriterium für die Vollständigkeit einer synthetisierten Definition:

(1) Aus jeder Induktionsformel muß eine Definitionsformel abgeleitet
    werden.

Eine Induktionsformel wird normalisiert. Diese Transformation stellt eine UND-Verzweigung dar. Das bedeutet, alle Knoten dieser Verzweigung müssen in geschlossene Formeln transformiert werden, wobei aus einem dieser Knoten eine Menge von Definitionsformeln entsteht.
Also gilt nach erfolgreicher Synthese für jede Induktionsformel ψ_i im Synthesebaum: mindestens ein Blatt des Unterbaumes mit Wurzel ψ_i ist eine Definitionsformel, und damit ist Kriterium (1) erfüllt.

Im weiteren Verlauf der Transformation können nur noch solche Regeln die
Vollständigkeit der Fallunterscheidung verletzen, die Literale in eine Formel einfügen oder Literale aus einer Formel entfernen.

Wir betrachten zunächst die Fallunterscheidungsregeln, also diejenigen Regeln, die Literale einfügen:

Für beide Fallunterscheidungsregeln gilt nach Lemma 5.2, daß die Menge
$\{L_i \mid i \in I\}$ der Literale, die sie in eine Formel $\forall \varphi$ einfügen, eine vollständige Fallunterscheidung darstellt. Die Anwendung einer Fallunterschei-
dungsregel auf die Formel $\forall \varphi$ erzeugt eine Formelmenge und damit eine
UND-Verzweigung mit einem Knoten $\forall [L_i \vee \varphi]$ für jedes $i \in I$.

Da in der Eliminationsphase des Syntheseprozesses Bedingungsliterale, die
den Skolemterm fx^* enthalten, aus einer aktuellen Formel entfernt werden, müssen wir zwei Fälle unterscheiden:

- fx^* kommt in den Literalen einer Fallunterscheidung vor,
- fx^* kommt dort nicht vor.

Es gilt:

Der Skolemterm fx^* kommt entweder in allen oder in keinem L_i, $i \in I$,
vor.

- Für die binäre Fallunterscheidung gilt die Aussage offensichtlich.
- Bei der strukturellen Fallunterscheidung kommt der Term $t \in T(\Sigma',V)$,
  für den die Fallunterscheidung durchgeführt wird, in jedem Literal L_i
  vor, denn L_i hat die Form $\neg t \equiv q_i$, wobei q_i ein Konstruktorterm ist.
  Das heißt, falls fx^* in t vorkommt, kommt fx^* in allen L_i, $i \in I$ vor.

Um sicher zu stellen, daß ein abgeleitetes Programm DEF_f auch dann die
Vollständigkeitsbedingung erfüllt, wenn in der Transformation Fallunterscheidungsschritte enthalten sind, muß gelten:

(2) Wird eine Formel φ mittels Fallunterscheidung transformiert und
    kommt der Skolemterm fx^* in den Literalen L_i dieser Fallunter-
    scheidung nicht vor, so muß aus jedem Nachfolger von φ mindestens
    eine Definitionsformel entstehen.

Liegt eine solche Fallunterscheidung vor, werden alle entstehenden Formeln
markiert. Damit besitzt, falls der Syntheseprozeß erfolgreich terminiert und
der Synthesebaum diesen Transformationsschritt enthält, jeder Unterbaum

mit Wurzel $\forall[L_i \vee \varphi]$ mindestens ein Blatt, das eine Definitionsformel darstellt. Die von der Induktionsregel vorgegebene vollständige Fallunterscheidung ist damit vollständig erweitert worden: Aus *einer* Induktionsformel ist durch erneute vollständige Fallunterscheidung eine *Menge* von Definitionsformeln für die Skolemfunktion entstanden.

Fallunterscheidungen, in deren Literalen der Term fx^* vorkommt, erzeugen UND-Verzweigungen, deren Knoten nicht markiert sind. Das bedeutet, nur aus *einem* Knoten dieser Verzweigung entstehen Definitionsformeln. Entsteht nun aus einem Knoten einer solchen UND-Verzweigung eine Formel, die eine definierende Gleichung für die Skolemfunktion enthält, so wird im anschließenden Eliminationsschritt das Bedingungsliteral, das den Term fx^* enthält, wieder aus der Formel entfernt.

Die Fallunterscheidung für das zu synthetisierende Programm wird also durch eine solche Regelanwendung nicht beeinflußt.

Transformationsregeln, die Literale aus einer Formel entfernen, sind die Extraktionsregel für die Gleichheit sowie die Eliminationsregel.

Die erstgenannte Regel eliminiert ausschließlich Hypothesenliterale, nimmt also implizit einen Transformationsschritt vorweg (indem sie die Induktionshypothesen gleich nach ihrer Verwendung entfernt), der in der Eliminationsphase des Syntheseprozesses sowieso ausgeführt wird.

Die Eliminationsregel garantiert die Vollständigkeit der Fallunterscheidung, indem sie noch vorhandene Hypothesen- und Zielliterale aus einer Formel entfernt, die bereits eine definierende Gleichung $fx^* \equiv t$ enthält. Nach der Eliminationsphase sind dann außer der Definitionsgleichung nur noch Bedingungsliterale in der Formel vorhanden, die durch Anwendung der Induktionsregel oder durch eine Fallunterscheidungsregel eingeführt worden sind.

Damit ist die Fallunterscheidung eines synthetisierten Programmes DEF_f vollständig, denn es ist entweder die durch die Anwendung der Induktionsregel zur Verfügung gestellte oder eine vollständige Erweiterung dieser initialen Fallunterscheidung.

Determinismus

Die Induktionsregel generiert initial eine Fallunterscheidung für das zu synthetisierende Programm. Dazu wird z.B. die Fallunterscheidung aus den Definitionsaxiomen DEF_g einer in ψ_0 vorkommenden Funktion g übernommen (vgl. Abschnitt 8.1). Da DEF_g zulässig ist ($DEF_g \subset Ax$), ist diese Fallunterscheidung deterministisch. Kann kein geeignetes g gefunden werden, generiert das System eine strukturelle Fallunterscheidung für die Argumente der Skolemfunktion. Nach Lemma 5.2 ist auch dann die initiale Fallunterscheidung deterministisch.

Jede Anwendung der Fallunterscheidungsregeln im weiteren Verlauf der Transformation bedeutet nach Lemma 5.2 lediglich eine deterministische Erweiterung dieser initialen Fallunterscheidung. Die Strategie, nach der die Bearbeitung der Formeln erfolgt, garantiert, daß nach erfolgreicher Terminierung des Syntheseprozesses die Definitionsformeln außer den Definitionsgleichungen genau diejenigen Literale enthalten, die durch (die initiale und evtl. weitere) deterministische Fallunterscheidungen eingefügt worden sind:

1. Alle Formeln, die bei Anwendung einer Fallunterscheidungsregel entstehen, werden, sofern die eingefügten Literale den Term fx* nicht enthalten, in Definitionsformeln transformiert. Damit wird die initiale Fallunterscheidung für das zu synthetisierende Programm deterministisch erweitert.

2. Kommt fx* in den Literalen einer Fallunterscheidung vor, wird nur eine der entstehenden Formeln in Definitionsformeln transformiert, wobei das eingeführte Bedingungsliteral wieder entfernt wird. Ein solcher Fallunterscheidungsschritt hat also auf die Fallunterscheidung der synthetisierten Funktionsdefinition keinen Einfluß.

3. Von entscheidender Bedeutung für den Determinismus der Fallunterscheidung des synthetisierten Programms ist die Markierung der Knoten und die Behandlung der UND-Verzweigungen im UND/ODER-Baum noch in anderer Hinsicht:
Es .wird sichergestellt, daß aus jeder Formel, die durch Anwendung einer Fallunterscheidungsregel entsteht (einschließlich der initialen Fallunter-

scheidung und ausschließlich derjenigen, in deren Literalen fx^* vorkommt), nur dann mehrere Definitionsformeln entstehen, wenn erneut entsprechende Fallunterscheidungsschritte durchgeführt werden. Das heißt, die initiale Fallunterscheidung ist zwar durch den Syntheseprozeß evtl. erweitert worden, aber man erhält für jeden "Fall" genau eine Definitionsformel.

Damit ist die Fallunterscheidung des synthetisierten Programmes nach Konstruktion deterministisch, andernfalls müßte diese Eigenschaft anschließend nachgeprüft werden.

Terminierung

Nun ist noch zu zeigen, daß ein synthetisiertes Programm auch die Terminierungsbedingung erfüllt.

Die Formeln DEF_f , die das System, falls der Syntheseprozeß erfolgreich terminiert, als Definitionsformeln für die Skolemfunktion f ausgibt, erfüllen das Definitionsformelkriterium 7.2.
Eine solche Formel läßt sich schreiben als: $\varphi = \forall\, [\varphi' \rightarrow fx^* \equiv t]$. Dabei ist φ' die Konjunktion der Literale aus der initialen Fallunterscheidung und derjenigen, die evtl. durch Fallunterscheidungsschritte im Verlauf des Syntheseprozesses in die aktuelle Formel eingefügt worden sind. Der Term fx^* kommt weder in t noch in φ' vor.
Nun ist zu zeigen, daß für jeden Term ft^* mit $t^* \neq x^*$, der in φ auftritt, gilt: $\{x^* \leftarrow t^*\}$ ist eine Rekursionssubstitution unter φ' .

Der Beweis erfolgt in zwei Schritten: In Lemma 7.2 wird zunächst gezeigt, daß jeder solche Term ft^* aus einer Induktionshypothese derjenigen Induktionsformel stammt, aus der φ abgeleitet worden ist. Im zweiten Schritt ist zu zeigen, daß φ' alle Literale der initialen Fallunterscheidung enthält. Aus der Definition der Induktionsregel folgt dann die Behauptung, denn danach gilt für jeden Term ft^* aus einer Induktionshypothese, daß $\{x^* \leftarrow t^*\}$ eine Rekursionssubstitution ist unter den Bedingungen der initialen Fallunterscheidung in dieser Induktionsformel.

Lemma 7.2 Seien $w \in S^*$, $v \in S$, $x^* \in V_w$, $f \in \Sigma_{w,v}$, $\psi_0 \in F(\Sigma',V)$ eine Spezifikationsformel, $\Psi \subset F(\Sigma',V)$ und $t = \{\psi_0[\![fx^*]\!]\} \Rightarrow^+ \Psi$ eine Transformation. Der Transformationsbaum $\mathcal{B}(t)$ sei Unterbaum eines UND/ODER-Baumes $\mathcal{B}(\psi_0)$, der auf die in den Abschnitten 7.2 und 7.3 beschriebene Weise entstanden ist. $\varphi \in \Psi$ erfülle das Definitionsformelkriterium.

Dann gilt für jede Stelle m mit $\varphi[\![m, ft^*]\!]$ und $t^* \in T(\Sigma,V)_w$:

Auf dem Pfad von ψ_0 nach φ in $\mathcal{B}(t)$ liegt ein Induktionsschritt
$\delta = \forall \, [\delta_j \wedge \sigma_1^j \psi_0 \wedge \ldots \wedge \sigma_{mj}^j \psi_0 \rightarrow \psi_0]$, und es gibt eine Stelle m' mit
$\sigma_n^j \psi_0[\![m', ft^*]\!]$ für ein n mit $1 \leq n \leq mj$.

Beweis: Sei $\varphi = \forall \, [\varphi' \rightarrow fx^* \equiv t]$ und $\varphi' = \bigwedge \Phi'$ mit $\Phi' = \{L_1, \ldots, L_n\}$, $L_i \in \mathrm{LIT}(\Sigma',V)$ für $1 \leq i \leq n$.
Da φ das Definitionsformelkriterium erfüllt, ist $t^* \neq x^*$.
Wir betrachten zwei Fälle:
Fall 1: ft^* kommt in einem Literal $L \in \Phi'$ vor.
Da in der Eliminationsphase des Syntheseprozesses alle noch vorhandenen Hypothesenliterale aus der aktuellen Formel gelöscht worden sind und $\delta_j \in F(\Sigma,V)$ gilt (d.h. f kommt in den Literalen der initialen Fallunterscheidung nicht vor), muß L durch Anwendung einer Fallunterscheidungsregel während des Transformationsprozesses in die aktuelle Formel eingefügt worden sein. Für beide Fallunterscheidungsregeln gilt:
Seien ψ' die aktuelle Formel und L das einzufügende Literal.
Dann gibt es zu jedem m mit $L[\![m, ft^*]\!]$ ein m' mit $\psi'[\![m', ft^*]\!]$.
Da $t^* \neq x^*$ gilt, kann ft^* nur aus einem Hypothesenliteral stammen, und damit gilt die Behauptung. $\square$

Fall 2: ft^* kommt in t vor.
  Da das Literal $fx^* \equiv t$ ein Ziel ist, kann das Auftreten von ft^* in t nur durch Anwendung der Substitutionsregel oder der Extraktionsregel für die Gleichheit entstanden sein, denn initial (d.h. unmittelbar nach Anwendung der Induktionsregel) enthält ein Zielliteral höchstens den Term fx^*. Substitutions- und Extraktionsregel, angewandt auf eine Formel ψ' , führen aber nur solche Terme in Zielliterale ein, die bereits in ψ' vorkommen.
Außer Substitutions- und Extraktionsregel modifizieren auch Evaluierungs- und Implikationenregel Zielliterale. Durch sie kann jedoch kein Term ein-

geführt werden, der nicht bereits im Zielliteral vorkommt, da die bei Transformationsschritten benötigten Substitutionen immer in Terme des Zielliterals abbilden. Damit ist, da $t^* \neq x^*$, ft^* immer Term eines Hypothesenliterals, und es gilt die Behauptung. $\square$

$\blacksquare$

Theorem 7.3 besagt nun, daß eine synthetisierte Funktionsdefinition auch die Terminierungsbedingung erfüllt.

Theorem 7.3 Seien alle Größen wie in Lemma 7.2, und $\varphi \in \Psi$ erfülle das Definitionsformelkriterium. Es sei $\varphi = \forall [\varphi' \to fx^* \equiv t]$ und $\varphi' = \bigwedge \Phi'$ mit $\Phi' = \{L_1, \ldots, L_n\}$ und $L_i \in LIT(\Sigma', V)$ für $1 \leq i \leq n$.
Dann gilt für jede Stelle m mit $\varphi[\![m, ft^*]\!]$: $\{x^* \leftarrow t^*\}$ ist eine Rekursionssubstitution unter φ'.

Beweis: Nach Lemma 7.2 gibt es zu jedem solchen m eine Stelle m' mit $\sigma_n^j \psi_0 [\![m', ft^*]\!]$. $\sigma_n^j \psi_0$ $(1 \leq n \leq mj)$ ist eine Induktionshypothese aus dem Induktionsschritt $\delta = \forall [\delta_j \wedge \sigma_1^j \psi_0 \wedge \ldots \wedge \sigma_{mj}^j \psi_0 \to \psi_0]$ auf dem Pfad von $\psi_0[\![fx^*]\!]$ nach φ in $\mathcal{B}(t)$.
Nach Definition der Induktionsregel ist $\sigma_n^j = \{x^* \leftarrow t^*\}$ eine Rekursionssubstitution unter δ_j. δ_j ist eine Elementarkonjunktion, in der die Skolemfunktion nicht vorkommt: $\delta_j = \bigwedge \Psi'$ mit $\psi' \subset LIT(\Sigma, V)$. Nach Lemma 5.1 enthält jede Formel, die durch Normalisierung aus dem Induktionsschritt δ entsteht, die Literale $\{\neg L \mid L \in \Psi'\}$ der initialen Fallunterscheidung.
Da es keine Transformationsregel gibt, die ein Bedingungsliteral, in dem die Skolemfunktion nicht vorkommt, aus einer Formel entfernt, gilt: $\Psi' \subset \Phi'$.
Das heißt, es ist $\varphi' = \delta_j \wedge \varphi''$ mit $\varphi'' = \bigwedge \Phi' \setminus \Psi'$.
$\{x^* \leftarrow t^*\}$ ist eine Rekursionssubstitution unter δ_j und daher auch eine Rekursionssubstitution unter φ'.

$\blacksquare$

8. Heuristiken

In diesem Abschnitt werden als Ergänzung zur fest vorgegebenen Transformationsstrategie, die das Synthesesystem verfolgt, die Heuristiken beschrieben, die die Auswahl der Transformationsregeln und ihre Bewertung in den einzelnen Phasen des Syntheseprozesses steuern.

8.1 Auswahl der Induktionsaxiome

Aus einer Spezifikationsformel $\psi_0[\![fx*]\!]$ soll das Synthesesystem ein Programm ableiten, das f berechnet. Dieses Programm wird, ebenso wie die benutzerdefinierten Funktionsdefinitionen, die bereits in der Axiomenmenge vorhanden sind, mittels vollständiger Fallunterscheidung, Funktionalkomposition und Rekursion definiert.
Fallunterscheidung und Rekursion gewinnt man dabei aus einem geeigneten Induktionsaxiom. Die Fallunterscheidung aus dem Induktionsaxiom wird, evtl. durch die Anwendung von Fallunterscheidungsregeln erweitert, für die neue Definition übernommen. Die Rekursion für das neue Programm entsteht aus den Induktionshypothesen: ein Skolemterm aus einer Induktionshypothese der Spezifikationsformel wird als rekursiver Aufruf für die Definition des neuen Programms verwendet.
Daher wird auf eine Spezifikationsformel zunächst die Induktionsregel angewandt, die ausgehend von ψ_0 ein geeignetes Induktionsaxiom erzeugt. Wie in den Induktionsbeweissystemen von Aubin [Aubin 79b], Boyer und Moore [Boyer/Moore 79] oder dem INKA-System [Biundo et al. 86] orientiert man sich dabei an den Rekursionsschemata der in ψ_0 vorkommenden Funktionen.
Eine starke Heuristik ist, das Rekursionsschema, d.h. Fallunterscheidung zusammen mit Rekursionssubstitution, einer sogenannten *most nested function (mnf)* für die Definition der Skolemfunktion zu übernehmen [Biundo/Zboray 84]. Eine *mnf* ist eine (benutzerdefinierte) Funktion, die in ψ_0 an einer "innersten" Position auftritt. Das heißt, sie hat als Argumente Variablen, Konstante oder den Skolemterm $fx*$. Die mnf-Heuristik findet

Anwendung, wenn alle Rekursionsargumente des aktuellen Auftretens dieser Funktion in ψ_0 Variablen aus x^* sind; d.h. sie sind gleichzeitig Argumente der Skolemfunktion f.

Gibt es in einer Formel ψ_0 mehrere Funktionen, die das mnf-Kriterium erfüllen, so wird diejenige bevorzugt, die die meisten Rekursionsargumente aufweist.

Beispiel 8.1 Ausgehend von der zulässigen Theoriespezifikation
$\mathcal{T} = (S, \Sigma, V)$ mit
$S = \{\text{bool, nat}\}$,
$\Sigma = \{T, F, 0, s, ge, plus\}$ und
$Ax = REP_{bool} \cup REP_{nat} \cup DEF_{ge} \cup DEF_{plus}$, wobei

$DEF_{ge} = \{$ GE1: $\forall x,y{:}nat\ [y{\equiv}0 \rightarrow ge(x\ y){\equiv}T]$,

GE2: $\forall x,y,v{:}nat\ [x{\equiv}0 \wedge y{\equiv}s(v) \rightarrow ge(x\ y){\equiv}F]$,

GE3: $\forall x,y,u,v{:}nat\ [x{\equiv}s(u) \wedge y{\equiv}s(v) \rightarrow ge(x\ y){\equiv}ge(u\ v)]\ \}$ und

$DEF_{plus} = \{$ PLUS1: $\forall x,y{:}nat\ [y{\equiv}0 \rightarrow plus(x\ y){\equiv}x]$,

PLUS2: $\forall x,y,v{:}nat\ [y{\equiv}s(v) \rightarrow plus(x\ y){\equiv}s(plus(x\ v))]\ \}$,

wird zum Beweis der Existenzformel

$\psi = \forall x,y{:}nat\ \exists z{:}nat\ [ge(x\ y){\equiv}T \rightarrow plus(z\ y){\equiv}x]$

auf die Spezifikationsformel

$\psi_0 = \forall x,y{:}nat\ [ge(x\ y){\equiv}T \rightarrow plus(f(x\ y)\ y){\equiv}x]$

die Induktionsregel gemäß der mnf-Heuristik angewandt:
Beide Funktionen, ge und plus , erfüllen das entsprechende Kriterium:
Die Argumente von ge in ψ_0 sind sowohl Rekursionsargumente (ge ist auf beiden Argumenten rekursiv), als auch Argumente der Skolemfunktion f ; das zweite Argument der Funktion plus , y , ist ebenfalls Rekursionsargument, sowie Argument von f.

Da die Funktion ge zwei Rekursionsargumente aufweist, wird ihr Rekursionsschema zur Erzeugung des Induktionsaxioms bevorzugt, und wir erhalten $\{\psi_0\} \Rightarrow_{IND} \{\psi_1,\psi_2,\psi_3\}$ mit

$$\psi_1 = \forall x,y:nat \; [y\equiv0 \; \rightarrow \; [ge(x\;y)\equiv T \rightarrow plus(f(x\;y)\;y)\equiv x]] \; ,$$

$$\psi_2 = \forall x,y,v:nat \; [x\equiv0 \; \wedge \; y\equiv s(v) \; \rightarrow \; [ge(x\;y)\equiv T \rightarrow plus(f(x\;y)\;y)\equiv x]] \; ,$$

$$\psi_3 = \forall x,y,u,v:nat \; [x\equiv s(u) \; \wedge \; y\equiv s(v) \; \wedge \; [ge(u\;v)\equiv T \rightarrow plus(f(u\;v)\;v)\equiv u]$$
$$\rightarrow \; [ge(x\;y)\equiv T \rightarrow plus(f(x\;y)\;y)\equiv x]] \; ,$$

als die am besten bewertete Induktionsregelanwendung.

Ausgehend von diesen Induktionsformeln erzeugt das System (vgl. Beispiel 7.3 ff) ein Programm DEF_f mit dem Rekursionsschema der Funktion ge :

$$DEF_f = \{ \; \forall x,y:nat \; [y\equiv0 \rightarrow f(x\;y)\equiv x] \; ,$$
$$\forall x,y,v:nat \; [x\equiv0 \wedge y\equiv s(v) \; \rightarrow f(x\;y)\equiv 0] \; ,$$
$$\forall x,y,u,v:nat \; [x\equiv s(u) \wedge y\equiv s(v) \; \rightarrow f(x\;y)\equiv f(u\;v)] \; \} \; .$$

Eine weitere Möglichkeit, die Induktionsregel auf ψ_0 anzuwenden, besteht darin, das Rekursionsschema der mnf plus zu übernehmen:

$$\{\psi_0\} \Rightarrow_{IND} \{\psi_1{}',\psi_2{}'\} \; \text{mit}$$

$$\psi_1{}' = \forall x,y:nat \; [y\equiv0 \rightarrow \; [ge(x\;y)\equiv T \rightarrow plus(f(x\;y)\;y)\equiv x]] \; \text{und}$$

$$\psi_2{}' = \; \forall x,y,v:nat$$
$$[y\equiv s(v) \; \wedge \; \forall x':nat \; [ge(x'\;v)\equiv T \rightarrow plus(f(x'\;v)\;v)\equiv x']$$
$$\rightarrow \; [ge(x\;y)\equiv T \rightarrow plus(f(x\;y)\;y)\equiv x]] \; .$$

Diese Regelanwendung wird mit der zweithöchsten Priorität versehen.   ∎

Die Evidenz der mnf-Heuristik liegt darin begründet, daß zum einen die symbolische Evaluierung der Funktionsausdrücke in den Zielliteralen leichter gelingt: Die Auswertung der mnf kann unmittelbar erfolgen. Sind Funktionsausdrücke tiefer geschachtelt, können dadurch weitere Evaluierungsschritte ermöglicht werden, ohne daß zuvor noch geeignete Fallunterscheidungen durchgeführt werden müssen.

Zum anderen werden Induktionshypothesen so erzeugt, daß der mnf-Funktionsausdruck in der Hypothese annähernd dem rekursiven Aufruf entspricht, der durch symbolische Auswertung im Zielliteral entsteht. Damit wird schließlich die Anwendung der Extraktionsregeln ermöglicht:

Beispiel 8.2   In Formel

$$\psi_1 = \forall x,y{:}nat \; [y{\equiv}0 \rightarrow [ge(x\ y){\equiv}T \rightarrow plus(f(x\ y)\ y){\equiv}x]]$$

können nach der Normalisierung die Funktionen ge und plus unmittelbar ausgewertet werden. Man erhält die Formel

$$\psi_4 = [y{\equiv}0 \; \wedge \; T{\equiv}T \; \langle Z1\rangle \; \rightarrow f(x\ y){\equiv}x \; \langle Z2\rangle] \; ,$$

kann das Ziel Z1 eliminieren und hat damit eine Definitionsformel abgeleitet.

Im Induktionsschritt

$$\psi_3 = \forall x,y,u,v{:}nat \; [x{\equiv}s(u) \; \wedge \; y{\equiv}s(v) \; \wedge \; [ge(u\ v){\equiv}T \rightarrow plus(f(u\ v)\ v){\equiv}u]$$
$$\rightarrow \; [ge(x\ y){\equiv}T \rightarrow plus(f(x\ y)\ y){\equiv}x]]$$

erhält man entsprechend eine Formel

$$\psi_5 = [x{\equiv}s(u) \; \wedge \; y{\equiv}s(v) \; \wedge \; plus(f(u\ v)\ v){\equiv}u \; \langle H2\rangle \; \wedge \; ge(u\ v){\equiv}T \; \langle Z1\rangle$$
$$\rightarrow \; s(plus(f(x\ y)\ v)){\equiv}x \; \langle Z2\rangle] \; .$$

Der rekursive Aufruf der Funktion plus in Z2 entspricht annähernd demjenigen der Hypothese, so daß nach Beseitigung des führenden Funktionssymbols s in Z2 und des Konfliktes zwischen x und u eine Extraktion der Skolemterme zum Ziel führt (vgl. Beispiel 7.7).

∎

Beispiel 8.3 Eine dritte Anwendung der Induktionsregel auf die Spezifikationsformel

$$\psi_0 = \forall x,y{:}nat\ [ge(x\ y){\equiv}T \rightarrow plus(f(x\ y)\ y){\equiv}x]$$

besteht in der Wahl des Rekursionsargumentes x als Induktionsvariable und der Erzeugung einer strukturellen Fallunterscheidung sowie einer entsprechenden Rekursionssubstitution gemäß: $\{\psi_0\} \Rightarrow_{IND} \{\psi_1'',\psi_2''\}$ mit

$$\psi_1'' = \forall x,y{:}nat\ [x{\equiv}0 \rightarrow\ [ge(x\ y){\equiv}T \rightarrow plus(f(x\ y)\ y){\equiv}x]]\quad \text{und}$$

$$\psi_2'' =\ \forall x,y,u{:}nat$$
$$[x{\equiv}s(u)\ \wedge\ \forall y'{:}nat\ [ge(u\ y'){\equiv}T \rightarrow plus(f(u\ y')\ y'){\equiv}u]$$
$$\rightarrow\ [ge(x\ y){\equiv}T \rightarrow plus(f(x\ y)\ y){\equiv}x]]\ .$$

Diese Regelanwendung erhält die geringste Priorität.

∎

Kann in einer Spezifikation ψ_0 keine geeignete mnf gefunden werden, so werden, ähnlich wie im System von Aubin [Aubin 79b], gemäß einer call-by-need-Strategie solche Variablen als Induktionsvariablen bestimmt, die an Rekursionspositionen in Funktionsausdrücken vorkommen. Für diese Variablen wird wie in Beispiel 8.3 eine strukturelle Fallunterscheidung durchgeführt und in den Induktionshypothesen der entsprechende strukturelle Vorgänger eingesetzt (vgl. Beispiel 5.1).

Treten in der Spezifikationsformel keine Variablen an Rekursionspositionen auf, wird irgendein Argument der Skolemfunktion als Induktionsvariable ausgewählt.

Daß es jedoch, entgegen mnf-Heuristik und call-by-need-Strategie, nicht immer von Vorteil ist, die Induktionsvariable an einer Rekursionsposition zu haben, belegt das folgende Beispiel.

Beispiel 8.4 Sei

$\mathcal{T} = (S, \Sigma, \text{Ax})$ mit

$S = \{\text{bool, nat}\}$,

$\Sigma = \{\text{T, F, 0, s, plus, times}\}$ und

$\text{Ax} = \text{REP}_{\text{bool}} \cup \text{REP}_{\text{nat}} \cup \text{DEF}_{\text{plus}} \cup \text{DEF}_{\text{times}} \cup \{\varphi\}$,   wobei

$\text{DEF}_{\text{times}} = \{$ TIMES1: $\forall x,y{:}\text{nat} \ [y\equiv 0 \rightarrow \text{times}(x\ y)\equiv 0]$,

$\qquad\qquad\qquad$ TIMES2: $\forall x,y,v{:}\text{nat} \ [y\equiv s(v) \rightarrow \text{times}(x\ y)\equiv \text{plus}(x\ \text{times}(x\ v))]\}$,

$\varphi = \forall x,y{:}\text{nat} \ \text{times}(x\ y)\equiv \text{times}(y\ x)$ und

DEF_{plus} wie in Beispiel 8.1.

$\psi = \forall x{:}\text{nat} \ \exists y{:}\text{nat} \ \text{times}(y\ x)\equiv x$ $\qquad$ sei die zu beweisende Formel und

$\psi_0 = \forall x{:}\text{nat} \ \text{times}(f(x)\ x)\equiv x$ $\qquad$ die Spezifikation.

Die Anwendung der Induktionsregel liefert mit $\{\psi_0\} \Rightarrow_{\text{IND}} \{\psi_1, \psi_2\}$ die Formeln

$\psi_1 = \forall x{:}\text{nat} \ [x\equiv 0 \rightarrow \text{times}(f(x)\ x)\equiv x]$ und

$\psi_2 = \forall x,u{:}\text{nat} \ [x\equiv s(u) \ \wedge \ \text{times}(f(u)\ u)\equiv u \ \rightarrow \ \text{times}(f(x)\ x)\equiv x]$.

$\{\psi_1\} \Rightarrow_{\text{EV,TIMES1}} \{\psi_3\}$ mit

$\psi_3 = \forall x{:}\text{nat} \ [x\equiv 0 \rightarrow 0\equiv x]$.

ψ_3 ist offensichtlich wahr, unabhängig davon, wie $f(x)$ im Falle $x\equiv 0$ definiert wird. Andererseits muß aber eine Definitionsformel für diesen Fall abgeleitet werden, um die Zulässigkeit des zu synthetisierenden Programms zu gewährleisten. Also wählt das System die Basiskonstante 0 als definierenden Term und erzeugt die Definitionsformel

$$\psi_4 = \forall x{:}nat \ [x{\equiv}0 \rightarrow f(x){\equiv}0] \ .$$

Für den Induktionsschritt

$$\psi_2 = \forall x,u{:}nat \ [x{\equiv}s(u) \ \wedge \ times(f(u) \ u){\equiv}u \ \rightarrow \ times(f(x) \ x){\equiv}x]$$

erhalten wir folgende Transformation: $\ \{\psi_2\} \Rightarrow_{EV,TIMES2} \{\psi_5\} \ $ mit

$$\psi_5 = \forall x,u{:}nat \ [x{\equiv}s(u) \ \wedge \ times(f(u) \ u){\equiv}u \ \rightarrow \ plus(f(x) \ times(f(x) \ u)){\equiv}x] \ .$$

Aus dieser Formel kann keine Definitionsformel für den Rekursionsfall abgeleitet werden: eine Angleichung von Induktionsziel und -hypothese ist mit den vorhandenen Axiomen und Transformationsregeln nicht möglich.
∎

Die zur Existenzformel ψ äquivalente Formel

$$\psi' = \forall x{:}nat \ \exists y{:}nat \ times(x \ y){\equiv}x$$

läßt sich dagegen leicht beweisen, obwohl die (einzige) Induktionsvariable x nicht als Rekursionsargument auftritt.

Beispiel 8.5 Wir erhalten als neue Spezifikation die Formel

$$\psi_0' = \forall x{:}nat \ times(x \ f(x)){\equiv}x$$

und auf folgende Weise einen Beweis von ψ' :

$$\{\psi_0'\} \Rightarrow_{IND} \{\psi_6,\psi_7\} \ \text{mit}$$

$$\psi_6 = \forall x{:}nat \ [x{\equiv}0 \rightarrow times(x \ f(x)){\equiv}x] \ \text{und}$$

$\psi_7 = \forall x,u\text{:nat } [x\equiv s(u) \wedge \text{ times}(u\ f(u))\equiv u \quad \rightarrow \text{ times}(x\ f(x))\equiv x]$.

$\{\psi_6\} \Rightarrow_{FU} \{\psi_8,\psi_9\}$ mit

$\psi_8 = \forall x\text{:nat } [x\equiv 0 \wedge f(x)\equiv 0 \quad \rightarrow \text{ times}(x\ f(x))\equiv x]$ und

$\psi_9 = \forall x,v\text{:nat } [x\equiv 0 \wedge f(x)\equiv s(v) \quad \rightarrow \text{ times}(x\ f(x))\equiv x]$.

$\{\psi_8\} \Rightarrow_{EV,TIMES1} \{\psi_{10}\} \Rightarrow_{SUB} \{\psi_{11}\} \Rightarrow_{EL.H} \{\psi_{12}\}$ mit

$\psi_{10} = \forall x\text{:nat } [x\equiv 0 \wedge f(x)\equiv 0 \quad \rightarrow 0\equiv x]$,

$\psi_{11} = \forall x\text{:nat } [x\equiv 0 \wedge f(x)\equiv 0 \quad \rightarrow f(x)\equiv x]$ und

$\psi_{12} = \forall x\text{:nat } [x\equiv 0 \rightarrow f(x)\equiv x]$.

ψ_{12} ist die Definitionsformel für den Basisfall, ψ_9 eine Restformel.

Für den Induktionsschritt ψ_7 erhalten wir folgende Transformation:
$\{\psi_7\} \Rightarrow_{FU} \{\psi_{13},\psi_{14}\}$ mit

$\psi_{13} = \forall x,u\text{:nat } [x\equiv s(u) \wedge f(x)\equiv 0 \wedge \text{ times}(u\ f(u))\equiv u \quad \rightarrow \text{ times}(x\ f(x))\equiv x]$ und

$\psi_{14} = \forall x,u,v\text{:nat } [x\equiv s(u) \wedge f(x)\equiv s(v) \wedge \text{ times}(u\ f(u))\equiv u \quad \rightarrow \text{ times}(x\ f(x))\equiv x]$.

$\{\psi_{14}\} \Rightarrow_{EV,TIMES2} \{\psi_{15}\}$ mit

$\psi_{15} = \forall x,u,v\text{:nat } [x\equiv s(u) \wedge f(x)\equiv s(v) \wedge \text{ times}(u\ f(u))\equiv u$
$$\rightarrow \text{ plus}(x\ \text{times}(x\ v))\equiv x] .$$

$\{\psi_{15}\} \Rightarrow_{IMPL,PLUS1} \{\psi_{16}\}$ mit

$\psi_{16} = \forall x,u,v\text{:nat } [x\equiv s(u) \wedge f(x)\equiv s(v) \wedge \text{ times}(u\ f(u))\equiv u \quad \rightarrow \text{ times}(x\ v)\equiv 0]$.

$\{\psi_{16}\} \Rightarrow_{\text{IMPL,TIMES1}} \{\psi_{17}\}$ mit

$\psi_{17} = \forall x,u,v{:}nat \; [x{\equiv}s(u) \; \wedge \; f(x){\equiv}s(v) \; \wedge \; times(u \; f(u)){\equiv}u \;\; \rightarrow \; v{\equiv}0]$.

$\{\psi_{17}\} \Rightarrow_{\text{IMPL,NAT2}} \{\psi_{18}\}$ mit

$\psi_{18} = \forall x,u,v{:}nat \; [x{\equiv}s(u) \; \wedge \; f(x){\equiv}s(v) \; \wedge \; times(u \; f(u)){\equiv}u \;\; \rightarrow \; s(v){\equiv}s(0)]$.

$\{\psi_{18}\} \Rightarrow_{\text{SUB}} \{\psi_{19}\}$ mit

$\psi_{19} = \forall x,u{:}nat \; [x{\equiv}s(u) \; \wedge \; f(x){\equiv}s(v) \; \wedge \; times(u \; f(u)){\equiv}u \;\; \rightarrow \; f(x){\equiv}s(0)]$.

Schließlich werden die Hypothese und die Bedingung mit der im Zielliteral nicht mehr vorkommenden Variablen v eliminiert, und wir erhalten folgende Definitionsformel für den Fall $x{\neq}0$:

$\psi_{20} = \forall x,u{:}nat \; [x{\equiv}s(u) \rightarrow f(x){\equiv}s(0)]$.

Damit ist

$DEF_f = \{ \; \forall x{:}nat \; [x{\equiv}0 \rightarrow f(x){\equiv}x] \; ,$
$\qquad\qquad \forall x,u{:}nat \; [x{\equiv}s(u) \rightarrow f(x){\equiv}s(0)] \; \}$ und

$REM_f = \{ \; \forall x,v{:}nat \; [x{\equiv}0 \; \wedge \; f(x){\equiv}s(v) \;\; \rightarrow \; times(x \; f(x)){\equiv}x] \; ,$
$\qquad\qquad \forall x,u{:}nat \; [x{\equiv}s(u) \; \wedge \; f(x){\equiv}0 \; \wedge \; times(u \; f(u)){\equiv}u$
$\qquad\qquad\qquad\qquad\qquad\qquad\qquad \rightarrow \;\; times(x \; f(x)){\equiv}x] \; \}$.

Beide Restformeln sind durch symbolische Evaluierung der Funktion f in den jeweiligen Prämissen leicht zu zeigen.

∎

Um also in Fällen wie dem in Beispiel 8.4 beschriebenen zum Erfolg zu kommen, müßte das System, entgegen der Heuristik, nach der Induktionsvariablen an Rekursionspositionen von Vorteil sind, mit Hilfe der Kommutativität der Funktion $times$ (Axiom φ) die Spezifikation

$\psi_0 = \forall x{:}nat\ times(x\ f(x)){\equiv}x$ in die äquivalente Spezifikation

$\psi_0' = \forall x{:}nat\ times(f(x)\ x){\equiv}x$ transformieren und daraus ein Programm
für f ableiten.

In seinem gegenwärtigen Implementierungsstadium beschränkt sich das Synthesesystem bei Anwendung der Induktionsregel auf strukturelle Ordnungen. Das heißt, alle Programme, die synthetisiert werden, terminieren auch nach einer strukturellen Ordnung. Dies ist jedoch keine prinzipielle Einschränkung: In Abschnitt 9 wird am Beispiel der Synthese einer Sortierfunktion gezeigt, wie auch andere Ordnungen für die zu synthetisierenden Programme verwendet werden können.

8.2 Symbolische Auswertung

Nachdem Induktions- und Normalisierungsregel auf eine Spezifikation ψ_0 angewandt worden sind, liefert die symbolische Auswertung der Terme in den Zielliteralen eine entscheidende Voraussetzung für das Gelingen des Syntheseprozesses.
In den Basisfällen werden die Zielliterale, in denen der Skolemterm vorkommt, dadurch oft schon so weit simplifiziert, daß sie eine definierende Gleichung für die Skolemfunktion darstellen (vgl. Beispiel 8.2).

Solange die Evaluierungsregel auf eine Formel angewandt werden kann, ist die Terminierung des Evaluierungsprozesses gewährleistet, denn die Programme aus der Axiomenmenge, die zur symbolischen Auswertung verwendet werden, erfüllen die Terminierungsbedingung.
"Pathologische" Fälle, etwa Spezifikationen der Art
$x \equiv s(x) \rightarrow plus(t\ x) \equiv \dots$, die einen unendlichen Evaluierungsprozeß auslösen könnten, scheitern letztlich an der Tiefenbeschränkung des Transformationsbaumes.

Ist eine Evaluierung nicht unmittelbar möglich, so dürfen für Auswertungsschritte, die entsprechend der call-by-need-Strategie durchgeführt werden müssen, zielgerichtete Fallunterscheidungen gemacht werden.

Beispiel 8.6 Im Beispiel aus Abschnitt 5 ist mit

$$DEF_{sub} = \{\ SUB1: \forall x,y{:}nat\ [x \equiv 0 \rightarrow sub(x\ y) \equiv 0]\ ,$$
$$SUB2: \forall x,y,u{:}nat\ [x \equiv s(u) \wedge y \equiv 0 \rightarrow sub(x\ y) \equiv x]\ ,$$
$$SUB3: \forall x,y,u,v{:}nat\ [x \equiv s(u) \wedge y \equiv s(v) \rightarrow sub(x\ y) \equiv sub(u\ v)]\ \}$$

in keiner der beiden Induktionsformeln

$$\psi_1 = \forall x,y{:}nat\ [y \equiv 0 \rightarrow sub(f(x\ y)\ y) \equiv x] \quad \text{bzw.}$$

$$\psi_2 = \forall x,y,v{:}nat\ [y \equiv s(v) \wedge sub(f(\mathbf{a}\ v)\ v) \equiv \mathbf{a} \rightarrow sub(f(x\ y)\ y) \equiv x]$$

die Auswertung des sub-Terms im Zielliteral unmittelbar möglich. Daher muß eine strukturelle Fallunterscheidung über den Term f(x y) durchgeführt werden.

■

Eine starke Heuristik, die in solchen Fällen die Terminierung des Evaluierungsprozesses garantiert, und die sich in (fast) allen bisher behandelten Beispielen bewährt hat, besagt, daß jedes initial in einer Induktionsformel vorhandene Funktionssymbol höchstens einmal auszuwerten ist, sofern für diesen Schritt eine Fallunterscheidung erforderlich ist. Dadurch wird verhindert, daß rekursive Funktionsaufrufe "künstlich" erneut evaluiert werden. Im allgemeinen genügt nämlich die einmalige Auswertung eines rekursiven Funktionssymbols, um im Basisfall eine Definitionsformel zu erhalten, bzw. im Induktionsschritt eine Angleichung von Induktionsziel und -hypothese (vgl. Beispiel 8.2).

Diese Heuristik schlägt natürlich dann fehl, wenn eine Lösung nur durch "Ausrechnen" gewonnen werden kann. Das ist z.B. bei der "Synthese" von Skolem*konstanten* der Fall.

Beispiel 8.7 Wir legen die Theoriespezifikation aus Beispiel 8.4 zugrunde und wählen ein kurzes, sehr einfaches Beispiel: Zu beweisen sei die Existenzformel

$$\psi = \exists x{:}nat \ times(x \ x) \equiv s(0) \quad \text{mit der Spezifikation}$$

$$\psi_0 = times(f \ f) \equiv s(0) \ .$$

Da keine Induktionsvariabe in ψ_0 vorhanden ist, liefert die Induktionsregel ψ_0 unverändert zurück. Bevor nun die Evaluierung der Funktion times ausgeführt werden kann, muß eine Fallunterscheidung durchgeführt werden: $\{\psi_0\} \Rightarrow_{FU} \{\psi_1, \psi_2\}$ mit

$$\psi_1 = [f \equiv 0 \rightarrow times(f \ f) \equiv s(0)] \quad \text{und}$$

$\psi_2 = \forall u{:}nat \ [f{\equiv}s(u) \rightarrow times(f\ f){\equiv}s(0)]$.

Die symbolische Evaluierung führt für ψ_1 zu einer Restformel:
$\{\psi_1\} \Rightarrow_{EV,TIMES1} \{\psi_3\}$ mit

$\psi_3 = [f{\equiv}0 \rightarrow 0{\equiv}s(0)]$.

Für ψ_2 erhalten wir $\{\psi_2\} \Rightarrow_{EV,TIMES2} \{\psi_4\}$ mit

$\psi_4 = \forall u{:}nat \ [f{\equiv}s(u) \rightarrow plus(f\ times(f\ u)){\equiv}s(0)]$.

Nur durch erneute Fallunterscheidung und Evaluierung der Funktion times
kann aus dieser Formel eine Gleichung für f abgeleitet werden:
$\{\psi_4\} \Rightarrow_{FU} \{\psi_5,\psi_6\}$ mit

$\psi_5 = \forall u{:}nat \ [f{\equiv}s(u) \wedge u{\equiv}0 \rightarrow plus(f\ times(f\ u)){\equiv}s(0)]$ und

$\psi_6 = \forall u,v{:}nat \ [f{\equiv}s(u) \wedge u{\equiv}s(v) \rightarrow plus(f\ times(f\ u)){\equiv}s(0)]$.

$\{\psi_5\} \Rightarrow_{EV,TIMES1} \{\psi_7\} \Rightarrow_{EV,PLUS1} \{\psi_8\}$ mit

$\psi_7 = \forall u{:}nat \ [f{\equiv}s(u) \wedge u{\equiv}0 \rightarrow plus(f\ 0){\equiv}s(0)]$ und

$\psi_8 = \forall u{:}nat \ [f{\equiv}s(u) \wedge u{\equiv}0 \rightarrow f{\equiv}s(0)]$.

Die Bedingungen in ψ_8 können eliminiert werden, da die Variable u in
der definierenden Gleichung nicht vorkommt, und wir erhalten als Lösung:
$f{\equiv}s(0)$.

Die Restformeln ψ_3 und ψ_6 können durch Einsetzen des Terms $s(0)$ für
f leicht gezeigt werden. Wir erhalten dadurch für ψ_3 die offensichtlich
wahre Formel

$\psi_3{}' = [s(0){\equiv}0 \rightarrow 0{\equiv}s(0)]$.

Aus der zu ψ_6 äquivalenten Formel

$\psi_6' = \forall v{:}nat\ [f{\equiv}s(s(v)) \rightarrow plus(f\ times(f\ s(v))){\equiv}s(0)]$

entsteht dann die Formel

$\forall v{:}nat\ [s(0){\equiv}s(s(v)) \rightarrow plus(f\ times(f\ s(v))){\equiv}s(0)]$,

die aus den Axiomen von $\mathcal{T}$ folgt.

■

Terme in Zielliteralen, die den Skolemterm nicht enthalten, wie z.B. das Literal ge(x y) in Beispiel 8.2, werden von der call-by-need-Strategie nicht erfaßt und nur dann evaluiert, wenn keine zusätzliche Fallunterscheidung erforderlich ist.
Dabei werden sie im Basisfall oft in Gleichungen über Konstruktorgrundtermen transformiert, die vom Simplifikationsalgorithmus des Systems entschieden werden können, und man erhält, wie u.a. in Beispiel 8.2, nach dem Evaluierungsprozeß schon eine Definitionsformel für den Basisfall.

Für Terme, die durch symbolische Auswertung in einer Formel neu entstehen, gilt ebenfalls, daß sie nur dann evaluiert werden, wenn keine zusätzliche Fallunterscheidung erforderlich ist.

8.3 Verwendung von Induktionshypothesen

Mit der Strategie in der Extraktionsphase ist bereits festgelegt, wie Induktionshypothesen im Syntheseprozeß verwendet werden: Nach der symbolischen Auswertung bestimmter Terme in einem Induktionsschritt, wird die Transformation darauf ausgerichtet, mit Hilfe der Extraktionsregeln eine rekursive Definitionsgleichung aus Ziel und Hypothese zu gewinnen. Die Heuristik, nach der in diesen Fällen vorgegangen wird, versucht also, durch Verwendung der Induktionshypothese mittels Extraktion zum Ziel zu gelangen.

Das ist nicht immer erfolgreich. Zum Beispiel dann, wenn auch aus dem Induktions*schritt* eine nicht-rekursive Definition abgeleitet werden kann.

Beispiel 8.8 Sei
$T = (S, \Sigma, \mathrm{Ax})$ eine zulässige Theoriespezifikation mit
$S = \{\mathrm{bool, nat}\}$,
$\Sigma = \{\mathrm{T, F, 0, s, pred}\}$ und
$\mathrm{Ax} = \mathrm{REP_{bool}} \cup \mathrm{REP_{nat}} \cup \mathrm{DEF_{pred}} \cup \{\varphi\}$,   wobei

$\mathrm{DEF_{pred}} = \{$ PRED1: $\forall x{:}\mathrm{nat}\ [x \equiv 0 \rightarrow \mathrm{pred}(x) \equiv 0]$,

$\qquad\qquad\qquad$ PRED2: $\forall x,u{:}\mathrm{nat}\ [x \equiv s(u) \rightarrow \mathrm{pred}(x) \equiv u]\ \}$ und

$\varphi = \forall x,y{:}\mathrm{nat}\ [\mathrm{pred}(x) \equiv y \wedge \neg x \equiv 0 \rightarrow s(y) \equiv x]$.

$\psi = \forall x{:}\mathrm{nat}\ \exists y{:}\mathrm{nat}\ \mathrm{pred}(y) \equiv x$ sei die zu beweisende Existenzformel und

$\psi_0 = \forall x{:}\mathrm{nat}\ \mathrm{pred}(f(x)) \equiv x$ die zugehörige Spezifikation.

Wir erhalten $\{\psi_0\} \mathbin{=\!>}_{\mathrm{IND}} \{\psi_1, \psi_2\}$ mit

$\psi_1 = \forall x{:}\mathrm{nat}\ [x \equiv 0 \rightarrow \mathrm{pred}(f(x)) \equiv x\ \langle Z \rangle]$ und

$\psi_2 = \forall x,u{:}\mathrm{nat}\ [x \equiv s(u) \wedge\ \mathrm{pred}(f(u)) \equiv u\ \langle H \rangle\ \rightarrow\ \mathrm{pred}(f(x)) \equiv x\ \langle Z \rangle]$.

Um die Funktion pred in den Zielliteralen auswerten zu können, muß jeweils eine Fallunterscheidung über den Skolemterm durchgeführt werden:
$\{\psi_1\}$ ⇒$_{FU}$ $\{\psi_3,\psi_4\}$ mit

$\psi_3 = \forall x{:}nat\ [x{\equiv}0 \wedge f(x){\equiv}0 \rightarrow pred(f(x)){\equiv}x\ \langle Z\rangle]$ und

$\psi_4 = \forall x,v{:}nat\ [x{\equiv}0 \wedge f(x){\equiv}s(v) \rightarrow pred(f(x)){\equiv}x\ \langle Z\rangle]$.

Ausgehend von ψ_3 liefern symbolische Auswertung, Anwendung der Substitutionsregel sowie Elimination eine Definitionsformel für den Basisfall:
$\{\psi_3\}$ ⇒$_{EV,PRED1}$ $\{\psi_5\}$ ⇒$_{SUB}$ $\{\psi_6\}$ ⇒$_{EL.H}$ $\{\psi_7\}$ mit

$\psi_5 = \forall x{:}nat\ [x{\equiv}0 \wedge f(x){\equiv}0 \rightarrow 0{\equiv}x\ \langle Z\rangle]$,

$\psi_6 = \forall x{:}nat\ [x{\equiv}0 \wedge f(x){\equiv}0 \rightarrow f(x){\equiv}x]$ und

$\psi_7 = \forall x{:}nat\ [x{\equiv}0 \rightarrow f(x){\equiv}x]$.

ψ_4 kann daher als Restformel geschlossen werden.

Im Induktionsschritt verfahren wir analog: $\{\psi_2\}$ ⇒$_{FU}$ $\{\psi_8,\psi_9\}$ mit

$\psi_8 = \forall x,u{:}nat\ [x{\equiv}s(u) \wedge f(x){\equiv}0 \wedge pred(f(u)){\equiv}u\ \langle H\rangle \rightarrow pred(f(x)){\equiv}x\ \langle Z\rangle]$,

$\psi_9 = \forall x,u,v{:}nat\ [x{\equiv}s(u) \wedge f(x){\equiv}s(v) \wedge pred(f(u)){\equiv}u\ \langle H\rangle$

$$\rightarrow pred(f(x)){\equiv}x\ \langle Z\rangle]\ .$$

Wir erhalten $\{\psi_9\}$ ⇒$_{EV,PRED2}$ $\{\psi_{10}\}$ mit

$\psi_{10} = \forall x,u,v{:}nat\ [x{\equiv}s(u) \wedge f(x){\equiv}s(v) \wedge pred(f(u)){\equiv}u\ \langle H\rangle \rightarrow v{\equiv}x\ \langle Z\rangle]$.

Nun beginnt der Extraktionsprozeß.
Um eine rekursive Definition abzuleiten, also u.a. den Skolemterm f(u) aus dem Hypothesenliteral zu extrahieren, werden Induktionsziel und -hypothese wie folgt aneinander angeglichen:

$\{\psi_{10}\} \Rightarrow_{SUB} \{\psi_{11}\} \Rightarrow_{IMPL,\varphi} \{\psi_{12},\psi_{13}\}$ mit

$$\psi_{11} = \forall x,u,v{:}nat\ [x{\equiv}s(u) \wedge f(x){\equiv}s(v) \wedge pred(f(u)){\equiv}u \ \langle H\rangle \ \rightarrow \ v{\equiv}s(u)\ \langle Z\rangle],$$

$$\psi_{12} = \forall x,u,v{:}nat\ [x{\equiv}s(u) \wedge f(x){\equiv}s(v) \wedge pred(f(u)){\equiv}u \ \langle H\rangle \ \rightarrow \ pred(v){\equiv}u\ \langle Z\rangle],$$

$$\psi_{13} = \forall x,u,v{:}nat\ [x{\equiv}s(u) \wedge f(x){\equiv}s(v) \wedge pred(f(u)){\equiv}u \ \langle H\rangle \ \rightarrow \ \neg v{\equiv}0\ \langle Z\rangle]\ .$$

Auf ψ_{12} kann nun die Extraktionsregel für die Gleichheit angewandt werden, und man erhält auf folgende Weise eine rekursive Definitionsformel:
$\{\psi_{12}\} \Rightarrow_{EX.E} \{\psi_{14}\} \Rightarrow_{EX.F} \{\psi_{15}\} \Rightarrow_{IMPL,NAT2} \{\psi_{16}\} \Rightarrow_{SUB} \{\psi_{17}\}$
$\Rightarrow_{EL.H} \{\psi_{18}\}$, wobei

$$\psi_{14} = \forall x,u,v{:}nat\ [x{\equiv}s(u) \wedge f(x){\equiv}s(v) \ \rightarrow \ pred(v){\equiv}pred(f(u))\ \langle Z\rangle]\ ,$$

$$\psi_{15} = \forall x,u,v{:}nat\ [x{\equiv}s(u) \wedge f(x){\equiv}s(v) \ \rightarrow \ v{\equiv}f(u)\ \langle Z\rangle]\ ,$$

$$\psi_{16} = \forall x,u,v{:}nat\ [x{\equiv}s(u) \wedge f(x){\equiv}s(v) \ \rightarrow \ s(v){\equiv}s(f(u))\ \langle Z\rangle]\ ,$$

$$\psi_{17} = \forall x,u,v{:}nat\ [x{\equiv}s(u) \wedge f(x){\equiv}s(v) \ \rightarrow \ f(x){\equiv}s(f(u))\ \langle Z\rangle]\ \text{und}$$

$$\psi_{18} = \forall x,u,v{:}nat\ [x{\equiv}s(u) \ \rightarrow \ f(x){\equiv}s(f(u))\ \langle Z\rangle]\ .$$

Der Syntheseprozeß terminiert also mit

$$DEF_f = \{\ \forall x{:}nat\ [x{\equiv}0 \rightarrow f(x){\equiv}0]\ ,$$
$$\forall x,u{:}nat\ [x{\equiv}s(u) \rightarrow f(x){\equiv}s(f(u))]\ \}\quad \text{und}$$

$$REM_f = \{\ \forall x,v{:}nat\ [x{\equiv}0 \wedge f(x){\equiv}s(v) \ \rightarrow \ pred(f(x)){\equiv}x]\ ,$$
$$\forall x,u{:}nat\ [x{\equiv}s(u) \wedge f(x){\equiv}0 \wedge pred(f(u)){\equiv}u \ \rightarrow \ pred(f(x)){\equiv}x],$$
$$\forall x,u,v{:}nat\ [x{\equiv}s(u) \wedge f(x){\equiv}s(v) \wedge pred(f(u)){\equiv}u \ \rightarrow \ \neg v{\equiv}0]\ \}\ .$$

Aus den beiden ersten Restformeln erhält man, unter Verwendung der entsprechenden Definitionsformeln aus DEF_f , durch symbolische Evaluierung des Terms $f(x)$ in der Prämisse die offensichtlich wahren Formeln

$$\forall x,v:nat \; [x{\equiv}0 \;\wedge\; 0{\equiv}s(v) \;\rightarrow\; pred(f(x)){\equiv}x] \quad bzw.$$

$$\forall x,u:nat \; [x{\equiv}s(u) \;\wedge\; s(f(u)){\equiv}0 \;\wedge\; pred(f(u)){\equiv}u \;\rightarrow\; pred(f(x)){\equiv}x] \; .$$

Aus der dritten Restformel entsteht durch symbolische Auswertung die Formel

$$\forall x,u,v:nat \; [x{\equiv}s(u) \;\wedge\; s(f(u)){\equiv}s(v) \;\wedge\; pred(f(u)){\equiv}u \;\rightarrow\; \neg v{\equiv}0] \; .$$

Die dazu äquivalente Formel

$$\forall x,u,v:nat \; [x{\equiv}s(u) \;\wedge\; f(u){\equiv}v \;\wedge\; pred(f(u)){\equiv}u \;\rightarrow\; \neg f(u){\equiv}0]$$

folgt offensichtlich nicht aus $Ax \cup DEF_f$, denn die Aussage gilt nicht für $u=0$.

Das heißt, der Syntheseprozeß ist gescheitert, da die Restformeln nicht bewiesen werden können.

Es ist zwar eine Definition für die Skolemfunktion abgeleitet worden, aber diese Definition erfüllt die Spezifikation ψ_0 nicht: die Verifikationsbedingung in Form der dritten Restformel konnte nicht bewiesen werden.

Eine korrekte Lösung des Problems ψ_0 im Falle $x{\neq}0$ ist $f(x)=s(x)$.

Mit der synthetisierten Definition gilt aber $f(x)=x$.

∎

Der Extraktionsmechanismus ist dennoch auch in Fällen mit nicht-rekursiver Lösung ein wichtiges Beweisinstrument. Im folgenden Beispiel existiert zwar eine nicht-rekursive Lösung, diese kann jedoch mit dem Syntheseverfahren nicht gefunden werden. Stattdessen wird eine rekursive Lösung abgeleitet.

Beispiel 8.9 Sei

$\mathcal{T} = (S, \Sigma, \mathrm{Ax})$ mit

$S = \{\mathrm{bool, nat}\}$,

$\Sigma = \{\mathrm{T, F, 0, s, plus}\}$ und

$\mathrm{Ax} = \mathrm{REP_{bool}} \cup \mathrm{REP_{nat}} \cup \mathrm{DEF_{plus}}$,   wobei

$\mathrm{DEF_{plus}} = \{$ PLUS1: $\forall x,y{:}\mathrm{nat}\ [x{\equiv}0 \rightarrow \mathrm{plus}(x\ y){\equiv}y]$,

$\qquad\qquad\qquad$ PLUS2: $\forall x,u{:}\mathrm{nat}\ [x{\equiv}s(u) \rightarrow \mathrm{plus}(x\ y){\equiv}s(\mathrm{plus}(u\ y))] \}$.

Zu beweisen sei die Existenzformel

$\psi = \forall x{:}\mathrm{nat}\ \exists y{:}\mathrm{nat}\ \mathrm{plus}(x\ y){\equiv}x$.

Die Spezifikation lautet also

$\psi_0 = \forall x{:}\mathrm{nat}\ \mathrm{plus}(x\ f(x)){\equiv}x$.

Die Lösung ist $f(x)=0$. Sie kann aber in dieser Form aus den vorhandenen Axiomen nicht abgeleitet werden.

Wir erhalten stattdessen ein rekursives Programm zur Berechnung von 0.

$\{\psi_0\} \Rightarrow_{\mathrm{IND}} \{\psi_1,\psi_2\}$ mit

$\psi_1 = \forall x{:}\mathrm{nat}\ [x{\equiv}0 \rightarrow \mathrm{plus}(x\ f(x)){\equiv}x]$ und

$\psi_2 = \forall x,u{:}\mathrm{nat}\ [x{\equiv}s(u) \land\ \mathrm{plus}(u\ f(u)){\equiv}u\ \rightarrow\ \mathrm{plus}(x\ f(x)){\equiv}x]$.

ψ_1 wird durch symbolische Auswertung in eine Definitionsformel transformiert: $\{\psi_1\} \Rightarrow_{\mathrm{EV,PLUS1}} \{\psi_3\}$ mit

$\psi_3 = \forall x{:}\mathrm{nat}\ [x{\equiv}0 \rightarrow f(x){\equiv}x]$.

Aus ψ_2 erhalten wir durch folgende Transformation eine Definitionsformel für den Fall $x{\neq}0$:

$\{\psi_2\} \Rightarrow_{\mathrm{EV,PLUS2}} \{\psi_4\} \Rightarrow_{\mathrm{SUB}} \{\psi_5\} \Rightarrow_{\mathrm{EX.F}} \{\psi_6\} \Rightarrow_{\mathrm{EX.E}} \{\psi_7\} \Rightarrow_{\mathrm{EX.F}} \{\psi_8\}$

mit

$$\psi_4 = \forall x,u\text{:nat } [x\equiv s(u) \;\wedge\; plus(u\ f(u))\equiv u \;\rightarrow\; s(plus(u\ f(x)))\equiv x]\ ,$$

$$\psi_5 = \forall x,u\text{:nat } [x\equiv s(u) \;\wedge\; plus(u\ f(u))\equiv u \;\rightarrow\; s(plus(u\ f(x)))\equiv s(u)]\ ,$$

$$\psi_6 = \forall x,u\text{:nat } [x\equiv s(u) \;\wedge\; plus(u\ f(u))\equiv u \;\rightarrow\; plus(u\ f(x))\equiv u]\ ,$$

$$\psi_7 = \forall x,u\text{:nat } [x\equiv s(u) \rightarrow plus(u\ f(x))\equiv plus(u\ f(u))] \quad \text{und}$$

$$\psi_8 = \forall x,u\text{:nat } [x\equiv s(u) \rightarrow f(x)\equiv f(u)]\ .$$

Das System terminiert also erfolgreich mit

$$DEF_f = \{\ \forall x\text{:nat } [x\equiv 0 \rightarrow f(x)\equiv x]\ ,$$
$$\forall x,u\text{:nat } [x\equiv s(u) \rightarrow f(x)\equiv f(u)]\ \} \quad \text{und}$$

$$REM_f = \emptyset\ .$$

Offensichtlich ist $f(x)=0$ für alle x. ∎

Die Verwendung der Induktionshypothesen mit Hilfe der Extraktionsregel für die Gleichheit entspricht der *cross-fertilization*-Heuristik, nach der auch im System von Boyer und Moore [Boyer/Moore 79] vorgegangen wird.

Mit $\forall[\psi \wedge q\equiv r \rightarrow t\equiv r] \Rightarrow_{EX.E} \{\ \forall[\psi \rightarrow t\equiv q]\ \}$ erhalten wir aus einer Hypothese $q\equiv r$ und einem Ziel $t\equiv r$ ein neues Ziel $t\equiv q$. Zusätzlich wird das Hypothesenliteral $q\equiv r$ aus der Formel eliminiert.
Das bedeutet, der Term r wird nur an einer Stelle im Zielliteral ersetzt. Das hat folgenden Grund:
Die Strategie, nach der auf eine Anwendungsmöglichkeit der Extraktionsregel hin gearbeitet wird, sorgt dafür, daß mit t und q schließlich solche Terme aus Ziel und Hypothese identifiziert werden können, die einen Skolemterm enthalten. In vielen Fällen enthält r die Skolemfunktion nicht. Daher ist es sinnvoll, r nur auf der rechten Seite des Zielliterals $t\equiv r$ zu

ersetzen und nicht durch weitere Ersetzungen, etwa von r in t zusätzliche Skolemterme in das Zielliteral einzuführen.

Mit dem Generalisierungsschritt der Extraktion wird die Hypothesenelimination vorweggenommen, die nach Ableitung einer definierenden Gleichung aus t≡q mit Hilfe der Eliminationsregel sowieso durchgeführt werden muß, um ein zulässiges Programm zu erhalten. Dieses Vorgehen ist dadurch gerechtfertigt, daß im allgemeinen eine *einmalige* Verwendung der Induktionshypothese ausreicht, um einen Beweis erfolgreich zu Ende zu führen, bzw. daß im Falle des Scheiterns auch eine mehrmalige Verwendung der Induktionshypothese nicht zum Ziel geführt hätte.

Die Möglichkeit, Induktionshypothesen mehrmals zu verwenden, könnte leicht dadurch geschaffen werden, daß man im Extraktionsprozeß anstelle der Extraktionsregel für die Gleichheit eine entsprechende Anwendung der Substitutionsregel präferiert.

Eine Erweiterung des gegenwärtig implementierten Systems in diesem Zusammenhang bestünde ferner darin, Induktionshypothesen auch mehrfach zu instanziieren, also mehrere "Kopien" einer Hypothese in einer Induktionsformel zuzulassen, um die Spezialisierungsregel gegebenenfalls mehrmals anwenden zu können.

8.4 Lösung von Konflikten

Um nach dem Evaluierungsprozeß die Extraktionsregeln so auf eine Induktionsformel anwenden zu können, daß eine definierende Gleichung für die Skolemfunktion entsteht, ist es sehr oft notwendig, zunächst sogenannte *Konflikte* zu lösen. Konflikte verhindern die Anwendung einer Extraktionsregel:

1) Seien $g(...f(x^*)...)\equiv t$ ein Ziel und $h(...f(t^*)...)\equiv t'$ eine zugehörige Hypothese. Dann scheitert die Anwendung der Extraktionsregel für die Gleichheit, falls t und t' verschieden sind.

2) Ein weiterer Konflikt besteht in der Unterschiedlichkeit der Funktionssymbole g und h. Er behindert zwar in aller Regel zunächst keine Regelanwendung, einer sehr erfolgreiche Heuristik ist aber, vor Anwendung der Extraktionsregel für die Gleichheit Induktionsziel und -hypothese möglichst weitgehend aneinander anzugleichen.

3) Hat ein Zielliteral die Form $g(...f(x^*)...)\equiv h(...)$, so scheitert die Anwendung der Extraktionsregel für Funktionsausdrücke an den unterschiedlichen führenden Funktionssymbolen g und h.

Konflikte vom Typ 1) und 2) werden wie folgt gelöst:

- Gleiche zunächst diejenigen Terme aus Induktionsziel und korrespondierender Hypothese an, die den Skolemterm nicht enthalten.
  Dadurch können Extraktionsschritte ermöglicht werden, die unmittelbar zu einer definierenden Gleichung für die Skolemfunktion führen.

- Ersetze den Term t durch einen Term mit führendem Funktionssymbol g.
  Mit der Extraktionsregel für Funktionsausdrücke läßt sich dann aus dem modifizierten Ziel $g(...f(x^*)...)\equiv g(t'')$ möglicherweise eine Angleichung an die Hypothese $h(...f(t^*)...)\equiv t'$ erreichen.

- Modifiziere t in der Weise, daß der Term t' dort als Subterm auftritt. Mit dem neuen Ziel g(...f(x*)...)≡...t'... kann dann, z.B. nach Anwendung der Extraktionsregel für Funktionsausdrücke oder anderer Modifikationen, die Extraktionsregel für die Gleichheit mit der Hypothese h(...f(t*)...)≡t' angewandt werden.

- Ersetze das Zielliteral durch ein Literal der Form h(...f(x*)...)≡t" . Mit dem neuen Term t" kann möglicherweise die Anwendbarkeit der Extraktionsregel für die Gleichheit eher erreicht werden als mit t' . Ausserdem erleichtert die Gleichheit der führenden Funktionssymbole h später die Isolation der Skolemterme.

Wie Konflikte gemäß dieser Heuristiken gelöst werden können, zeigen einige kurze Beispiele.

Beispiel 8.10 Im Beispiel aus Abschnitt 7 ist die Extraktion auf folgende Formel anzuwenden:

$$\psi = \forall x,y,u,v:nat$$
$$[x \equiv s(u) \; \wedge \; y \equiv s(v) \; \wedge \; plus(f(u \; v) \; v) \equiv u \; \langle H2 \rangle \; \wedge \; ge(u \; v) \equiv T \; \langle Z1 \rangle$$
$$\rightarrow \quad s(plus(f(x \; y) \; v)) \equiv x \; \langle Z2 \rangle] .$$

Die Anwendung der Extraktionsregel für die Gleichheit scheitert am Konflikt zwischen den Termen u in H2 und x in Z2.

Das System führt eine Angleichung dieser beiden Terme durch, indem es mit Hilfe der Substitutionsregel die Variable x durch einen Term ersetzt, in dem u als Subterm auftritt: $\{\psi\} \Rightarrow_{SUB} \{\psi'\}$ mit

$$\psi' = \forall x,y,u,v:nat$$
$$[x \equiv s(u) \; \wedge \; y \equiv s(v) \; \wedge \; plus(f(u \; v) \; v) \equiv u \; \langle H2 \rangle \; \wedge \; ge(u \; v) \equiv T \; \langle Z1 \rangle$$
$$\rightarrow \quad s(plus(f(x \; y) \; v)) \equiv s(u) \; \langle Z2 \rangle] .$$

Mit diesem Schritt läßt sich nun auch der Konflikt zwischen den führenden Funktionssymbolen plus und s derjenigen Terme aus Ziel und Hypothese beseitigen, die die Skolemfunktion enthalten. Eine Folge von Extraktionsregelanwendungen liefert eine definierende Gleichung für f :

$\{\psi'\}$ =>$_{EX.F}$ $\{\psi''\}$ =>$_{EX.E}$ $\{\psi'''\}$ =>$_{EX.F}$ $\{\psi''''\}$ mit

ψ'' = $\forall$x,y,u,v:nat

[x$\equiv$s(u) $\wedge$ y$\equiv$s(v) $\wedge$ plus(f(u v) v)$\equiv$u $\langle$H2$\rangle$ $\wedge$ ge(u v)$\equiv$T $\langle$Z1$\rangle$

$\rightarrow$ plus(f(x y) v)$\equiv$u $\langle$Z2$\rangle$] ,

ψ''' = $\forall$x,y,u,v:nat

[x$\equiv$s(u) $\wedge$ y$\equiv$s(v) $\wedge$ ge(u v)$\equiv$T $\langle$Z1$\rangle$

$\rightarrow$ plus(f(x y) v)$\equiv$plus(f(u v) v) $\langle$Z2$\rangle$] ,

und

ψ'''' = $\forall$x,y,u,v:nat

[x$\equiv$s(u) $\wedge$ y$\equiv$s(v) $\wedge$ ge(u v)$\equiv$T $\langle$Z1$\rangle$ $\rightarrow$ f(x y)$\equiv$f(u v) $\langle$Z2$\rangle$] .

∎

Die Heuristik, Konflikte vom Typ 1) und 2) dadurch zu lösen, daß man zunächst diejenigen Terme gleich macht, in denen die Skolemfunktion nicht vorkommt, kann dann scheitern, wenn zur Konfliktlösung die Spezialisierungsregel herangezogen wird.

Beispiel 8.11 Sei $\mathcal{T}$ = (S, Σ, Ax) eine zulässige Theoriespezifikation mit Ax = REP$_{bool}$ $\cup$ REP$_{nat}$ $\cup$ DEF$_{pred}$ $\cup$ DEF$_{diff}$, wobei

DEF$_{pred}$ = { $\forall$x:nat [x$\equiv$0 $\rightarrow$ pred(x)$\equiv$0] ,

$\forall$x,u:nat [x$\equiv$s(u) $\rightarrow$ pred(x)$\equiv$u] }   und

DEF$_{diff}$ = { $\forall$x,y:nat [y$\equiv$0 $\rightarrow$ diff(x y)$\equiv$x] ,

$\forall$x,y,v:nat [y$\equiv$s(v) $\rightarrow$ diff(x y)$\equiv$pred(diff(x v))] } .

Ausgehend von der Spezifikation ψ_0 = $\forall$x,y:nat diff(f(x y) y)$\equiv$x   ist die Extraktion auf folgende Induktionsformel anzuwenden:

$\psi_3 = \forall x,y,v{:}nat \ [y{\equiv}s(v) \wedge diff(f(\mathbf{a}\ v)\ v){\equiv}\mathbf{a} \ \langle H\rangle \quad \rightarrow \ pred(diff(f(x\ y)\ v)){\equiv}x \ \langle Z\rangle].$

Mit der Spezialisierungsregel kann die Metavariable **a** in der Hypothese durch den Term x ersetzt werden. Damit wird sofort die Extraktionsregel für die Gleichheit anwendbar, und wir erhalten die Formel

$\psi_5 = \forall x,y,v{:}nat \ [y{\equiv}s(v) \ \rightarrow \ diff(f(x\ v)\ v){\equiv}pred(diff(f(x\ y)\ v))] \ .$

Aus ψ_5 kann keine Definitionsformel abgeleitet werden, denn das neue Zielliteral läßt eine geeignete Extraktion der beiden Skolemterme nicht zu.

Wird dagegen zuerst der Konflikt zwischen den führenden Funktionssymbolen pred und diff gelöst und die Spezialisierung auf einen späteren Zeitpunkt verlegt, gelingt die Synthese:
Anwendung der Implikationenregel mit dem zweiten Definitionsaxiom für pred liefert

$\psi_6 = \forall x,y,v{:}nat \ [y{\equiv}s(v) \wedge \ diff(f(\mathbf{a}\ v)\ v){\equiv}\mathbf{a} \ \langle H\rangle \quad \rightarrow \ diff(f(x\ y)\ v){\equiv}s(x) \ \langle Z\rangle].$

Nun kann **a** zu s(x) spezialisiert werden, und wir erhalten nach zwei Extraktionsschritten die Definitionsformel

$\psi_8 = \forall x,y,v{:}nat \ [y{\equiv}s(v) \ \rightarrow \ f(x\ y){\equiv}f(s(x)\ v)] \ .$

∎

Zur Lösung von Konflikten verfügt das System über folgende Möglichkeiten:

1. Das Ersetzen von Termen mit der Evaluierungsregel.
Neben den Definitionsformeln der Axiomenmenge können dazu auch Axiome verwendet werden, die Beziehungen zwischen verschiedenen Funktionen beschreiben, wie z.B. das Distributivitätsgesetz von plus und times ,

$\forall x,y,z{:}nat \ times(x\ plus(y\ z)){\equiv}plus(times(x\ y)\ times(x\ z)) \quad$ oder die Formel

$\forall x{:}list \ append(x\ empty){\equiv}append(empty\ x) \ .$

Konflikte vom Typ 3) werden oft auf diese Weise gelöst.

2. Das Ersetzen von Termen mit der Substitutionsregel.

Damit können beispielsweise Variablen in einem Zielliteral durch Konstruktorterme ersetzt werden. In den Beispielen 8.9 und 8.10 ermöglicht ein solcher Schritt die Entfernung führender Konstruktorfunktionssymbole; in Beispiel 8.5 entsteht dadurch eine Definitionsgleichung für den Basisfall.

3. Die Umordnung von Argumenten in Funktionsausdrücken.

Dies geschieht mit der Evaluierungsregel und mit Axiomen, die die Kommutativität oder Assoziativität bestimmter Funktionen beschreiben. Solche Transformationen ermöglichen in manchen Fällen auch eine erneute symbolische Evaluierung von Termen, die dann zur weiteren Angleichung von Induktionsziel und -hypothese führt.

4. Das Ersetzen von Zielliteralen.

Damit können insbesondere Konflikte vom Typ 3) beseitigt werden, die die Anwendung der Extraktionsregel für Funktionsausdrücke behindern. Sind z.B. in $g(q){\equiv}h(r)$ die Terme q und r zu isolieren, so kann das erreicht werden, indem das Literal mit Hilfe der Implikationenregel und eines geeigneten Axioms durch das Literal $h(q'){\equiv}h(r')$ ersetzt wird.
Die Anwendung der Implikationenregel mit einem Definitionsaxiom ist geeignet, führende Funktionssymbole zu eliminieren:
Stört in $g(q){\equiv}t$ das Funktionssymbol g eine bestimmte Regelanwendung, kann es mit einem Definitionsaxiom für g, z.B. durch das Literal $q{\equiv}t'$, ersetzt werden, (vgl. etwa Beispiel 8.5).

5. Das Instanziieren von Induktionshypothesen.

Zuletzt dient natürlich die Anwendung der Spezialisierungsregel dazu, Konflikte zu beseitigen. Allerdings ist sie eine schwache Regel. Um wie in Beispiel 8.11 eine vorzeitige Spezialisierung zu vermeiden, wird sie erst dann ausgeführt, wenn keine andere Lösungsmöglichkeit für bestehende Konflikte mehr existiert. Dann nämlich wird mit großer Wahrscheinlichkeit auch eine Instanziierung gefunden, die die "richtige" ist, d.h. die den Syntheseprozeß erfolgreich terminieren läßt.

8.5 Verwendung von Bedingungen

Bedingungen sind diejenigen Literale in einer Induktionsformel, die aus einer Fallunterscheidung resultieren, d.h. die durch Anwendung der Induktionsregel (initiale Fallunterscheidung) oder einer Fallunterscheidungsregel entstanden sind. Wir unterscheiden Bedingungen zunächst danach, ob die Skolemfunktion in ihnen vorkommt oder nicht.

Bedingungen, die die Skolemfunktion nicht enthalten, beschreiben Eigenschaften ihrer Argumente sowie Zusammenhänge zwischen diesen. Es sind Literale der Form $x \equiv s(u)$ oder $ge(x\ y) \equiv T$.
Sie werden initial von der Induktionsregel generiert oder durch nachträgliche Fallunterscheidung in eine Induktionsformel eingeführt, um symbolische Auswertungen zu ermöglichen.

Neben dieser impliziten Verwendung können solche Bedingungen auch explizit im Beweis verwendet werden: Durch Anwenden der Substitutionsregel werden Terme in Zielliteralen durch entsprechende Terme aus geeigneten Bedingungen ersetzt.

Beispiel 8.12 In Beispiel 8.10 etwa wird durch Anwendung der Substitutionsregel die Formel

$$\psi = \forall x,y,u,v:nat$$
$$[x \equiv s(u) \ \wedge \ y \equiv s(v) \ \wedge \ plus(f(u\ v)\ v) \equiv u\ \langle H2 \rangle \ \wedge \ ge(u\ v) \equiv T\ \langle Z1 \rangle$$
$$\rightarrow \ s(plus(f(x\ y)\ v)) \equiv x\ \langle Z2 \rangle]$$

in

$$\psi' = \forall x,y,u,v:nat$$
$$[x \equiv s(u) \ \wedge \ y \equiv s(v) \ \wedge \ plus(f(u\ v)\ v) \equiv u\ \langle H2 \rangle \ \wedge \ ge(u\ v) \equiv T\ \langle Z1 \rangle$$
$$\rightarrow \ s(plus(f(x\ y)\ v)) \equiv s(u)\ \langle Z2 \rangle]$$

transformiert.
Dieser Schritt ermöglicht die Anwendung von Extraktionsregeln so, daß aus ψ' eine Definitionsformel entsteht. ∎

Da eine Bedingung, in der die Skolemfunktion nicht vorkommt, aus einer Formel nicht mehr entfernt werden darf, um die Zulässigkeit des neuen Programms nicht zu zerstören, stellt die Substitutionsregel auch die einzige Möglichkeit dar, solche Bedingungen explizit zu verwenden.

Bedingungen, die die Skolemfunktion enthalten, nehmen eine Sonderstellung ein. Sie müssen, ebenfalls, um die Zulässigkeit des zu synthetisierenden Programms zu gewährleisten, in der Endphase des Transformationsprozesses aus der entsprechenden Formel eliminiert werden.
Wir unterscheiden diese Bedingungen danach, ob sie *Konstruktor*bedingungen sind, d.h. die Form haben fx*≡cy* , wobei c ein Konstruktorsymbol ist, oder nicht.
Ist eine solche Bedingung keine Konstruktorbedingung, so dient sie lediglich dazu, symbolische Evaluierungsschritte zu ermöglichen. Später wird sie dann durch die Hypotheseneliminationsregel aus der Formel entfernt.

Da für Konstruktorbedingungen ebenso wie für Induktionshypothesen gilt, daß sie im Ableitungsprozeß nur einmal benötigt und in der Eliminationsphase ohnehin entfernt werden, ist es sinnvoll, auch sie entsprechend der cross-fertilization-Heuristik zu verwenden, und zwar mit Hilfe der Extraktionsregel für die Gleichheit. Im Falle einstelliger Konstruktoren ist das unmittelbar möglich.

Beispiel 8.13 So erhält man z.B. aus der Formel

$$\forall x,y\text{:nat } [y\equiv 0 \ \wedge \ f(x\ y)\equiv 0 \ \rightarrow \ 0\equiv x\ \langle Z\rangle]$$

durch Anwenden der Extraktionsregel für die Gleichheit die Definitionsformel

$$\forall x,y\text{:nat } [y\equiv 0 \rightarrow f(x\ y)\equiv x]\ .$$

Im Falle einstelliger Konstruktoren ist eine solche Regelanwendung oft erst
dann möglich, wenn zuvor die Implikationenregel mit dem Repräsentationsaxiom für die Injektivität des Konstruktors angewandt worden ist. Wie in
Beispiel 5.9 liegt sehr oft folgende Situation vor:
Zu transformieren ist eine Formel der Form

$\forall [\psi \wedge fx^* \equiv cy \rightarrow y \equiv t]$,   wobei c ein einstelliger Konstruktor ist.
Anwendung der Implikationenregel mit dem Injektivitätsaxiom

$\forall [cx \equiv cy \rightarrow x \equiv y]$

ersetzt das Zielliteral $y \equiv t$ durch das Literal $cy \equiv ct$.
Wir erhalten also die Formel

$\forall [\psi \wedge fx^* \equiv cy \rightarrow cy \equiv ct]$ und können daraus mit der Extraktionsregel
für die Gleichheit eine Definitionsformel

$\forall [\psi \rightarrow fx^* \equiv ct]$ ableiten.

Die Anwendung der Implikationenregel mit dem Injektivitätsaxiom ist jedoch fast immer möglich (vgl. Abschnitt 5.6) und daher verboten. Um sie
dennoch sinnvoll einsetzen zu können, führen wir eine abgeleitete Regel ein:

Strukturregel

Motivation Die Strukturregel ($\Rightarrow_{STRUC}$) ist eine abgeleitete Regel und
dient dazu, Konstruktorbedingungen über den Skolemterm gemäß der
cross-fertilization-Heuristik zu verwenden.
Sie setzt sich zusammen aus einer Anwendung der Implikationenregel mit
dem Repräsentationsaxiom für die Injektivität des (einstelligen) Konstruktors und der Extraktionsregel für die Gleichheit.

Definition Seien $\mathcal{T} = (\mathcal{S}, \Sigma, Ax)$ eine zulässige Theoriespezifikation,
$\Sigma' = \Sigma \cup \{f\}$, $d,s \in \mathcal{S}$, $w \in \mathcal{S}^*$, $c \in \Sigma^c_{d,s}$, $y \in V_d$, $t \in T(\Sigma,V)_d$,
$\Psi \subset LIT(\Sigma',V)$, $\psi = \bigwedge \Psi$ und fx^* mit $f \in \Sigma'_{w,s}$ und $x^* \in V_w$ der
Skolemterm für den eine Definitionsgleichung abgeleitet werden soll.

Dann gilt $\forall [\psi \wedge fx^* \equiv cy \rightarrow y \equiv t]$ $\Rightarrow_{STRUC}$ $\{ \forall [\psi \rightarrow fx^* \equiv ct] \}$. ∎

Korrektheit Sei $\delta \in Ax$ mit $\delta = \forall x,y:d \; [cx \equiv cy \rightarrow x \equiv y]$ das Injektivitätsaxiom für den Konstruktor c.

Dann gilt $\forall \; [\psi \wedge fx^* \equiv cy \; \rightarrow \; y \equiv t] \;\; \Rightarrow_{IMPL,\delta} \; \{ \; \forall \; [\psi \wedge fx^* \equiv cy \; \rightarrow \; cy \equiv ct] \; \}$

und $\qquad \forall \; [\psi \wedge fx^* \equiv cy \; \rightarrow \; cy \equiv ct] \;\; \Rightarrow_{EX.E} \; \{ \; \forall \; [\psi \rightarrow fx^* \equiv ct] \; \} \; .$

Damit folgt die Korrektheit der Strukturregel aus der Korrektheit von Im-
plikationen- und Extraktionsregel.

∎

Die Strukturregel ist eine mächtige Regel, da sie eine definierende Gleichung für die Skolemfunktion erzeugt. Daher hat ihre Anwendung die
höchste Priorität. Das hat zur Folge, daß in Fällen wie etwa dem aus Beispiel 8.8 auf die Extraktionsphase verzichtet wird. Man erhält in diesem Fall
auch aus dem Induktionsschritt eine nicht rekursive Funktionsdefinition:

Beispiel 8.14 In Beispiel 8.8 erhält man im Induktionsschritt nach Fallunterscheidung und symbolischer Auswertung u.a. folgende Formel:

$$\psi_{10} = \forall x,u,v:nat \; [x \equiv s(u) \; \wedge \; f(x) \equiv s(v) \; \wedge \; pred(f(u)) \equiv u \; \langle H \rangle \; \rightarrow \; v \equiv x \; \langle Z \rangle] \; .$$

Die Strukturregel, angewandt auf ψ_{10} , liefert sofort eine Definitionsgleichung: $\{ \psi_{10} \} \Rightarrow_{STRUC} \{ \psi_{11} \}$ mit

$$\psi_{11} = \forall x,u:nat \; [x \equiv s(u) \; \wedge \; pred(f(u)) \equiv u \; \langle H \rangle \; \rightarrow \; f(x) \equiv s(x) \; \langle Z \rangle] \; .$$

Durch Elimination der Induktionhypothese, die für den Beweis nicht ge-
braucht worden ist, erhält man dann mit $\{ \psi_{11} \} \Rightarrow_{EL.H} \{ \psi_{12} \}$ eine Definitionsformel für den Fall $x \neq 0$:

$$\psi_{12} = \forall x,u:nat \; [x \equiv s(u) \rightarrow f(x) \equiv s(x)] \; .$$

Im Gegensatz zur Transformation aus Beispiel 8.8 kann damit der Syntheseprozeß erfolgreich zu Ende geführt werden: Aus dem Induktionsschritt entsteht dann nur eine Restformel, die mit $\psi_{12} \in DEF_f$ leicht zu beweisen ist.

∎

Um im Falle mehrstelliger Konstruktoren gleichermaßen vorgehen zu können, müssen Formeln zugelassen werden, die nicht mehr der in Abschnitt 5.2 beschriebenen Normalform entsprechen.

Ist z.B. c ein zweistelliger Konstruktor, und die zu transformierende Formel lautet:

$\forall [\psi \wedge fx^* \equiv cy_1y_2 \rightarrow L]$,   so soll das Zielliteral L in folgende Konjunktion von Literalen transformiert werden können:

$[y_1 \equiv t_1 \wedge y_2 \equiv t_2]$.

Mit Hilfe der noch zu definierenden *Konstruktorenregel* kann dann unter Ausnutzung der Injektivität des Konstruktors c,

$\forall [cx_1x_2 \equiv cy_1y_2 \rightarrow x_1 \equiv y_1 \wedge x_2 \equiv y_2]$,   analog zur Anwendung der Strukturregel bei einstelligen Konstruktoren, aus

$\forall [\psi \wedge fx^* \equiv cy_1y_2 \rightarrow y_1 \equiv t_1 \wedge y_2 \equiv t_2]$ die Formel

$\forall [\psi \rightarrow fx^* \equiv ct_1t_2]$ abgeleitet werden.

Wir werden im folgenden die Regeln angeben, die aus einem Zielliteral eine Konjunktion von Literalen erzeugen, und anschließend die Konstruktorenregel definieren, mit der sich aus einer solchen Konjunktion eine definierende Gleichung ableiten läßt. Die Verwendung dieser Regeln wird jedoch erst anhand der Beispiele in Abschnitt 9 demonstriert.

Wir gehen aus von einer zulässigen Theoriespezifikation $\mathcal{T} = (S, \Sigma, Ax)$, $\Sigma' = \Sigma \cup \{f\}$ und definieren zunächst eine naheliegende Erweiterung der Extraktionsregeln.

Erweiterung der Extraktionsregel für die Gleichheit

Definition Seien $\psi, \Phi \subset LIT(\Sigma', V)$, $\psi = \bigwedge \Psi$, $\varphi = \bigwedge \Phi$, $p, q, r, t \in T(\Sigma', V)$, das Literal $p \equiv q$ ein Hypothesenliteral und $t \equiv r$ ein Ziel.

Dann gilt

$$\forall [\psi \wedge p \equiv q \rightarrow [t \equiv r \wedge \varphi]] \Rightarrow_{EX.EE} \{ \forall [\psi \rightarrow [p \equiv t \wedge q \equiv r \wedge \varphi]] \}.$$

∎

Im Gegensatz zur ursprünglichen Extraktionsregel wird also nicht gefordert, daß $p \equiv r$ ist, und es kann bereits eine Konjunktion von Zielliteralen vorliegen.

Korrektheit Es gelte $I \models \forall [\psi \to [p \equiv t \land q \equiv r \land \varphi]]$ für eine $\{f\}$-Expansion $I=(A,a)$ eines Standardmodells von $\mathcal{T}$.

Sei $Var(x^*) = Var(\Psi) \cup Var(\Phi) \cup Var(q \equiv r) \cup Var(p \equiv t)$ für ein $x^* \in V_w$ mit $w \in \mathcal{S}^*$.

Dann gilt für alle $a^* \in A_w$:

$(*)\quad I[x^*/a^*] \models [\psi \to [p \equiv t \land q \equiv r \land \varphi]]$.

Aus der Transitivität der Gleichheit folgt:

$I[x^*/a^*] \models [p \equiv t \land q \equiv r \to [p \equiv q \to t \equiv r]]$.

Damit gilt $\quad I[x^*/a^*] \models [\psi \to [p \equiv t \land q \equiv r]] \to [\psi \to [p \equiv q \to t \equiv r]]$,

also $\qquad I[x^*/a^*] \models [\psi \to [p \equiv t \land q \equiv r]] \to [\psi \land p \equiv q \to t \equiv r]$

und $\qquad I[x^*/a^*] \models [\psi \to [p \equiv t \land q \equiv r \land \varphi]] \to [\psi \land p \equiv q \to [t \equiv r \land \varphi]]$.

Mit $(*)$ gilt dann auch $\quad I[x^*/a^*] \models [\psi \land p \equiv q \to [t \equiv r \land \varphi]]$, d.h.

$I \models \forall [\psi \land p \equiv q \to [t \equiv r \land \varphi]]$.

Also gilt $I \models \forall [\psi \to [p \equiv t \land q \equiv r \land \varphi]] \to \forall [\psi \land q \equiv r \to [t \equiv r \land \varphi]]$. ∎

Erweiterung der Extraktionsregel für Funktionsausdrücke

Definition Seien $I=\{1,\dots,n\}$ eine Indexmenge, $t_i, q_i \in T(\Sigma',V)$ für $i \in I$, $\Psi, \Phi \subset LIT(\Sigma',V)$, $\psi = \bigwedge \Psi$, $\varphi = \bigwedge \Phi$, $g \in \Sigma$ und $gt_1 \dots t_n \equiv gq_1 \dots q_n$ ein Zielliteral.

Dann gilt

$\forall [\psi \to [\varphi \land gt_1 \dots t_n \equiv gq_1 \dots q_n]] \quad \Rightarrow_{EX.FE}$

$\qquad\qquad\qquad \{ \forall [\psi \to [\varphi \land t_1 \equiv q_1 \land \dots \land t_n \equiv q_n]] \}$. ∎

Korrektheit Sei $\mathrm{Var}(x^*) = \cup_{i \in I} (\mathrm{Var}(t_i) \cup \mathrm{Var}(q_i)) \cup \mathrm{Var}(\Psi) \cup \mathrm{Var}(\Phi)$
für ein $x^* \in V_w$ und $w \in \mathcal{S}^*$.

Für eine $\{f\}$-Expansion $I = (A, a)$ eines Standardmodells von $\mathcal{T}$ gelte:

$I \models \forall [\psi \rightarrow [\varphi \wedge t_1 \equiv q_1 \wedge \ldots \wedge t_n \equiv q_n]]$, d.h.

(*) $\quad I[x^*/a^*] \models [\psi \rightarrow [\varphi \wedge t_1 \equiv q_1 \wedge \ldots \wedge t_n \equiv q_n]]$ für alle $a^* \in A_w$.

Falls $I[x^*/b^*] \models [t_1 \equiv q_1 \wedge \ldots \wedge t_n \equiv q_n]$ für irgendein $b^* \in A_w$, so gilt

aufgrund der Funktionseigenschaft von g:

$I[x^*/b^*] \models gt_1 \ldots t_n \equiv gq_1 \ldots q_n$.

Also gilt $I[x^*/b^*] \models [\varphi \wedge t_1 \equiv q_1 \wedge \ldots \wedge t_n \equiv q_n]$
$$\rightarrow [\varphi \wedge gt_1 \ldots t_n \equiv gq_1 \ldots q_n]$$

Aus (*) folgt daher

$I[x^*/a^*] \models [\psi \rightarrow [\varphi \wedge t_1 \equiv q_1 \wedge \ldots \wedge t_n \equiv q_n]]$
$$\rightarrow [\psi \rightarrow [\varphi \wedge gt_1 \ldots t_n \equiv gq_1 \ldots q_n]]$$

für alle $a^* \in A_w$.

Also gilt $I[x^*/a^*] \models [\psi \rightarrow [\varphi \wedge gt_1 \ldots t_n \equiv gq_1 \ldots q_n]]$, d.h.

$I \models \forall [\psi \rightarrow [\varphi \wedge gt_1 \ldots t_n \equiv gq_1 \ldots q_n]]$ und damit ist

$I \models \forall [\psi \rightarrow [\varphi \wedge t_1 \equiv q_1 \wedge \ldots \wedge t_n \equiv q_n]]$
$$\rightarrow \forall [\psi \rightarrow [\varphi \wedge gt_1 \ldots t_n \equiv gq_1 \ldots q_n]] . \quad \blacksquare$$

Eine andere Regel, die in diesem Zusammenhang eine wichtige Rolle spielt, ist die sogenannte *Erweiterungsregel* ($\Rightarrow_{\mathrm{ERW}}$). Sie erlaubt, Literale aus Axiomen in eine Formel einzufügen.

Angenommen, es existiert ein Axiom $[\varphi \rightarrow K]$. Dann kann eine Induktionsformel $[\psi \rightarrow L]$ in die Formel $[\psi \rightarrow [L \wedge \sigma K]]$ transformiert werden, falls für eine Substitution σ gilt: $\psi \rightarrow \sigma\varphi$.

Erweiterungsregel

Definition Seien $\Psi, \Phi, \{L\}, \{K\} \subset \mathrm{LIT}(\Sigma', V)$, $\psi = \bigwedge \Psi$, $\sigma \in \mathrm{SUB}(\Sigma', V)$ und $\varphi \in \mathrm{Ax}$ mit $\varphi = \forall [\bigwedge \Phi \rightarrow K]$.

Dann gilt $\forall\,[\psi \to L]\ \Rightarrow_{ERW,\varphi}\ \{\,\forall\,[\psi \to [L \wedge \sigma K]]\,\}$

$$\text{gdw.}\ \ \sigma\Phi \subset \Psi\,.$$

■

Korrektheit Offensichtlich gilt für jede $\{f\}$-Expansion I eines Standard-modells von $\mathcal{T}$:

$$I \models \forall\,[\psi \to [L \wedge \sigma K]] \to \forall\,[\psi \to L]\,.$$

■

Bemerkung Die Erweiterungsregel ist eine sehr schwache Regel und wird ganz gezielt nur dann eingesetzt, wenn dadurch Anwendungen der Extraktionsregeln oder der Konstruktorenregel möglich werden.

Die Voraussetzung $\sigma\Phi \subset \Psi$ wird zum Beweis der Korrektheit nicht benötigt, stellt aber sicher, daß die Anwendung der Erweiterungsregel eine äquivalente Umformung darstellt. Damit ist gewährleistet, daß die erzeugte Formel nicht a priori falsch ist. Dennoch führt eine solche Regelanwendung sehr leicht dazu, daß der Syntheseprozeß scheitert, weil ein ungeeignetes Axiom ausgewählt worden ist.

Um den Suchraum nicht unnötig zu vergrößern, dürfen die Erweiterungsregel und die modifizierten Extraktionsregeln nur dann auf eine Formel angewandt werden, wenn eine Bedingung der Form $fx^{*}\equiv cy^{*}$ vorliegt und c ein mehrstelliger Konstruktor ist.

Sind diese Regeln einmal angewandt worden, entsteht sofort das Problem, die dadurch erzeugte Konjunktion von Zielliteralen in eine definierende Gleichung zu transformieren.
Dazu dient die bereits erwähnte Konstruktorenregel:

Konstruktorenregel

Definition Seien $I=\{1,\dots,n\}$ eine Indexmenge, $s\in S$, $v,w\in S^*$, $c\in \Sigma^c_{v,s}$, $y^*\in V_v$, $t^*\in T(\Sigma',V)_v$ mit $t^*=t_1\dots t_n$, $\Psi\subset \mathrm{LIT}(\Sigma',V)$, $\psi=\bigwedge\Psi$, $f\in\Sigma'_{w,s}$, $x^*\in V_w$ und fx^* der Skolemterm, für den eine Definitionsgleichung abgeleitet werden soll. Außerdem sei $\mathrm{Var}(y^*)\cap\mathrm{Var}(t^*)=\varnothing$.

Dann gilt $\quad\forall\,[\psi\wedge fx^*\equiv cy^* \;\rightarrow\; \bigwedge_{i\in I}y_i\equiv t_i]\quad\Rightarrow_{\mathrm{KON}}\quad\{\,\forall\,[\psi\rightarrow fx^*\equiv ct^*]\,\}.$

Korrektheit Seien $\mathrm{Var}(z^*)=\mathrm{Var}(\Psi)\cup\mathrm{Var}(x^*)\cup\mathrm{Var}(t^*)\cup\mathrm{Var}(y^*)$ mit $z^*\in V_u$ für ein $u\in S^*$, $I=(A,a)$ eine $\{f\}$-Expansion eines Standardmodells von $\mathcal{T}$, und es gelte

$I\models\forall\,[\psi\rightarrow fx^*\equiv ct^*]$, also

$(*)\qquad I[z^*/a^*]\models[\psi\rightarrow fx^*\equiv ct^*]\quad$ für alle $a^*\in A_u$.

Aus der Transitivität der Gleichheit folgt

$I[z^*/a^*]\models[ct^*\equiv fx^*\;\rightarrow\;[fx^*\equiv cy^*\rightarrow ct^*\equiv cy^*]]$.

Damit gilt

$I[z^*/a^*]\models[\psi\rightarrow ct^*\equiv fx^*]\;\rightarrow\;[\psi\rightarrow[fx^*\equiv cy^*\rightarrow ct^*\equiv cy^*]]$,

also

$I[z^*/a^*]\models[\psi\rightarrow ct^*\equiv fx^*]\;\rightarrow\;[\psi\wedge fx^*\equiv cy^*\;\rightarrow\;ct^*\equiv cy^*]$

und mit $(*)$ gilt dann auch

$I[z^*/a^*]\models[\psi\wedge fx^*\equiv cy^*\;\rightarrow\;ct^*\equiv cy^*]$.

Aus dem Injektivitätsaxiom für c folgt

$I[z^*/a^*]\models[ct^*\equiv cy^*\;\rightarrow\;\bigwedge_{i\in I}y_i\equiv t_i]$. Damit gilt

$I[z^*/a^*]\models[\psi\wedge fx^*\equiv cy^*\;\rightarrow\;\bigwedge_{i\in I}y_i\equiv t_i]$, also

$I\models\forall\,[\psi\wedge fx^*\equiv cy^*\;\rightarrow\;\bigwedge_{i\in I}y_i\equiv t_i]$ und schließlich

$I\models\forall\,[\psi\rightarrow fx^*\equiv ct^*]\;\rightarrow\;\forall\,[\psi\wedge fx^*\equiv cy^*\;\rightarrow\;\bigwedge_{i\in I}y_i\equiv t_i]$.

∎

Bemerkung Die Variablenbedingung $\text{Var}(y^*) \cap \text{Var}(t^*) = \emptyset$ garantiert, daß in der definierenden Gleichung $fx^* \equiv ct^*$ keine Variable aus y^* vorkommt. Das bedeutet, der definierende Term ct^* enthält keine Variable, die durch die inzwischen eliminierte Konstruktorbedingung $fx^* \equiv cy^*$ eingeführt worden ist. Damit können nun auch alle Bedingungen aus ψ, die noch Variablen aus y^* enthalten, mit Hilfe der Hypotheseneliminationsregel entfernt werden. Dadurch entsteht eine Definitionsformel, die gewährleistet, daß das schließlich synthetisierte Programm auch zulässig ist.

8.6 Auswahl von Restformeln

Aus einer Induktionsformel entsteht im Verlauf des Syntheseprozesses, beginnend mit der Normalisierung, eine Menge von Formeln. Um die Zulässigkeit des zu synthetisierenden Programms zu gewährleisten, können i.a. nicht alle aus einer Regelanwendung resultierenden Formeln in Definitionsformeln transformiert werden (vgl. Abschnitt 7.5).

Anstatt nun jede einzelne Formel so lange zu transformieren, bis entweder eine Definitonsformel entstanden ist oder keine Regel mehr angewandt werden kann (bzw. die Tiefenbeschränkung erreicht ist), ist es zweckmäßig, gewisse Formeln schon unmittelbar nach ihrer Entstehung als Restformeln zu betrachten und überhaupt keine Transformationsregeln auf sie anzuwenden. Die Auswahl dieser Formeln erfolgt nach heuristischen Kriterien.

1) Symbolische Auswertungsschritte in Induktionsbasis und Induktionsschritt werden mit *entsprechenden* Definitionsformeln durchgeführt.

Sind in einer Formel, die aus einer Induktionsbasis entstanden ist, Terme zu evaluieren, so werden dafür nur Definitionsformeln verwendet, die ebenfalls einem "Basisfall" angehören, d.h. solche Definitionsformeln, die keinen rekursiven Funktionsaufruf enthalten. Für Formeln aus einem Induktionsschritt gilt das entsprechende: hier werden die Definitionsformeln *mit* rekursiven Funktionsaufrufen verwendet.

Das bedeutet, falls eine Fallunterscheidung durchgeführt worden ist, um die Evaluierung zu ermöglichen, kann diejenige Formel als Restformel betrachtet werden, auf die die Evaluierungsregel nicht in dieser Weise zielgerichtet angewandt werden kann.

Beispiel 8.15 In Beispiel 8.6 etwa ist mit den Definitionsformeln

$$DEF_{sub} = \{\ \forall x,y{:}nat\ [x\equiv 0\ \rightarrow\ sub(x\ y)\equiv 0]\ ,$$
$$\forall x,y,u{:}nat\ [x\equiv s(u)\ \wedge\ y\equiv 0\ \rightarrow\ sub(x\ y)\equiv x]\ ,$$
$$\forall x,y,u,v{:}nat\ [x\equiv s(u)\ \wedge\ y\equiv s(v)\ \rightarrow\ sub(x\ y)\equiv sub(u\ v)]\ \}$$

weder in der Induktionsbasis

$$\psi_1 = \forall x,y:nat \; [y \equiv 0 \rightarrow sub(f(x\;y)\;y) \equiv x \;\langle Z \rangle]$$

noch im Induktionsschritt

$$\psi_2 = \forall x,y,v:nat \; [y \equiv s(v) \wedge sub(f(\mathbf{a}\;v)\;v) \equiv \mathbf{a} \;\langle H \rangle \rightarrow sub(f(x\;y)\;y) \equiv x \;\langle Z \rangle]$$

die Anwendung der Evaluierungsregel möglich. In beiden Fällen wird daher eine strukturelle Fallunterscheidung über den Skolemterm durchgeführt. Für den Basisfall erhält man $\quad \{\psi_1\} \Rightarrow_{FU} \{\psi_3,\psi_4\} \quad$ mit

$$\psi_3 = \forall x,y:nat \; [y \equiv 0 \wedge \; f(x\;y) \equiv 0 \rightarrow sub(f(x\;y)\;y) \equiv x \;\langle Z \rangle] \quad \text{und}$$

$$\psi_4 = \forall x,y,u:nat \; [y \equiv 0 \wedge \; f(x\;y) \equiv s(u) \rightarrow sub(f(x\;y)\;y) \equiv x \;\langle Z \rangle] \;.$$

Auf beide Formeln kann hier die Evaluierungsregel mit einer nicht-rekursiven Definitionsformel angewandt werden. Zwar darf nur eine der beiden Formeln in eine Definitionsformel tranformiert werden, aber welche das sein wird, kann erst nach der symbolischen Auswertung entschieden werden.

Im Induktionsschritt wird schon nach der Fallunterscheidung eine Restformel erkannt: $\quad \{\psi_2\} \Rightarrow_{FU} \{\psi_6,\psi_7\} \quad$ mit

$$\psi_6 = \forall x,y,v:nat \; [y \equiv s(v) \wedge \; f(x\;y) \equiv 0 \wedge \; sub(f(\mathbf{a}\;v)\;v) \equiv \mathbf{a} \;\langle H \rangle$$
$$\rightarrow \; sub(f(x\;y)\;y) \equiv x \;\langle Z \rangle] \;,$$

$$\psi_7 = \forall x,y,u,v:nat \; [y \equiv s(v) \wedge \; f(x\;y) \equiv s(u) \wedge \; sub(f(\mathbf{a}\;v)\;v) \equiv \mathbf{a} \;\langle H \rangle$$
$$\rightarrow \; sub(f(x\;y)\;y) \equiv x \;\langle Z \rangle] \;.$$

In Formel ψ_7 liefert die Evaluierungsregel einen rekursiven Aufruf der Funktion sub im Zielliteral. Damit kann im weiteren Verlauf der Transformation eine Angleichung des Zielliterals an die Induktionshypothese erreicht und eine definierende Gleichung für den Skolemterm abgeleitet werden.

In ψ_7 ist die Auswertung des sub-Terms nur mit einer nicht-rekursiven Definitionsformel möglich. Daher wird diese Formel als Restformel eingestuft. ∎

Nach dieser Heuristik wird auch bei Anwendung der Implikationenregel vorgegangen, sofern Definitionsformeln dabei benutzt werden.

2) Eine Formel, in deren Zielliteralen der Skolemterm nicht vorkommt, wird als Restformel betrachtet.

Hierbei wird unterschieden: muß aus dieser Formel eine Definitionsformel entstehen und kommt der Skolemterm in einem Bedingungsliteral vor, wird natürlich versucht, weitere Transformationsregeln auf diese Formel anzuwenden. Dabei gelangt man häufig dann ans Ziel, wenn die Bedingung durch eine strukturelle Fallunterscheidung erzeugt worden ist.

Stehen jedoch noch Formeln zur Verfügung, die stattdessen in Definitionsformeln transformiert werden können, versucht das System, zunächst diese Alternativen zu bearbeiten.

Beispiel 8.16 In Beispiel 8.15 sind aus der Induktionsbasis durch strukturelle Fallunterscheidung über den Skolemterm zwei Formeln entstanden:

$$\psi_3 = \forall x,y\text{:nat } [y\equiv 0 \ \wedge \ f(x\ y)\equiv 0 \ \rightarrow \ \text{sub}(f(x\ y)\ y)\equiv x\ \langle Z\rangle] \quad \text{und}$$

$$\psi_4 = \forall x,y,u\text{:nat } [y\equiv 0 \ \wedge \ f(x\ y)\equiv s(u) \ \rightarrow \ \text{sub}(f(x\ y)\ y)\equiv x\ \langle Z\rangle]\ .$$

Nur eine dieser beiden Formeln darf in eine Definitionsformel transformiert werden, da die Bedingung, die den Skolemterm enthält, wieder eliminiert werden muß, um die Zulässigkeit des Programms für f nicht zu verletzen.

Die symbolische Auswertung des sub-Terms im Zielliteral von ψ_3 mit dem ersten Definitionsaxiom für sub liefert

$$\psi_5 = \forall x,y\text{:nat } [y\equiv 0 \ \wedge \ f(x\ y)\equiv 0 \ \rightarrow \ 0\equiv x\ \langle Z\rangle]\ .$$

Da mit ψ_4 eine Alternative zur Verfügung steht, wird ψ_5 zunächst als Restformel eingestuft.

Aus ψ_4 entsteht, ebenfalls durch symbolische Evaluierung, mit dem zweiten Definitionsaxiom für sub eine Formel, deren Zielliteral bereits eine Definitionsgleichung für f(x y) darstellt:

$\psi_6 = \forall x,y,u{:}nat\ [y\equiv 0\ \wedge\ f(x\ y)\equiv s(u)\ \ \rightarrow\ f(x\ y)\equiv x\ \langle Z\rangle]\ .$

Damit ist man fast am Ziel, und ψ_5 wird für den Syntheseprozeß nicht mehr benötigt, obwohl daraus durch Anwenden der Extraktionsregel für die Gleichheit sofort die Definitionsformel

$\forall x,y{:}nat\ [y\equiv 0 \rightarrow f(x\ y)\equiv x]$

abgeleitet werden könnte.

■

Insbesondere sind natürlich solche Formeln Restformeln, die den Skolemterm weder in Bedingungs- noch in Zielliteralen enthalten. Aus einer solchen Formel werden, falls vorhanden, die Hypothesenliterale, in denen die Skolemfunktion vorkommt, eliminiert. Die so entstandene Formel kann als ein Lemma aufgefaßt werden, das zum Beweis der Existenzaussage ohnehin benötigt wird.
Nach dem Normalisierungsschritt können solche Lemmata, die als Teilformeln in einer Spezifikation enthalten sind, bereits erkannt und entsprechend gekennzeichnet werden.

3) Enstehen bei einer Regelanwendung zur Konfliktlösung mehrere Formeln, so werden alle, die keine zielgerichtete Modifikation aufweisen, zu Restformeln.

Beispiel 8.17 Um in Beispiel 8.8 auf die Formel

$\psi_{11} = \forall x,u,v{:}nat\ [x\equiv s(u)\ \wedge\ f(x)\equiv s(v)\ \wedge\ pred(f(u))\equiv u\ \langle H\rangle\ \ \rightarrow\ v\equiv s(u)\ \langle Z\rangle]$

die Extraktionsregel für die Gleichheit anwenden zu können, ist der Konflikt zwischen u und s(u) zu lösen.
Dies geschieht mit Hilfe der Implikationenregel und dem Axiom

$\varphi = \forall x,y{:}nat\ [pred(x)\equiv y\ \wedge\ \neg x\equiv 0\ \rightarrow\ s(y)\equiv x]\ .$

Es entstehen zwei Formeln

$$\psi_{12} = \forall x,u,v{:}nat\ [x{\equiv}s(u) \wedge f(x){\equiv}s(v) \wedge pred(f(u)){\equiv}u \ \langle H\rangle \ \rightarrow \ pred(v){\equiv}u \ \langle Z\rangle],$$

$$\psi_{13} = \forall x,u,v{:}nat\ [x{\equiv}s(u) \wedge f(x){\equiv}s(v) \wedge pred(f(u)){\equiv}u \ \langle H\rangle \ \rightarrow \ \neg v{\equiv}0 \ \langle Z\rangle],$$

wobei nur ψ_{12} eine zielgerichtete Modifikation aufweist (die jeweils rechten Seiten in Ziel und Hypothese sind gleich, so daß die Extraktionsregel angewandt werden kann).

Das Zielliteral in ψ_{13} trägt zur Lösung des Problems nichts bei (die Anwendung einer Extraktionsregel ist nicht möglich), und da nur eine der beiden Formeln in eine Definitionsformel zu transformieren ist, wird ψ_{13} zur · Restformel.

■

4) Restformeln sind auch solche Formeln, die aus einem Induktionsschritt entstanden sind und zu einem Ziel, das die Skolemfunktion enthält, keine oder aber mehrere Hypothesenliterale enthalten.
Liegt zu einem solchen Ziel *keine* passende Hypothese vor, so gibt es keine Möglichkeit, aus dieser Formel eine rekursive Definition für die Skolemfunktion abzuleiten.

Beispiel 8.18 Im Beispiel aus Abschnitt 7 erhält man aus dem Induktionsschritt durch Normalisierung die beiden Formeln

$$\psi_3{'} = [x{\equiv}s(u) \wedge y{\equiv}s(v) \wedge \neg ge(u\ v){\equiv}T \ \langle H1\rangle \wedge ge(x\ y){\equiv}T \ \langle Z1\rangle$$
$$\rightarrow \ plus(f(x\ y)\ y){\equiv}x \ \langle Z2\rangle]\ ,$$

$$\psi_3{''} = [x{\equiv}s(u) \wedge y{\equiv}s(v) \wedge plus(f(u\ v)\ v){\equiv}u \ \langle H2\rangle \wedge ge(x\ y){\equiv}T \ \langle Z1\rangle$$
$$\rightarrow \ plus(f(x\ y)\ y){\equiv}x \ \langle Z2\rangle]\ .$$

$\psi_3{'}$ enthält, im Gegensatz zu $\psi_3{''}$, kein passendes Hypothesenliteral ($\langle H2\rangle$) zum Zielliteral $\langle Z2\rangle$. Das heißt, es gibt keine Hypothese, die den Term für

einen rekursiven Aufruf von f in einer Definitionsgleichung liefern könnte.
Eine Transformation von ψ_3' in eine Definitionsformel ist aber auch gar
nicht "notwendig": ψ_3' kann, unabhängig von f(x y) , bewiesen werden,
denn unter der Voraussetzung $x\equiv s(u) \wedge y\equiv s(v)$ evaluiert ge(x y) zu
ge(u v) (vgl. Beispiel 7.8).

■

Gibt es dagegen in einer Formel zu einem Ziel mit dem Skolemterm mehrere Hypothesen, so hat man möglicherweise keine Kriterien dafür, *welche*
der Induktionshypothesen im vorliegenden Fall die geeignete ist, d.h. welche
man für die Rekursion verwenden muß. Wählt man die "falsche", so entstehen Restformeln, die nicht bewiesen werden können, und der Syntheseprozezeß scheitert.
Wie anhand von Beispiel 9.1 gezeigt wird, ist es daher zweckmäßig, sich zur
Herleitung von Definitionsformeln auf solche Formeln zu beschränken, die
zu entsprechenden Zielen nur *eine* passende Induktionshypothese aufweisen.

Am Ende dieses Teilabschnittes soll nun noch eine Klassifikation der Restformeln angegeben werden. Wir unterscheiden zwei Typen:

Typ 1:   Restformeln, deren Entstehung auf den Syntheseprozeß selbst
           zurückzuführen ist, sowie
Typ 2:   Formeln, die davon unabhängig sind.

Zum Typ 1 gehören
   - Formeln, die durch eine Fallunterscheidung über den Skolemterm entstanden sind, aber nicht zielgerichtet modifiziert werden können, sowie
   - Formeln, die zu einem Ziel, das die Skolemfunktion enthält, mehrere
     Hypothesenliterale enthalten.
Es hat sich gezeigt, daß diese Restformeln in sehr vielen Fällen leicht zu beweisen sind: es genügen die symbolische Auswertung des Skolemterms mit
Hilfe der synthetisierten Definitionsformeln, sowie evtl. weitere Evaluierungsschritte (vgl. Beispiele 5.10, 6.6 und 9.1).

Restformeln vom Typ 2, deren Entstehung vom Syntheseprozeß unabhängig ist, sind die bereits erwähnten Lemmata. Das sind
- Teilformeln der Spezifikation, in denen der Skolemterm nicht vorkommt, oder
- Formeln, die zu einem Ziel, das die Skolemfunktion enthält, kein passendes Hypothesenliteral besitzen.

Ihr Beweis ist von der synthetisierten Funktionsdefinition unabhängig (vgl. Beispiel 7.8).

Vom Typ 2 sind ferner Formeln, die erzeugt werden, wenn in der Transformation Lemmata mit Hilfe der Implikationenregel verwendet werden. Die Implikationenregel generiert im allgemeinen mehrere Formeln, von denen aber nur eine in eine Definitionsformel transformiert werden darf. Alle anderen müssen als Restformeln bewiesen werden.

Kommt die Skolemfunktion in einer solchen Restformel vor, so beschreibt diese Restformel eine Eigenschaft der Skolemfunktion, die für den Beweis, so wie er durch die vorliegende Transformation gegeben ist, benötigt wird. Daß diese Eigenschaft der Skolemfunktion gezeigt werden muß, hat dabei nichts mit dem Beweis*verfahren*, der Synthese, zu tun, sondern liegt allein an der Verwendung des Lemmas.

Solche Eigenschaften der Skolemfunktion können oft nur durch erneute Induktion gezeigt werden, wobei das Induktionsschema für den Beweis aus der synthetisierten Funktionsdefinition gewonnen werden kann (vgl. Beispiel 6.5).

Kommt die Skolemfunktion in einer solchen Restformel nicht vor, so ist damit eine Formel zu beweisen, die, unabhängig von der Lösung (in Form der synthetisierten Definition) den Beweisschritt rechtfertigt, der unter Verwendung des Lemmas durchgeführt worden ist.

8.7 Bewertung von Regelanwendungen

Die Entscheidung, welche Transformationsregel in einer bestimmten Situation auf eine Formel anzuwenden ist, wird in erster Linie von den Strategien bestimmt, die für den Syntheseprozeß fest vorgegeben sind. Je nach aktueller Phase des Prozesses handelt es sich dabei um Induktions- und Normalisierungsregel, Evaluierungs- und Fallunterscheidungsregeln oder um die Eliminationsregel.

Der Extraktionsprozeß unterscheidet sich dabei von den übrigen Phasen: Hier kann es vorkommen, daß die Anwendung einer entsprechenden (Extraktions-) Regel an zunächst vorhandenen Konflikten scheitert. Zur Beseitigung dieser Konflikte gibt es viele Möglichkeiten (vgl. Abschnitt 8.4). Es können verschiedene Regeln auf unterschiedliche Weise (evtl. mit unterschiedlichen Axiomen) verwendet werden.

Um unter den Lösungsmöglichkeiten für einen Konflikt eine Auswahl treffen zu können, werden heuristische Kriterien herangezogen. Diese Kriterien besitzen eine *statische* und eine *dynamische* Komponente und manifestieren sich darin, daß jeder Lösungsmöglichkeit eine natürliche Zahl zugeordnet wird. Je kleiner diese Zahl ist, desto besser ist die vorgeschlagene Lösung.

Die statische Komponente ist für jede Regel, die zur Konfliktlösung in Frage kommt, fest vorgegeben. Die beste Bewertung erhalten dabei die äquivalenzerhaltenden Termersetzungsregeln (Evaluierung und Substitution).

Die zusammengesetzte Strukturregel ist ein wichtiges Hilfsmittel bei der Transformation von Formeln, die durch strukturelle Fallunterscheidung über den Skolemterm entstanden sind. Sie wird ebenfalls sehr gut bewertet, da sie eine definierende Gleichung für die Skolemfunktion erzeugt. Das gleiche gilt für die Konstruktorenregel.

Als nächste folgt in der statischen Bewertungsskala die Implikationenregel. Sie ist nicht äquivalenzerhaltend: Die von ihr erzeugten Formeln sind lediglich hinreichend für die Ausgangsformel.

Die schlechteste statische Bewertung besitzt die Spezialisierungsregel. Sie ist, wie in Abschnitt 8.4 bereits dargestellt, eine sehr schwache Regel. Um daher eine Instanziierung zu finden, die den Syntheseprozeß zum Erfolg führt, ist es sinnvoll, ihre Anwendung möglichst lange hinauszuzögern.

Die dynamische Komponente der Bewertung hängt von dem Kontext ab, in dem die jeweilige Regel anzuwenden ist. Dabei wird berücksichtigt, wieviele Formeln die Regelanwendung erzeugt und wieviele Regeln, z.B. Fallunterscheidungen, zuvor angewandt werden müssen.

Die Zusammensetzung der Bewertungsheuristik aus statischer und dynamischer Komponente soll bewirken, daß eine möglichst "einfache" Lösung gefunden wird.
Einerseits sind äquivalenzerhaltende Transformationen zu bevorzugen, denn der Syntheseprozeß soll möglichst "sicher" sein: Man will keine unnötigen Generalisierungsschritte vornehmen. Das wird durch die statische Bewertung erreicht.
Andererseits soll die zu untersuchende Formelmenge möglichst nicht anwachsen. Das drückt die dynamische Komponente aus, die zudem den Lösungsweg kurz hält und damit den Suchraum einschränkt.

Beispiel 8.19 Ein typischer Konflikt, der im Extraktionsprozeß auftritt, besteht darin, daß die führenden Funktionssymbole in einem Zielliteral verschieden sind. In einer Formel der Form $\forall [\psi \rightarrow g(q) \equiv h(r)]$ könnte er z.B. auf folgende Weise gelöst werden.
- Man ersetzt den Term $g(q)$ durch einen Term $h(p)$, in dem man die Evaluierungsregel mit einem geeigneten Axiom anwendet.
- Man ersetzt mit der Implikationenregel das Zielliteral $g(q) \equiv h(r)$ durch ein Literal $h(p) \equiv h(r)$ eines entsprechend instanziierten Axioms.

Die statische Bewertung der beiden Lösungen bevorzugt eindeutig die erste. Dazu sei aber z.B. eine Fallunterscheidung notwendig. Kann nun die Implikationenregel sofort angewandt werden und erzeugt sie nur einen Nachfolger, so sorgt die dynamische Komponente dafür, daß die zweite Lösungsmöglichkeit eine höhere Priorität erhält und zuerst bearbeitet wird. ∎

Eine weitere dynamische Komponente, die bei der Bewertung einer Konfliktlösung eingeht, ist die bereits erreichte Tiefe des UND/ODER-Baumes. Da das Tiefenwachstum durch einen fest vorgegebenen Wert begrenzt ist, erhält das System damit die Möglichkeit zurückzusetzen und einen anderen Zweig des Suchraumes zu bearbeiten.

Die Bewertung der Lösungsvorschläge dient nicht nur der Auswahl der "besten" Lösung, sondern legt die Priorität ihrer Bearbeitung fest. Alle Vorschläge werden ihrer Bewertung entsprechend so als Knoten einer ODER-Verzweigung in den Baum eingefügt, daß mit der vorgegebenen Abarbeitungsstrategie die jeweils beste Alternative zuerst bearbeitet wird.

9. Beispiele

In diesem Abschnitt soll noch einmal an einigen ausgewählten Beispielen die Leistungsfähigkeit des Verfahrens generell, sowie die seiner Realisierung als automatisches Synthesesystem gezeigt werden.

Die ersten beiden Beispiele, es handelt sich um den Vollständigkeitsbeweis eines Entscheidungsverfahrens für aussagenlogische Formeln sowie die Synthese einer Funktion zur Umkehrung von Listen, demonstrieren den Leistungsstand des gegenwärtig implementierten automatischen Systems.

Die Synthese einer Sortierfunktion, wie sie in Abschnitt 9.3 beschrieben wird, erfordert die Erweiterung der Induktionsregel auf Ordnungen, die von der strukturellen verschieden sind, sowie die Einbeziehung des Skolemterms in die Erzeugung eines geeigneten Induktionsschemas.

Das letzte Beispiel, die simultane Synthese von Programmen zur Berechnung von ganzzahligem Quotient und Rest, zeigt, daß die Beschränkung auf *einen* Existenzquantor keine prinzipielle Einschränkung bedeutet: Es wird die Existenz eines *Paares* natürlicher Zahlen gefordert, das die entsprechenden Eigenschaften aufweist.

9.1 Die Vollständigkeit eines Beweisers für Aussagenlogik

Boyer und Moore axiomatisieren in [Boyer/Moore 79] ein Entscheidungsverfahren für die Aussagenlogik.

Formeln werden als sogenannte *if-expressions* (Datenstruktur ifexp) dargestellt. Die Belegung aussagenlogischer Variablen mit Wahrheitswerten erfolgt über Assoziationslisten (Datenstruktur alist).

Ein Programm value(x a) liefert zu einer Formel x ihren Wahrheitswert unter den Belegungen in a.

Das Programm Taut(x) (*tautology checker*) entscheidet, ob eine Formel x tautologisch ist. Dazu wird eine Hilfsfunktion taut(x a) benutzt, die genau dann den Wahrheitswert true liefert, wenn für jede Erweiterung a' der Assoziationsliste a value(x a')$\equiv$true gilt. Taut ist dann definiert ge-

mäß: Taut(x)≡T   gdw.   taut(x empty)≡true .
Die Vollständigkeit des "Beweisers" Taut läßt sich nun wie folgt formulieren:

$\forall$x:ifexp [$\forall$a':alist value(x a')≡true → Taut(x)≡T] .

Etwas umformuliert und generalisiert lautet die Vollständigkeitsaussage:

(*) $\forall$x:ifexp $\forall$a:alist $\exists$a':alist [taut(x a)≡false → value(x a')≡false] .

Im System von Boyer und Moore ist zum Beweis dieser Aussage zunächst der "mathematician user" gefordert. Er definiert ein Programm Falsify(x), das zu einer Formel x , die nicht tautologisch ist, eine Belegung a' liefert, die diese Formel falsch macht.
Falsify wird ähnlich wie Taut über eine Hilfsfunktion falsify(x a) definiert, die, falls x keine Tautologie ist, eine Erweiterung a' der Assoziationsliste a berechnet, so daß value(x a')≡false gilt.

Anstelle des Vollständigkeitssatzes (*) beweist das System von Boyer und Moore anschließend die dafür hinreichende Aussage

$\forall$x:ifexp $\forall$a:alist [taut(x a)≡false → value(x falsify(x a))≡false] .

Im Unterschied dazu ist es mit dem Synthesesystem möglich, die Existenzaussage (*) durch vollautomatische Synthese eines Programms für die Funktion falsify zu beweisen.
Die Transformation einer entsprechenden Spezifikation

$\forall$x:ifexp $\forall$a:alist [taut(x a)≡ false → value(x f(x a))≡false]

in eine Menge von Definitionsformeln für f folgt den vorgegebenen Strategien und Heuristiken entsprechend in einer Weise, die kein Rücksetzen erfordert. Aus den im Normalisierungsschritt entstehenden Formeln können sofort diejenigen herausgefiltert werden, die sich in Definitionsformeln überführen lassen. Auch in allen anschließenden Phasen sind die Heuristiken so stark, daß in diesem Fall der Syntheseprozeß ohne Rücksetzen erfolgreich terminiert.

Die entstehenden Restformeln sind überwiegend trivialer Natur. Der nichttriviale Anteil entspricht einem Lemma, das auch im System von Boyer und Moore zum Beweis des Vollständigkeitssatzes herangezogen werden muß. Es heißt dort "FALSIFY.EXTENDS.MODELS" [Boyer/Moore 79] und besagt, daß die Erweiterung einer Assoziationsliste a mittels falsify(x a) monoton ist: falsify(x a) läßt die in a bereits vorhandenen Belegungen unverändert.

Wir geben zunächst die zugrundeliegende Axiomenmenge an und beschreiben anschließend die wichtigsten Transformationsschritte der Synthese des falsify-Programms.

Sei $\mathcal{T} = (\mathcal{S}, \Sigma, Ax)$ folgende zulässige Theoriespezifikation:
$\mathcal{S} = \{bool, Bool, var, atom, alist, ifexp\}$,
$\Sigma = \Sigma^c \cup \Sigma^d$,

$\Sigma^c = \{ T_{\varepsilon,bool} , F_{\varepsilon,bool} , true_{\varepsilon,Bool} , false_{\varepsilon,Bool} , V_{\varepsilon,var} , mkvar_{var,var} ,$
$\quad empty_{\varepsilon,alist} , mkalist_{var,Bool,alist} , atom1_{Bool,atom} , atom2_{var,atom} ,$
$\quad mkif1_{atom,ifexp} , mkif2_{atom,ifexp,ifexp} \}$

$\Sigma^d = \{ assignment_{atom,alist,Bool} , assigned_{atom,alist,bool} ,$
$\quad value_{ifexp,alist,Bool} , and_{Bool,Bool,Bool} , taut_{ifexp,alist,Bool} \}$,

$Ax = REP_{bool} \cup REP_{Bool} \cup REP_{var} \cup REP_{atom} \cup REP_{alist} \cup REP_{ifexp}$
$\quad \cup DEF_{assignment} \cup DEF_{assigned} \cup DEF_{value} \cup DEF_{and} \cup DEF_{taut}$,

wobei

$DEF_{assignment} = \{$

$\forall at{:}atom \ \forall a{:}alist \ \forall b{:}Bool$
$[at \equiv atom1(b) \ \rightarrow \ assignment(at \ a) \equiv b]$,

$\forall at{:}atom \ \forall a{:}alist \ \forall v{:}var$
$[at \equiv atom2(v) \ \wedge \ a \equiv empty \ \rightarrow \ assignment(at \ a) \equiv false]$,

∀at:atom ∀a,a':alist ∀u,v:var ∀b:Bool
[at≡atom2(v) ∧ a≡mkalist(u b a') ∧ v≡u → assignment(at a)≡b] ,

∀at:atom ∀a,a':alist ∀u,v:var ∀b:Bool
[at≡atom2(v) ∧ a≡mkalist(u b a') ∧ ¬v≡u
                                    → assignment(at a)≡assignment(at a')] }.

DEF$_{assigned}$ = {

∀at:atom ∀a:alist ∀b:Bool
[at≡atom1(b) → assigned(at a)≡T] ,

∀at:atom ∀a:alist ∀v:var
[at≡atom2(v) ∧ a≡empty → assigned(at a)≡F] ,

∀at:atom ∀a,a':alist ∀u,v:var ∀b:Bool
[at≡atom2(v) ∧ a≡mkalist(u b a') ∧ v≡u → assigned(at a)≡T] ,

∀at:atom ∀a,a':alist ∀u,v:var ∀b:Bool
[at≡atom2(v) ∧ a≡mkalist(u b a') ∧ ¬v≡u
                                    → assigned(at a)≡assigned(at a')] }.

DEF$_{value}$ = {

∀x:ifexp ∀a:alist ∀at:atom
[x≡mkif1(at) → value(x a)≡assignment(at a)] ,

∀x,y,z:ifexp ∀a:alist ∀at:atom
[x≡mkif2(at y z) ∧ assignment(at a)≡true → value(x a)≡value(y a)] ,

∀x,y,z:ifexp ∀a:alist ∀at:atom
[x≡mkif2(at y z) ∧ assignment(at a)≡false → value(x a)≡value(z a)] }.

DEF_{and} = { $\forall$x,y:Bool [x≡false → and(x y)≡false] ,

$\qquad\qquad$ $\forall$x,y:Bool [¬x≡false → and(x y)≡y] }.

DEF_{taut} = {

$\forall$x:ifexp $\forall$a:alist $\forall$at:atom
[x≡mkif1(at) → taut(x a)≡assignment(at a)] ,

$\forall$x,y,z:ifexp $\forall$a:alist $\forall$at:atom
[x≡mkif2(at y z) ∧ assigned(at a)≡T ∧ assignment(at a)≡true
$\qquad\qquad\qquad\qquad\qquad\qquad$ → taut(x a)≡taut(y a)] ,

$\forall$x,y,z:ifexp $\forall$a:alist $\forall$at:atom
[x≡mkif2(at y z) ∧ assigned(at a)≡T ∧ assignment(at a)≡false
$\qquad\qquad\qquad\qquad\qquad\qquad$ → taut(x a)≡taut(z a)] ,

$\forall$x,y,z:ifexp $\forall$a:alist $\forall$at:atom $\forall$v:var
[x≡mkif2(at y z) ∧ assigned(at a)≡F ∧ at≡atom2(v)
$\quad$ → taut(x a)≡and(taut(y mkalist(v true a)) taut(z mkalist(v false a)))] ,

$\forall$x,y,z:ifexp $\forall$a:alist $\forall$at:atom $\forall$b:Bool
[x≡mkif2(at y z) ∧ assigned(at a)≡F ∧ at≡atom1(b) → taut(x a)≡true] }.

Ausgehend von der Spezifikation

$\forall$x:ifexp $\forall$a:alist [taut(x a)≡false → value(x f(x a))≡false]

beginnt der Syntheseprozeß mit der Wahl von taut als derjenigen most-
nested-function, deren Rekursionsschema für die Definition von f zugrunde gelegt wird.
Zunächst gilt für beide Funktionen, taut und value , daß das (jeweils einzige) Rekursionsargument eine Variable und damit auch Argument der Skolemfunktion ist. In der Definition beider Funktionen wird jedoch auch das

zweite (Nicht-Rekursions-)Argument zur Fallunterscheidung herangezogen. Dieses Argument ist für taut eine Variable, für value jedoch der Skolemterm. Daher wird das Rekursionsschema von taut für die neue Funktion übernommen.

Die Induktionsregel erzeugt folgende Formeln:

$\forall$x:ifexp $\forall$a:alist $\forall$at:atom
[x≡mkif1(at) → [taut(x a)≡false → value(x f(x a))≡false]]

$\forall$x,y,z:ifexp $\forall$a:alist $\forall$at:atom
[x≡mkif2(at y z) ∧ assigned(at a)≡T ∧ assignment(at a)≡true ∧
                $\forall$a':alist [taut(y a')≡false → value(y f(y a'))≡false]
                        → [taut(x a)≡false → value(x f(x a))≡false]]

$\forall$x,y,z:ifexp $\forall$a:alist $\forall$at:atom
[x≡mkif2(at y z) ∧ assigned(at a)≡T ∧ assignment(at a)≡false ∧
                $\forall$a':alist [taut(z a')≡false → value(z f(z a'))≡false]
                        → [taut(x a)≡false → value(x f(x a))≡false]]

$\forall$x,y,z:ifexp $\forall$a:alist $\forall$at:atom $\forall$v:var
[x≡mkif2(at y z) ∧ assigned(at a)≡F ∧ at≡atom2(v) ∧
                $\forall$a':alist [taut(y a')≡false → value(y f(y a'))≡false] ∧
                $\forall$a":alist [taut(z a")≡false → value(z f(z a"))≡false]
                        → [taut(x a)≡false → value(x f(x a))≡false]]

$\forall$x,y,z:ifexp $\forall$a:alist $\forall$at:atom $\forall$b:Bool
[x≡mkif2(at y z) ∧ assigned(at a)≡F ∧ at≡atom1(b)
                        → [taut(x a)≡false → value(x f(x a))≡false]] .

Wir betrachten im folgenden die normalisierten Formeln und verzichten der Übersichtlichkeit wegen auf die Allquantoren.

Als erste Induktionsformel erhalten wir damit:

[x≡mkif1(at) ∧ taut(x a)≡false → value(x f(x a))≡false] .

Die symbolische Evaluierung der Funktionen value und taut mit dem jeweils ersten Definitionsaxiom liefert:

[x≡mkif1(at) ∧ assignment(at a)≡false → assingment(at f(x a))≡false] .

Die Anwendung beider Extraktionsregeln erzeugt folgende Definitionsformel:

∀x:ifexp ∀a:alist ∀at:atom [x≡mkif1(at) → f(x a)≡a] .

Aus der zweiten Induktionsformel entstehen durch den Normalisierungsschritt zwei Formeln:

ψ_1:
[x≡mkif2(at y z) ∧ assigned(at a)≡T ∧ assignment(at a)≡true ∧
¬taut(y g)≡false ⟨H1⟩ ∧ taut(x a)≡false ⟨Z1⟩ → value(x f(x a))≡false ⟨Z2⟩]

ψ_2:
[x≡mkif2(at y z) ∧ assigned(at a)≡T ∧ assignment(at a)≡true ∧
value(y f(y g))≡false ⟨H2⟩ ∧ taut(x a)≡false ⟨Z1⟩
→ value(x f(x a))≡false ⟨Z2⟩] .

ψ_1 enthält zum Zielliteral Z2 , in dem der Skolemterm f(x a) vorkommt, kein passendes Hypothesenliteral. Daher kann aus ψ_1 keine rekursive Definition für f gewonnen werden.
Dennoch spielt diese Formel für den weiteren Verlauf des Syntheseprozesses eine wichtige Rolle. Die Nicht-Induktionsvariable der Hypothese (g), für die eine passenden Einsetzung zu finden ist, kommt in der Formel ψ_2 (aus der die rekursive Definition entsteht) ausschließlich als Argument der Skolemfunktion vor. Also wird die Spezialisierungsregel in der Extraktionsphase für diese Formel keine Rolle spielen: Kein eventuell auftretender Konflikt kann durch eine geeignete Instanziierung von g gelöst werden. Das bedeutet, ψ_2 liefert keinen Hinweis auf die "richtige" Instanz der Induktionshypothese.

Diese muß daher aus dem "Beweis" der Restformeln gewonnen werden. Der Restformelkandidat ψ_1 wird nun so lange weiter transformiert, bis durch Instanziierung von **g** Ziel und Hypothese gleich gemacht werden können. Damit ist dann sowohl die Restformel bewiesen, als auch ein Term für die Nicht-Induktionsvariable im rekursiven Aufruf von f gefunden.

Wir erhalten das Ergebnis schon nach einem Schritt: Symbolische Auswertung der Funktion taut mit dem zweiten Definitionsaxiom liefert:

[x≡mkif2(at y z) ∧ assigned(at a)≡T ∧ assignment(at a)≡true ∧
¬taut(y **g**)≡false ⟨H1⟩ ∧ taut(y a)≡false ⟨Z1⟩ → value(x f(x a))≡false ⟨Z2⟩]

Mit der Einsetzung von a für **g** ist diese Formel bewiesen.

Gleichzeitig erhalten wir durch diesen Spezialisierungsschritt aus ψ_2 die Formel

[x≡mkif2(at y z) ∧ assigned(at a)≡T ∧ assignment(at a)≡true ∧
value(y f(y a))≡false ⟨H2⟩ ∧ taut(x a)≡false ⟨Z1⟩
                                           → value(x f(x a))≡false ⟨Z2⟩] .

Eine zielgerichtete Fallunterscheidung ermöglicht die Evaluierung der Funktion value in Z2 . Wir erhalten

ψ_3:
[x≡mkif2(at y z) ∧ assigned(at a)≡T ∧ assignment(at a)≡true ∧
assignment(at f(x a))≡true ∧ value(y f(y a))≡false ⟨H2⟩ ∧
taut(x a)≡false ⟨Z1⟩ → value(y f(x a))≡false ⟨Z2⟩]

und die Restformel

ψ_4:
[x≡mkif2(at y z) ∧ assigned(at a)≡T ∧ assignment(at a)≡true ∧
¬assignment(at f(x a))≡true ∧ value(y f(y a))≡false ⟨H2⟩ ∧
taut(x a)≡false ⟨Z1⟩ → value(x f(x a))≡false ⟨Z2⟩] .

Die Anwendung der Extraktionsregeln auf ψ_3 liefert eine definierende Gleichung für f: f(x a)≡f(y a) .
Z1 wird aus der Formel eliminiert, ebenso die Bedingung assignment(at f(x a))≡true.
Wir erhalten damit folgende Definitionsformel:

$\forall$x,y,z:ifexp $\forall$a:alist $\forall$at:atom
[x≡mkif2(at y z) $\wedge$ assigned(at a)≡T $\wedge$ assignment(at a)≡true

$$\rightarrow \quad f(x\ a)≡f(y\ a)] \ .$$

Anstelle der Restformel ψ_4 wird nun folgende, für ψ_4 hinreichende Formel zum Beweis an das Induktionssystem gegeben:

$\forall$x,y,z:ifexp $\forall$a:alist $\forall$at:atom
[x≡mkif2(at y z) $\wedge$ assigned(at a)≡T $\wedge$ assignment(at a)≡true

$$\rightarrow \quad assignment(at\ f(x\ a)≡true] \ .$$

Die Heuristik, nach der hierbei vorgegangen wird, besagt, daß eine Restformel wie ψ_4 häufig nur unter Ausnutzung der zusätzlich geforderten Eigenschaft der Skolemfunktion (hier: $\neg$assignment(at f(x a))≡true) bewiesen werden kann, nämlich durch Falsifizieren der Prämisse in der Implikation ψ_4 ; und gerade dieses leistet der Beweis der neuen Restformel.

Aus der dritten Induktionsformel erzeugt das System vollkommen analog eine Definitionsformel

$\forall$x,y,z:ifexp $\forall$a:alist $\forall$at:atom
[x≡mkif2(at y z) $\wedge$ assigned(at a)≡T $\wedge$ assignment(at a)≡false

$$\rightarrow \quad f(x\ a)≡f(z\ a)]$$

sowie eine Restformel

$\forall$x,y,z:ifexp $\forall$a:alist $\forall$at:atom

[x≡mkif2(at y z) ∧ assigned(at a)≡T ∧ assignment(at a)≡false

$\rightarrow$ assignment(at f(x a))≡false] .

Aus der vierten Induktionsformel entstehen durch Normalisierung vier neue Formeln:

φ_1:

[x≡mkif2(at y z) ∧ assigned(at a)≡F ∧ at≡atom2(v) ∧

¬taut(y **h**)≡false ⟨H1⟩ ∧ ¬taut(z **k**)≡false ⟨H1⟩ ∧ taut(x a)≡false ⟨Z1⟩

$\rightarrow$ value(x f(x a))≡false ⟨Z2⟩] ,

φ_2:

[x≡mkif2(at y z) ∧ assigned(at a)≡F ∧ at≡atom2(v) ∧

¬taut(y **h**)≡false ⟨H1⟩ ∧ value(z f(z **k**))≡false ⟨H2⟩ ∧ taut(x a)≡false ⟨Z1⟩

$\rightarrow$ value(x f(x a))≡false ⟨Z2⟩] ,

φ_3:

[x≡mkif2(at y z) ∧ assigned(at a)≡F ∧ at≡atom2(v) ∧

¬taut(z **k**)≡false ⟨H1⟩ ∧ value(y f(y **h**))≡false ⟨H2⟩ ∧ taut(x a)≡false ⟨Z1⟩

$\rightarrow$ value(x f(x a))≡false ⟨Z2⟩] ,

φ_4:

[x≡mkif2(at y z) ∧ assigned(at a)≡F ∧ at≡atom2(v) ∧

value(y f(y **h**))≡false ⟨H2⟩ ∧ value(z f(z **k**))≡false ⟨H2⟩ ∧ taut(x a)≡false ⟨Z1⟩

$\rightarrow$ value(x f(x a))≡false ⟨Z2⟩] .

Aus φ_1 werden wieder Instanziierungen für die Nicht-Induktionsvariablen (**h** und **k**) gewonnen:

Symbolische Evaluierung der Funktion taut in Z1 liefert:

[x≡mkif2(at y z) ∧ assigned(at a)≡F ∧ at≡atom2(v) ∧
¬taut(y **h**)≡false ⟨H1⟩ ∧ ¬taut(z **k**)≡false ⟨H1⟩ ∧
and(taut(y mkalist(v true a)) taut(z mkalist(v false a)))≡false ⟨Z1⟩

$$\rightarrow \quad value(x\ f(x\ a))\equiv false\ \langle Z2\rangle] \ .$$

Durch Auswertung der Funktion and muß nun eine Angleichung von $Z1$ an eine der beiden zugehörigen Hypothesen erreicht werden. Dazu wird zunächst eine Fallunterscheidung durchgeführt, und wir erhalten (nachdem auch der entsprechende Evaluierungsschritt erfolgt ist) die beiden Formeln

[x≡mkif2(at y z) ∧ assigned(at a)≡F ∧ at≡atom2(v) ∧
¬taut(y **h**)≡false ⟨H1⟩ ∧ ¬taut(z **k**)≡false ⟨H1⟩ ∧
taut(y mkalist(v true a))≡false ∧ false≡false ⟨Z1⟩

$$\rightarrow \quad value(x\ f(x\ a))\equiv false\ \langle Z2\rangle]$$

und

[x≡mkif2(at y z) ∧ assigned(at a)≡F ∧ at≡atom2(v) ∧
¬taut(y **h**)≡false ⟨H1⟩ ∧ ¬taut(z **k**)≡false ⟨H1⟩ ∧
¬taut(y mkalist(v true a))≡false ∧ taut(z mkalist(v false a))≡false ⟨Z1⟩

$$\rightarrow \quad value(x\ f(x\ a))\equiv false\ \langle Z2\rangle] \ .$$

Die erste dieser beiden Formeln wird durch Instanziierung von **h** mit mkalist(v true a) bewiesen.
In der zweiten Formel fällt durch diesen Spezialisierungsschritt eine der Hypothesen mit der neu eingeführten Bedingung
¬taut(y mkalist(v true a))≡false zusammen. Diese Formel wird durch einen zweiten Spezialisierungsschritt bewiesen: **k** wird zu mkalist(v false a) .

Damit hat die Transformation der Formel φ_1 in zwei (damit bereits bewiesene) Restformeln passende Instanzen der beiden Induktionshypothesen geliefert.

Formel φ_2 sieht damit (nach Evaluierung der Funktion taut in $Z1$) wie folgt aus:

[x≡mkif2(at y z) ∧ assigned(at a)≡F ∧ at≡atom2(v) ∧

¬taut(y mkalist(v true a))≡false ⟨H1⟩ ∧

value(z f(z mkalist(v false a)))≡false ⟨H2⟩ ∧

and(taut(y mkalist(v true a)) taut(z mkalist(v false a)))≡false ⟨Z1⟩

$$\rightarrow \quad \text{value(x f(x a))≡false ⟨Z2⟩] .}$$

Analog zur Transformation von φ_1 liefert die symbolische Auswertung der Funktion and in Z1 , nachdem vorher eine entsprechende Fallunterscheidung durchgeführt worden ist, die beiden Formeln

φ_2':

[x≡mkif2(at y z) ∧ assigned(at a)≡F ∧ at≡atom2(v) ∧

¬taut(y mkalist(v true a))≡false ⟨H1⟩ ∧

value(z f(z mkalist(v false a)))≡false ⟨H2⟩ ∧

taut(y mkalist(v true a))≡false ∧ false≡false ⟨Z1⟩

$$\rightarrow \quad \text{value(x f(x a))≡false ⟨Z2⟩]}$$

und

φ_2'':

[x≡mkif2(at y z) ∧ assigned(at a)≡F ∧ at≡atom2(v) ∧

value(z f(z mkalist(v false a)))≡false ⟨H2⟩ ∧

¬taut(y mkalist(v true a))≡false ∧ taut(z mkalist(v false a))≡false ⟨Z1⟩

$$\rightarrow \quad \text{value(x f(x a))≡false ⟨Z2⟩] .}$$

Die erste dieser beiden Formeln ist durch Einführung der neuen Bedingung, das Negat der Hypothese H1 , bereits bewiesen. Sie kann als Restformel geschlossen werden.

Da aber in der neu eingeführten Bedingung taut(y mkalist(v true a))≡false der Skolemterm nicht vorkommt, muß noch eine Definitionsformel abgeleitet werden, die diese zusätzliche Bedingung enthält.

∀x,y,z:ifexp ∀a:alist ∀at:atom ∀v:var

[x≡mkif2(at y z) ∧ assigned(at a)≡F ∧ at≡atom2(v) ∧

taut(y mkalist(v true a))≡false → f(x a)≡ ...]

Aus φ_2' kann eine solche nur durch willkürliche Wahl eines definierenden

Terms für f(x a) gewonnen werden. Da jedoch mit φ_3 noch eine Möglichkeit besteht, diesen Term durch Transformationen zu erzeugen, greift das System darauf zurück (s.u.).

Aus $\varphi_2"$ läßt sich ähnlich wie im Fall der zweiten Induktionsformel eine Definitionsformel ableiten:
Zunächst wird eine Fallunterscheidung durchgeführt, so daß die Funktion value in Z2 ausgewertet werden kann. Wir erhalten:

$\varphi_{2.1}$:
[x≡mkif2(at y z) ∧ assigned(at a)≡F ∧ at≡atom2(v) ∧
value(z f(z mkalist(v false a)))≡false ⟨H2⟩ ∧
¬taut(y mkalist(v true a))≡false ∧
assignment(at f(x a))≡false ∧ taut(z mkalist(v false a))≡false ⟨Z1⟩
$$\rightarrow \quad value(z\ f(x\ a))\equiv false\ ⟨Z2⟩]$$

und die Restformel

$\varphi_{2.2}$:
[x≡mkif2(at y z) ∧ assigned(at a)≡F ∧ at≡atom2(v) ∧
value(z f(z mkalist(v false a)))≡false ⟨H2⟩ ∧
¬taut(y mkalist(v true a))≡false ∧
¬assignment(at f(x a))≡false ∧ taut(z mkalist(v false a))≡false ⟨Z1⟩
$$\rightarrow \quad value(x\ f(x\ a))\equiv false\ ⟨Z2⟩]\ .$$

Aus $\varphi_{2.1}$ entsteht durch Extraktion und Elimination folgende Definitionsformel:

∀x,y,z:ifexp ∀a:alist ∀at:atom ∀v:var
[x≡mkif2(at y z) ∧ assigned(at a)≡F ∧ at≡atom2(v) ∧
¬taut(y mkalist(v true a))≡false $\rightarrow$ f(x a)≡f(z mkalist(v false a))] .

Analog zum Vorgehen bei der zweiten Induktionsformel wurde im Eliminationsschritt folgende, für $\varphi_{2.2}$ hinreichende Restformel erzeugt:

∀x,y,z:ifexp ∀a:alist ∀at:atom ∀v:var
[x≡mkif2(at y z) ∧ assigned(at a)≡F ∧ at≡atom2(v) ∧
¬taut(y mkalist(v true a))≡false → assignment(at f(x a))≡false] .

Da nun noch eine Definitionsformel mit der zusätzlichen Bedingung
taut(y mkalist(v true a))≡false fehlt, können die Formeln φ_3 und φ_4 ,
die neben den bereits betrachteten φ_1 und φ_2 aus der vierten Induktionsformel entstanden sind, noch nicht als Restformeln geschlossen werden.
φ_4 ist zur Ableitung einer Definitionsformel nicht geeignet, da zum Ziel
Z2 , das die Skolemfunktion enthält, zwei Hypothesenliterale existieren (vgl.
Abschnitt 8.6).
Wir betrachten also φ_3 :
Um die gewünschte Definitionsformel zu erhalten, wird zunächst die entsprechende Fallunterscheidung ausgeführt, wobei natürlich nur die Formel
mit der zusätzlichen Bedingung taut(y mkalist(v true a))≡false in eine
Definitionsformel transformiert werden darf. Nach Auswertung der Funk-
tionen taut und and erhalten wir damit aus φ_3 die Restformel

φ_3':
[x≡mkif2(at y z) ∧ assigned(at a)≡F ∧ at≡atom2(v) ∧
¬taut(z mkalist(v false a))≡false ⟨H1⟩ ∧
value(y f(y mkalist(v true a)))≡false ⟨H2⟩ ∧ false≡false ⟨Z1⟩
                                    → value(x f(x a))≡false ⟨Z2⟩]
sowie

φ_3'':
[x≡mkif2(at y z) ∧ assigned(at a)≡F ∧ at≡atom2(v) ∧
¬taut(z mkalist(v false a))≡false ⟨H1⟩ ∧
value(y f(y mkalist(v true a)))≡false ⟨H2⟩ ∧
taut(z mkalist(v false a))≡false ⟨Z1⟩ → value(x f(x a))≡false ⟨Z2⟩] .

Aus φ_3'' entstehen analog zur Transformation von φ_2'' die Definitionsformel

$\forall$x,y,z:ifexp $\forall$a:alist $\forall$at:atom $\forall$v:var
[x$\equiv$mkif2(at y z) $\wedge$ assigned(at a)$\equiv$F $\wedge$ at$\equiv$atom2(v) $\wedge$
taut(y mkalist(v true a))$\equiv$false $\rightarrow$ f(x a)$\equiv$f(y mkalist(v true a))] ,

sowie die Restformel

$\forall$x,y,z:ifexp $\forall$a:alist $\forall$at:atom $\forall$v:var
[x$\equiv$mkif2(at y z) $\wedge$ assigned(at a)$\equiv$F $\wedge$ at$\equiv$atom2(v) $\wedge$
taut(y mkalist(v true a))$\equiv$false $\rightarrow$ assignment(at f(x a))$\equiv$true] .

φ_4 wird als Restformel geschlossen, so daß zuletzt noch die fünfte Induktionsformel zu bearbeiten ist.
Wir erhalten nach dem Normalisierungsschritt: ·

[x$\equiv$mkif2(at y z) $\wedge$ assigned(at a)$\equiv$F $\wedge$ at$\equiv$atom1(b) $\wedge$ taut(x a)$\equiv$false
$\rightarrow$ value(x f(x a))$\equiv$false] .

Die Evaluierung der Funktion taut liefert

[x$\equiv$mkif2(at y z) $\wedge$ assigned(at a)$\equiv$F $\wedge$ at $\equiv$atom1(b) $\wedge$ true$\equiv$false
$\rightarrow$ value(x f(x a))$\equiv$false] .

Damit ist auch diese Formel als Restformel bewiesen. Da aus ihr jedoch eine Definitionsformel abgeleitet werden muß, wählt das System die Basiskonstante empty als definierenden Term, und wir erhalten die Definitionsformel:

$\forall$x,y,z:ifexp $\forall$a:alist $\forall$at:atom $\forall$b:Bool
[x$\equiv$mkif2(at y z) $\wedge$ assigned(at a)$\equiv$F $\wedge$ at $\equiv$atom1(b) $\rightarrow$ f(x a)$\equiv$empty] .

Damit ist der Syntheseprozeß beendet.

Ausgehend von der Spezifikation

$\forall$x:ifexp $\forall$a:alist [taut(x a)$\equiv$false $\rightarrow$ value(x f(x a))$\equiv$false]

wurde ein Programm DEF_f synthetisiert, das die eingangs beschriebene Funktion falsify berechnet: f(x a) erweitert eine Belegung a derart, daß die Formel x , sofern sie nicht tautologisch ist, unter dieser Belegung falsch wird.
Noch einmal zusammengefaßt ist

DEF_f = {

$\forall$x:ifexp $\forall$a:alist $\forall$at:atom
[x$\equiv$mkif1(at) $\rightarrow$ f(x a)$\equiv$a] ,

$\forall$x,y,z:ifexp $\forall$a:alist $\forall$at:atom
[x$\equiv$mkif2(at y z) $\wedge$ assigned(at a)$\equiv$T $\wedge$ asssignment(at a)$\equiv$true
$\rightarrow$ f(x a)$\equiv$f(y a)] ,

$\forall$x,y,z:ifexp $\forall$a:alist $\forall$at:atom
[x$\equiv$mkif2(at y z) $\wedge$ assigned(at a)$\equiv$T $\wedge$ assignment(at a)$\equiv$false
$\rightarrow$ f(x a)$\equiv$f(z a)] ,

$\forall$x,y,z:ifexp $\forall$a:alist $\forall$at:atom $\forall$v:var
[x$\equiv$mkif2(at y z) $\wedge$ assigned(at a)$\equiv$F $\wedge$ at$\equiv$atom2(v) $\wedge$
$\neg$taut(y mkalist(v true a))$\equiv$false $\rightarrow$ f(x a)$\equiv$f(z mkalist(v false a))] ,

$\forall$x,y,z:ifexp $\forall$a:alist $\forall$at:atom $\forall$v:var
[x$\equiv$mkif2(at y z) $\wedge$ assigned(at a)$\equiv$F $\wedge$ at$\equiv$atom2(v) $\wedge$
taut(y mkalist(v true a))$\equiv$false $\rightarrow$ f(x a)$\equiv$f(y mkalist(v true a))] ,

$\forall$x,y,z:ifexp $\forall$a:alist $\forall$at:atom $\forall$b:Bool
[x$\equiv$mkif2(at y z) $\wedge$ assigned(at a)$\equiv$F $\wedge$ at$\equiv$atom1(b) $\rightarrow$ f(x a)$\equiv$empty] } .

Die Restformeln, die bei diesem Syntheseprozeß entstanden sind, lauten:

REM_f = {

$\forall$x,y,z:ifexp $\forall$a:alist $\forall$at:atom
[x$\equiv$mkif2(at y z) $\wedge$ assigned(at a)$\equiv$T $\wedge$ assignment(at a)$\equiv$true
$\rightarrow$ assignment(at f(x a))$\equiv$true] ,

$\forall$x,y,z:ifexp $\forall$a:alist $\forall$at:atom
[x$\equiv$mkif2(at y z) $\wedge$ assigned(at a)$\equiv$T $\wedge$ assignment(at a)$\equiv$ false
$\rightarrow$ assignment(at f(x a))$\equiv$false] ,

$\forall$x,y,z:ifexp $\forall$a:alist $\forall$at:atom $\forall$v:var
[x$\equiv$mkif2(at y z) $\wedge$ assigned(at a)$\equiv$F $\wedge$ at$\equiv$atom2(v) $\wedge$
taut(y mkalist(v true a))$\equiv$false $\rightarrow$ assignment(at f(x a))$\equiv$true] ,

$\forall$x,y,z:ifexp $\forall$a:alist $\forall$at:atom $\forall$v:var
[x$\equiv$mkif2(at y z) $\wedge$ assigned(at a)$\equiv$F $\wedge$ at$\equiv$atom2(v) $\wedge$
value(y f(y mkalist(v true a)))$\equiv$false $\wedge$
value(z f(z mkalist(v false a)))$\equiv$false $\wedge$ taut(x a)$\equiv$false
$\rightarrow$ value(x f(x a))$\equiv$false] } .

Die ersten beiden Restformeln lassen sich nach symbolischer Evaluierung der Funktion f generalisieren und zu einer Formel zusammenfassen, die folgende Eigenschaft für die Skolemfunktion fordert: f(x a) verändert die in a bereits vorhandenen Belegungen nicht.

$rest_1$:
$\forall$x:ifexp $\forall$a:alist $\forall$at:atom
[assigned(at a)$\equiv$T $\rightarrow$ assignment(at f(x a))$\equiv$assignment(at a)] .

Diese Formel wird durch Induktion über x bewiesen, wobei das Induktionsschema aus der Definition von f gewonnen wird.
Sie entspricht dem Lemma "FALSIFY.EXTENDS.MODELS", das auch im System von Boyer und Moore zum Vollständigkeitsbeweis für den "tautology checker" benötigt wird.

Auch die nächsten beiden Restformeln können nach symbolischer Evaluierung von f generalisiert und zu folgender Formel zusammengefaßt werden:

rest$_2$:
∀x:ifexp ∀a:alist ∀at:atom ∀v:var ∀b:Bool
[at≡atom2(v) → assignment(at f(x mklist(v b a)))≡b] .

Diese Formel läßt sich wie folgt beweisen:
Aus der dritten Definitionsformel für die Funktion assigned erhält man

∀x:ifexp ∀a:alist ∀at:atom ∀v:var ∀b:Bool
[at≡atom2(v) → assigned(at mklist(v b a)))≡T] .

Mit rest$_1$ gilt dann:

∀x:ifexp ∀a:alist ∀at:atom ∀v:var ∀b:Bool
[at≡atom2(v)
        →   assignment(at f(x mklist(v b a)))≡ assignment(at mklist(v b a))]

und mit dem dritten Definitionsaxiom für assignment erhält man schließlich rest$_2$.

Die letzte Restformel läßt sich sofort durch Fallunterscheidung und symbolische Evaluierung der Funktionen f und value beweisen.

Damit ist schließlich die Vollständigkeitsaussage

∀x:ifexp ∀a:alist ∃a':alist [taut(x a)≡false → value(x a')≡false]

bewiesen.

9.2 Die Synthese einer Funktion zur Umkehrung von Listen

Dieses Beispiel aus dem Bereich der Listen von natürlichen Zahlen zeigt eine Möglichkeit, mit Spezifikationen umzugehen, in denen an Rekursionspositionen nur der Skolemterm vorkommt. Solche Formeln sind generell schwierig zu handhaben, da die Fallunterscheidungen, die durchgeführt werden müssen, um symbolische Auswerteschritte zu ermöglichen, oft nicht adäquat sind. Sie können eine erfolgreiche Synthese unmöglich machen.

Im folgenden Beispiel etwa erfordert die Evaluierung der Funktion reverse eine Zerlegung des Skolemterms gemäß $f(x) \equiv mklist(w\ z)$. Mit den vorhandenen Axiomen kann unter dieser Voraussetzung jedoch keine Definitionsformel abgeleitet werden. Eine Lösung gewinnt das System dadurch, daß es auf den Evaluierungsprozeß verzichtet und unter Verwendung verschiedener Gleichungen aus der Axiomenmenge unmittelbar auf eine Extraktion der Skolemterme aus Ziel- und Hypothesenliteral hinarbeitet.

Ausgegangen wird in diesem Beispiel von folgender zulässiger Theoriespezifikation

$\mathcal{T} = (\mathcal{S}, \Sigma, Ax)$ mit $\mathcal{S} = \{bool, nat, list\}$, $\Sigma = \Sigma^c \cup \Sigma^d$,

$\Sigma^c = \{T_{\epsilon,bool}, F_{\epsilon,bool}, 0_{\epsilon,nat}, s_{nat,nat}, empty_{\epsilon,list}, mklist_{nat,list,list}\}$,

$\Sigma^d = \{append_{list,list,list}, reverse_{list,list}\}$ und

$Ax = REP_{bool} \cup REP_{nat} \cup REP_{list} \cup DEF_{append} \cup DEF_{reverse} \cup \{\varphi\}$.

$DEF_{append} = \{$

$\forall x{:}list$

$[x \equiv empty \ \rightarrow \ append(x\ y) \equiv y]$,

$\forall x,v{:}list \ \forall u{:}nat$

$[x \equiv mklist(u\ v) \ \rightarrow \ append(x\ y) \equiv mklist(u\ append(v\ y))]\ \}$,

$DEF_{reverse} = \{\ \forall x{:}list$

$\qquad\qquad [x{\equiv}empty\ \rightarrow\ reverse(x){\equiv}empty]\ ,$

$\qquad\qquad \forall x,v{:}list\ \forall u{:}nat$

$\qquad\qquad [x{\equiv}mklist(u\ v)$

$\qquad\qquad\qquad \rightarrow\ reverse(x){\equiv}append(reverse(v)\ mklist(u\ empty))]\ \}$

und

$\varphi = \{\ \forall x,y{:}list\ [append(reverse(x)\ reverse(y)){\equiv}reverse(append(y\ x))]\}\ .$

Zu beweisen sei die Existenzaussage $\qquad \forall x{:}list\ \exists y{:}list\ reverse(y){\equiv}x\ .$

Die Spezifikation lautet also: $\qquad\qquad \forall x{:}list\ reverse(f(x)){\equiv}x\ .$

Da die einzige Rekursionsposition durch den Skolemterm besetzt ist, gibt die Spezifikationsformel keinen Hinweis auf ein geeignetes Rekursionsschema. Die einzige Möglichkeit, die Induktionsregel anzuwenden, besteht demnach darin, eine strukturelle Fallunterscheidung über x durchzuführen und eine Induktionshypothese mit dem strukturellen Vorgänger von x zu erzeugen. Wir erhalten dann nach Anwendung der Induktionsregel die beiden Formeln:

$\forall x{:}list\ [x{\equiv}empty\ \rightarrow\ reverse(f(x)){\equiv}x]\quad$ und

$\forall x,v{:}list\ \forall u{:}nat\ [x{\equiv}mklist(u\ v)\ \wedge\ reverse(f(v)){\equiv}v\ \rightarrow\ reverse(f(x)){\equiv}x]\ .$

Aus der Induktionsbasis entstehen nach einer Fallunterscheidung zur Auswertung der Funktion reverse die Formeln

$\psi_1{:}$
$\forall x{:}list\ [x{\equiv}empty\ \wedge\ f(x){\equiv}empty\ \rightarrow\ reverse(f(x)){\equiv}x]\quad$ und

$\psi_2{:}$
$\forall x,z{:}list\ \forall w{:}nat\ [x{\equiv}empty\ \wedge\ f(x){\equiv}mklist(w,z)\ \rightarrow\ reverse(f(x)){\equiv}x]\ .$

Aus ψ_1 erhält man nach Evaluierung der Funktion reverse mit dem ersten Definitionsaxiom

$$\forall x{:}list\ [x\equiv empty\ \wedge\ f(x)\equiv empty\ \rightarrow\ empty\equiv x]$$

und daraus mit der Extraktionsregel für die Gleichheit die Definitionsformel

$$\forall x{:}list\ [x\equiv empty\ \rightarrow\ f(x)\equiv x]\ .$$

ψ_2 wird zur Restformel.

Im Induktionsschritt

$$\forall x,v{:}list\ \forall u{:}nat$$
$$[x\equiv mklist(u\ v)\ \wedge\ reverse(f(v))\equiv v\ \rightarrow\ reverse(f(x))\equiv x]$$

führt ein entsprechendes Vorgehen jedoch nicht zum Erfolg. Eine strukturelle Fallunterscheidung über den Skolemterm ermöglicht zwar auch hier eine Auswertung der Funktion reverse im Zielliteral. Wir erhalten die Restformel

$$\forall x,v{:}list\ \forall u{:}nat$$
$$[x\equiv mklist(u\ v)\ \wedge\ f(x)\equiv empty\ \wedge\ reverse(f(v))\equiv v\ \langle H\rangle\ \rightarrow\ reverse(f(x))\equiv x\ \langle Z\rangle]$$

sowie

$$\forall x,v,z{:}list\ \forall u,w{:}nat$$
$$[x\equiv mklist(u\ v)\ \wedge\ f(x)\equiv mklist(w\ z)\ \wedge\ reverse(f(v))\equiv v\ \langle H\rangle$$
$$\rightarrow\ append(reverse(z)\ mklist(w\ empty))\equiv x\ \langle Z\rangle]\ .$$

Aus dieser Formel kann mit den zur Verfügung stehenden Transformationsregeln und Axiomen keine Isolation der Variablen w und z erreicht werden. Das heißt, eine Formel der Form

$$\ldots$$
$$[x\equiv mklist(u\ v)\ \wedge\ f(x)\equiv mklist(w\ z)\ \wedge\ \ldots\ \rightarrow\ w\equiv\ldots\ \wedge\ z\equiv\ldots\ ]\ ,$$

aus der mit Hilfe der Konstruktorenregel eine Definitionsformel gewonnen werden könnte, kann nicht abgeleitet werden.

Das System setzt daher zur ursprünglichen Induktionsformel

$\forall$x,v:list $\forall$u:nat

[x$\equiv$mklist(u v) $\wedge$ reverse(f(v))$\equiv$v $\langle$H$\rangle$ $\rightarrow$ reverse(f(x))$\equiv$x $\langle$Z$\rangle$]

zurück und versucht, das Zielliteral auf andere Weise so zu modifizieren, daß eine Extraktion des Skolemterms erreicht werden kann.

Zunächst wird die Substitutionsregel angewandt, um die Variable x auf der rechten Seite des Zielliterals durch den entsprechenden Konstruktorterm zu ersetzen:

$\forall$x,v:list $\forall$u:nat [x$\equiv$mklist(u v) $\wedge$ reverse(f(v))$\equiv$v $\langle$H$\rangle$

$\qquad\qquad\qquad\qquad\qquad\rightarrow$ reverse(f(x))$\equiv$mklist(u v) $\langle$Z$\rangle$] .

Nun soll der Term mklist(u v) unter Verwendung der Axiome und evtl. der Induktionshypothese in einen Term der Form reverse(...) transformiert werden.

Zur Lösung dieser Aufgabe wird eine spezielle Komponente des Induktionssystems verwendet. Diese Komponente sucht sogenannte *Gleichungsketten*, die einen Term t in einen Term q der vorgegebenen Form überführen. Dazu bedient sie sich der vorhandenen Axiome, wobei bedingte Gleichungen, wenn möglich, in unbedingte transformiert werden. Das heißt, die Definitionsformeln der Funktionen append und reverse werden in folgender Form verwendet:

APP1: $\forall$y:list [append(empty y)$\equiv$y]

APP2: $\forall$y,v:list $\forall$u:nat [append(mklist(u v) y)$\equiv$mklist(u append(v y))]

REV1:   [reverse(empty)$\equiv$empty]

REV2: $\forall$v:list $\forall$u:nat

           [reverse(mklist(u v))$\equiv$append(reverse(v) mklist(u empty))]

φ: $\forall$x,y:list [append(reverse(x) reverse(y))$\equiv$reverse(append(y x))] .

Diese Beweiserkomponente erhält nun den Auftrag, Gleichungen zu suchen, mit deren Hilfe durch wiederholte Anwendung der Evaluierungsregel der Term mklist(u v) schließlich in die gewünschte Form gebracht werden kann.

Aus der Folge von Gleichungen, die zur Lösung des Problems bereitgestellt wird, werden nun folgende Transformationsschritte auf die Induktionsformel

$$[x \equiv mklist(u\ v)\ \wedge\ reverse(f(v)) \equiv v\ \langle H \rangle\ \rightarrow\ reverse(f(x)) \equiv mklist(u\ v)\ \langle Z \rangle]$$

angewandt:

Zunächst wird die Variable v in Z mit APP1 in den Term append(empty v) überführt. In

$$[x \equiv mklist(u\ v)\ \wedge\ reverse(f(v)) \equiv v\ \langle H \rangle$$
$$\rightarrow\ reverse(f(x)) \equiv mklist(u\ append(empty\ v))\ \langle Z \rangle]$$

kann nun mit APP2 die rechte Seite von Z wie folgt ersetzt werden:

$$[x \equiv mklist(u\ v)\ \wedge\ reverse(f(v)) \equiv v\ \langle H \rangle$$
$$\rightarrow\ reverse(f(x)) \equiv append(mklist(u\ empty)\ v)\ \langle Z \rangle]\ .$$

Um aus append(...) einen Term der Form reverse(...) zu erhalten, soll Axiom φ verwendet werden. Dazu sind aber zunächst beide Argumente der Funktion append in "reverse-Terme" zu überführen. Für die Variable v geschieht dies mit Hilfe von Induktionshypothese und Substitutionsregel. Wir erhalten:

$$[x \equiv mklist(u\ v)\ \wedge\ reverse(f(v)) \equiv v\ \langle H \rangle$$
$$\rightarrow\ reverse(f(x)) \equiv append(mklist(u\ empty)\ reverse(f(v)))\ \langle Z \rangle]\ .$$

Für den Term mklist(u empty) geschieht das mit Hilfe folgender Gleichungskette:

$$mklist(u\ empty)\ \equiv_{APP1}\ append(empty\ mklist(u\ empty))\ \equiv_{REV1}$$
$$append(reverse(empty)\ mklist(u\ empty))\ \equiv_{REV2}\ reverse(mklist(u\ empty))\ .$$

Die entsprechenden Anwendungen der Evaluierungsregel liefern also die Formel

$[x \equiv mklist(u\ v) \ \wedge\ reverse(f(v)) \equiv v\ \langle H \rangle\ \rightarrow$
$\qquad reverse(f(x)) \equiv append(reverse(mklist(u\ empty))\ reverse(f(v)))\ \langle Z \rangle]$.

Daraus entsteht mit Axiom φ

$[x \equiv mklist(u\ v) \ \wedge\ reverse(f(v)) \equiv v\ \langle H \rangle\ \rightarrow$
$\qquad reverse(f(x)) \equiv reverse(append(f(v)\ mklist(u\ empty)))\ \langle Z \rangle]$

und nach Extraktion und Elimination schließlich die Definitionsformel

$\forall x,v{:}list\ \forall u{:}nat$
$[x \equiv mklist(u\ v)\ \rightarrow\ f(x) \equiv append(f(v)\ mklist(u\ empty))]$.

Damit ist der Syntheseprozeß erfolgreich abgeschlossen.

Aus der Spezifikation $\forall x{:}list\ reverse(f(x)) \equiv x$

wurden folgende Definitions- und Restformeln abgeleitet:

$DEF_f = \{\ \forall x{:}list\ [x \equiv empty\ \rightarrow\ f(x) \equiv x]$,
$\qquad \forall x,v{:}list\ \forall u{:}nat$
$\qquad [x \equiv mklist(u\ v)\ \rightarrow\ f(x) \equiv append(f(v)\ mklist(u\ empty))]\ \}$,

$REM_f = \{\ \forall x,z{:}list\ \forall w{:}nat$
$\qquad [x \equiv empty\ \wedge\ f(x) \equiv mklist(w\ z)\ \rightarrow\ reverse(f(x)) \equiv x]\ \}$.

Die Restformel ist durch symbolische Auswertung des Terms $f(x)$ leicht zu zeigen, und damit ist auch die Existenzaussage

$\forall x{:}list\ \exists y{:}list\ reverse(y) \equiv x$ bewiesen.

Das Programm DEF_f berechnet (und zwar in gleicher Weise wie das Programm für $reverse$) zu einer Liste x ihre Umkehrung.   ∎

9.3 Die Synthese einer Sortierfunktion

In diesem Teilabschnitt wird die Synthese einer Sortierfunktion beschrieben. Die zu beweisende Existenzaussage fordert, daß zu einer Liste x von natürlichen Zahlen eine geordnete Liste y existiert, die eine Permutation von x darstellt. Zum Beweis dieser Aussage wird, ausgehend von einer entsprechenden Spezifikationsformel, ein rekursives Programm synthetisiert, das auf folgende Weise sortiert: es löscht das kleinste Element (min(x)) aus der Liste x , sortiert die verbleibende Restliste und fügt das gelöschte Minimum als erstes Element der neuen Liste hinzu.
Für den Transformationsprozeß sind dabei zwei Aspekte von besonderer Bedeutung: Zum einen benutzt die Induktionsregel eine Ordnungsrelation, die von der strukturellen verschieden ist. Zum anderen erfordert das von der Induktionsregel ausgewählte Induktionsschema, daß Bedingungen über den Skolemterm bereits in die initiale Fallunterscheidung mit aufgenommen werden.

Wir geben zunächst die zugrundeliegende, zulässige Theoriespezifikation
$\mathcal{T} = (S, \Sigma, \text{Ax})$ an:
$S = \{\text{bool, nat, list}\}$,
$\Sigma = \Sigma^c \cup \Sigma^d$,

$\Sigma^c = \{\ T_{\epsilon,\text{bool}}\ ,\ F_{\epsilon,\text{bool}}\ ,\ 0_{\epsilon,\text{nat}}\ ,\ s_{\text{nat,nat}}\ ,\ \text{empty}_{\epsilon,\text{list}}\ ,\ \text{mklist}_{\text{nat,list,list}}\ \}$,

$\Sigma^d = \{\ \text{le}_{\text{nat,nat,bool}}\ ,\ \text{min}_{\text{list,nat}}\ ,\ \text{member}_{\text{nat,list,bool}}\ ,\ \text{delete}_{\text{nat,list,list}}\ ,$
$\qquad \text{perm}_{\text{list,list,bool}}\ ,\ \text{ord}_{\text{list,bool}}\ \}$,

$\text{Ax}\ =\ \text{REP}_{\text{bool}} \cup \text{REP}_{\text{nat}} \cup \text{REP}_{\text{list}} \cup \text{DEF}_{\text{le}} \cup \text{DEF}_{\text{min}} \cup \text{DEF}_{\text{member}} \cup$
$\qquad \text{DEF}_{\text{delete}} \cup \text{DEF}_{\text{perm}} \cup \text{DEF}_{\text{ord}} \cup \{\varphi\}$.

DEF_{le} berechnet das $\leq$-Prädikat auf den natürlichen Zahlen. DEF_{min} bestimmt das kleinste Element einer Liste. $\text{DEF}_{\text{member}}$ entscheidet, ob eine Zahl in einer Liste enthalten ist. $\text{DEF}_{\text{delete}}$ löscht eine Zahl aus einer Liste, und DEF_{perm} und DEF_{ord} entscheiden, ob zwei Listen Permutationen

voneinander sind, bzw. ob eine Liste geordnet ist.
Die Programme sind wie folgt definiert:

DEF_{le} = { $\forall$x,y:nat [x≡0 → le(x y)≡T] ,

       $\forall$x,y,u:nat [x≡s(u) ∧ y≡0 → le(x y)≡F] ,

       $\forall$x,y,u,v:nat [x≡s(u) ∧ y≡s(v) → le(x y)≡le(u v)] } ,

DEF_{min} = {

$\forall$x:list
[x≡empty → min(x)≡0] ,

$\forall$x,v:list $\forall$u:nat
[x≡mklist(u v) ∧ v≡empty → min(x)≡u] ,

$\forall$x,v:list $\forall$u:nat
[x≡mklist(u v) ∧ ¬v≡empty ∧ le(u min(v))≡T → min(x)≡u] ,

$\forall$x,v:list $\forall$u:nat
[x≡mklist(u v) ∧ ¬v≡empty ∧ ¬le(u min(v))≡T → min(x)≡min(v)] } ,

DEF_{member} = { $\forall$x:list $\forall$n:nat [x≡empty → member(n x)≡F] ,

       $\forall$x,v:list $\forall$n,u:nat
       [x≡mklist(u v) ∧ u≡n → member(n x)≡T] ,

       $\forall$x,v:list $\forall$n,u:nat
       [x≡mklist(u v) ∧ ¬u≡n → member(n x)≡member(n v)] } ,

DEF_{delete} = { $\forall$x:list $\forall$n:nat [x≡empty → delete(n x)≡empty] ,

       $\forall$x,v:list $\forall$n,u:nat
       [x≡mklist(u v) ∧ u≡n → delete(n x)≡v] ,

       $\forall$x,v:list $\forall$n,u:nat
       [x≡mklist(u v) ∧ ¬u≡n → delete(n x)≡mklist(u delete(n v))]}

$DEF_{perm} = \{$

$\forall x,y{:}list$
$[y{\equiv}empty \wedge x{\equiv}empty \rightarrow perm(x\ y){\equiv}T]$,

$\forall x,y{:}list$
$[y{\equiv}empty \wedge \neg x{\equiv}empty \rightarrow perm(x\ y){\equiv}F]$,

$\forall x,y{:}list$
$[\neg y{\equiv}empty \wedge x{\equiv}empty \rightarrow perm(x\ y){\equiv}F]$,

$\forall x,y,v{:}list\ \forall u{:}nat$
$[\neg y{\equiv}empty \wedge x{\equiv}mklist(u\ v) \wedge \neg member(u\ y){\equiv}T \rightarrow perm(x\ y){\equiv}F]$,

$\forall x,y,v{:}list\ \forall u{:}nat$
$[\neg y{\equiv}empty \wedge x{\equiv}mklist(u\ v) \wedge member(u\ y){\equiv}T$
$$\rightarrow perm(x\ y){\equiv}perm(v\ delete(u\ y))]\ \}\ ,$$

$DEF_{ord} = \{\ \forall x{:}list$
$[x{\equiv}empty \rightarrow ord(x){\equiv}T]$,
$\forall x,v{:}list\ \forall u{:}nat$
$[x{\equiv}mklist(u\ v) \wedge \neg u{\equiv}min(x) \rightarrow ord(x){\equiv}F]$,
$\forall x,v{:}list\ \forall u{:}nat$
$[x{\equiv}mklist(u\ v) \wedge u{\equiv}min(x) \rightarrow ord(x){\equiv}ord(v)]\ \}$,

$\varphi = \forall x{:}list\ [\neg x{\equiv}empty \rightarrow member(min(x)\ x){\equiv}T]$.

Zum Beweis der Existenzaussage

$\forall x{:}list\ \exists y{:}list\ [perm(y\ x){\equiv}T \wedge ord(y){\equiv}T]$

erzeugt das System folgende Spezifikationsformel:

$\forall x{:}list\ [perm(f(x)\ x){\equiv}T\ \wedge\ ord(f(x)){\equiv}T]$.

Die Variable x tritt im Term perm(f(x)) x) als Rekursionsargument auf. Im rekursiven Aufruf der Funktion perm wird das zweite Argument y (vgl. DEF$_{perm}$) zwar nicht durch seinen strukturellen Vorgänger, sondern durch einen Term delete(u y) ersetzt, aber, und diese Information steht aus der Zulässigkeitsprüfung für das Programm DEF$_{perm}$ zur Verfügung (vgl. [Walther 90]), die Substitution {y←delete(u y)} ist eine Rekursionssubstitution unter der Bedingung [¬y≡empty ∧ x≡mklist(u v) ∧ member(u y)]. Das bedeutet, sie kann für die Induktionshypothese übernommen werden, sofern auch die entsprechende Bedingung zur Verfügung steht. Um das zu erreichen, kann in diesem Fall die Fallunterscheidung des Programms DEF$_{perm}$ als initiale Fallunterscheidung für das zu synthetisierende Programm gewählt werden. Zwar enthält diese dann Bedingungen, in denen der Skolemterm vorkommt, die also während des Syntheseprozesses wieder eliminiert werden müssen, aber die verbleibenden Bedingungen (x≡empty und ¬x≡empty) bilden eine binäre und damit vollständige Fallunterscheidung. Natürlich darf für jeden dieser Fälle nur eine Definitionsformel abgeleitet werden. Das bedeutet, nicht alle durch die Induktionsregel erzeugten Formeln werden in eine Definitionsformel transformiert.

Die Induktionsregel erzeugt folgende Induktionsformeln:

$\forall x{:}list$
$[x{\equiv}empty\ \wedge\ f(x){\equiv}empty\ \rightarrow\ [perm(f(x)\ x){\equiv}T\ \wedge\ ord(f(x)){\equiv}T]]$

$\forall x{:}list$
$[x{\equiv}empty\ \wedge\ \neg f(x){\equiv}empty\ \rightarrow\ [perm(f(x)\ x){\equiv}T\ \wedge\ ord(f(x)){\equiv}T]]$

$\forall x{:}list$
$[\neg x{\equiv}empty\ \wedge\ f(x){\equiv}empty\ \rightarrow\ [perm(f(x)\ x){\equiv}T\ \wedge\ ord(f(x)){\equiv}T]]$

$\forall x,v{:}list\ \forall u{:}nat$
$[\neg x{\equiv}empty\ \wedge\ f(x){\equiv}mklist(u\ v)\ \wedge\ \neg member(u\ x){\equiv}T$
$$\rightarrow\ [perm(f(x)\ x){\equiv}T\ \wedge\ ord(f(x)){\equiv}T]]$$

$\forall x, v{:}list \; \forall u{:}nat$

$[\neg x \equiv empty \;\wedge\; f(x) \equiv mklist(u\ v) \;\wedge\; member(u\ x) \equiv T \;\wedge$

$[perm(f(delete(u\ x))\ delete(u\ x)) \equiv T \;\wedge\; ord(f(delete(u\ x))) \equiv T]$

$$\rightarrow \; [perm(f(x)\ x) \equiv T \;\wedge\; ord(f(x)) \equiv T]] \; .$$

Wir beschränken uns nun der Einfachheit halber auf diejenigen Transformationsschritte, die für die Synthese des neuen Programms relevant sind.

Aus der ersten Induktionsformel entstehen durch Normalisierung die beiden Formeln

$$[x \equiv empty \;\wedge\; f(x) \equiv empty \; \rightarrow \; perm(f(x)\ x) \equiv T] \quad \text{und}$$

$$[x \equiv empty \;\wedge\; f(x) \equiv empty \; \rightarrow \; ord(f(x)) \equiv T] \; .$$

Die erste dieser Formeln geht durch symbolische Evaluierung mit dem ersten Definitionsaxiom für perm über in

$$[x \equiv empty \;\wedge\; f(x) \equiv empty \; \rightarrow \; T \equiv T] \; .$$

Die Tautologie $T \equiv T$ wird ersetzt durch die Tautologie $empty \equiv empty$, und mit der Extraktionsregel für die Gleichheit erhalten wir aus

$$[x \equiv empty \;\wedge\; f(x) \equiv empty \; \rightarrow \; empty \equiv empty]$$

folgende Definitionsformel für den Basisfall $x \equiv empty$:

$$\forall x{:}list \; [x \equiv empty \; \rightarrow \; f(x) \equiv empty] \; .$$

Die zweite Formel wird durch Evaluierung der Funktion ord mit dem ersten Definitionsaxiom transformiert in

$$[x \equiv empty \;\wedge\; f(x) \equiv empty \; \rightarrow \; T \equiv T] \quad \text{und ist damit bereits als Restformel}$$

bewiesen.

Die zweite Induktionsformel wird, da sie ebenfalls den Basisfall x≡empty
repräsentiert, für die Synthese nicht mehr benötigt und kann als Restformel
geschlossen werden.
Aus ihr könnte eine Definitionsformel auch gar nicht abgeleitet werden: Die
Evaluierung der Funktion perm erzeugt ein Literal F≡T , aus dem keine
Definitionsgleichung gewonnen werden kann. Die Evaluierung der Funktion
ord erzeugt ein ebensolches Literal bzw. einen rekursiven Funktionsaufruf,
der für die Ableitung einer Definitionsformel aus der Induktionsbasis ebenso ungeeignet ist.

Die dritte und vierte Induktionsformel repräsentieren ebenfalls Basisfälle.
Zum einen kann aus ihnen, da keine Induktionshypothese vorhanden ist, keine *rekursive* Definitionsformel abgeleitet werden. Zum anderen liefert die
Teilformel ... → perm(...)≡T   in beiden Fällen das Zielliteral F≡T . Das
bedeutet, diese Formeln können nur als Restformeln geschlossen und später
durch falsifizieren der Prämisse [¬x≡empty ∧ f(x)≡empty] bzw.
[¬x≡empty ∧ f(x)≡mklist(u v) ∧ ¬member(u x)≡T]   bewiesen werden.

Eine rekursive Definitionsformel für f wird aus der fünften Induktionsformel abgeleitet.
Wir erhalten nach dem Normalisierungsschritt die beiden Formeln

ψ_1:
[¬x≡empty ∧ f(x)≡mklist(u v) ∧ member(u x)≡T ∧
perm(f(delete(u x)) delete(u x))≡T ⟨H1⟩ ∧ ord(f(delete(u x)))≡T ⟨H2⟩
$$\rightarrow \quad perm(f(x)\ x)\equiv T\ \langle Z1\rangle]$$
und

ψ_2:
[¬x≡empty ∧ f(x)≡mklist(u v) ∧ member(u x)≡T ∧
perm(f(delete(u x)) delete(u x))≡T ⟨H1⟩ ∧ ord(f(delete(u x)))≡T ⟨H2⟩
$$\rightarrow \quad ord(f(x)\ x)\equiv T\ \langle Z2\rangle]\ .$$

Aus der ersten Formel entsteht durch symbolische Auswertung der Funktion
perm die Formel

$[\neg x \equiv empty \;\wedge\; f(x) \equiv mklist(u\; v) \;\wedge\; member(u\; x) \equiv T \;\wedge$
$perm(f(delete(u\; x))\; delete(u\; x)) \equiv T \;\langle H1\rangle \;\wedge\; ord(f(delete(u\; x))) \equiv T \;\langle H2\rangle$
$$\rightarrow \;\; perm(v\; delete(u\; x)) \equiv T \;\langle Z1\rangle]\;.$$

Die Extraktionsregel für die Gleichheit erzeugt daraus

$[\neg x \equiv empty \;\wedge\; f(x) \equiv mklist(u\; v) \;\wedge\; member(u\; x) \equiv T \;\wedge$
$ord(f(delete(u\; x))) \equiv T \;\langle H2\rangle$
$$\rightarrow \;\; perm(f(delete(u\; x))\; delete(u\; x)) \equiv perm(v\; delete(u\; x)) \equiv T \;\langle Z1\rangle]\;,$$

und mit der Extraktionsregel für Funktionsausdrücke erhalten wir

$[\neg x \equiv empty \;\wedge\; f(x) \equiv mklist(u\; v) \;\wedge\; member(u\; x) \equiv T \;\wedge$
$ord(f(delete(u\; x))) \equiv T \;\langle H2\rangle \;\; \rightarrow \;\; v \equiv f(delete(u\; x)) \;\langle Z1\rangle]\;.$

Eine definierende Gleichung für f(x) kann aus dieser Formel nur mit Hilfe
der Konstruktorenregel abgeleitet werden. Dazu wird in der Konklusion
dieser Formel ein zusätzliches Literal der Form $u \equiv \ldots$ benötigt. Da ein
entsprechender Transformationsschritt aber nicht unmittelbar durchgeführt
werden kann, wird diese Formel zunächst zurückgestellt.
Wir betrachten nun ψ_2 :

$[\neg x \equiv empty \;\wedge\; f(x) \equiv mklist(u\; v) \;\wedge\; member(u\; x) \equiv T \;\wedge$
$perm(f(delete(u\; x))\; delete(u\; x)) \equiv T \;\langle H1\rangle \;\wedge\; ord(f(delete(u\; x))) \equiv T \;\langle H2\rangle$
$$\rightarrow \;\; ord(f(x)) \equiv T \;\langle Z2\rangle]\;.$$

Um die Funktion ord im Zielliteral auswerten zu können, muß zuerst eine
Fallunterscheidung durchgeführt werden. Wir erhalten dann die beiden
Formeln

[¬x≡empty ∧ f(x)≡mklist(u v) ∧ member(u x)≡T ∧ ¬u≡min(f(x)) ∧
perm(f(delete(u x)) delete(u x))≡T ⟨H1⟩ ∧ ord(f(delete(u x)))≡T ⟨H2⟩
$$\rightarrow \quad F≡T \ ⟨Z2⟩]$$

und

[¬x≡empty ∧ f(x)≡mklist(u v) ∧ member(u x)≡T ∧ u≡min(f(x)) ∧
perm(f(delete(u x)) delete(u x))≡T ⟨H1⟩ ∧ ord(f(delete(u x)))≡T ⟨H2⟩
$$\rightarrow \quad ord(v)≡T \ ⟨Z2⟩] \ .$$

Die erste Formel wird als Restformel geschlossen. Aus der zweiten entsteht,
wie bei ψ_1 , mit Hilfe der beiden Extraktionsregeln die Formel

[¬x≡empty ∧ f(x)≡mklist(u v) ∧ member(u x)≡T ∧ u≡min(f(x)) ∧
 perm(f(delete(u x)) delete(u x))≡T ⟨H1⟩ $\rightarrow$ v≡f(delete(u x)) ⟨Z2⟩] .

Aus der neu eingeführten Bedingung u≡min(f(x)) kann aber auch kein geeignetes Literal u≡... für die Konklusion gewonnen werden, denn der
Term min(f(x)) darf in der definierenden Gleichung nicht vorkommen.

Also bleibt als einzige Möglichkeit die Anwendung der Erweiterungsregel
mit dem Axiom φ = ∀x:list [¬x≡empty → member(min(x) x)≡T] .
Wir erhalten

[¬x≡empty ∧ f(x)≡mklist(u v) ∧ member(u x)≡T ∧ u≡min(f(x)) ∧
perm(f(delete(u x)) delete(u x))≡T ⟨H1⟩
$$\rightarrow \quad [v≡f(delete(u x)) \ ⟨Z2⟩ ∧ member(min(x) x)≡T]] \ .$$

Die Anwendung der Extraktionsregel für die Gleichheit liefert

[¬x≡empty ∧ f(x)≡mklist(u v) ∧ u≡min(f(x)) ∧
perm(f(delete(u x)) delete(u x))≡T ⟨H1⟩
$$\rightarrow \quad [v≡f(delete(u x)) \ ⟨Z2⟩ ∧ member(min(x) x)≡member(u x)]] \ ,$$

und mit der Extraktionsregel für Funktionsausdrücke erhält man schließlich
das gewünschte zusätzliche Zielliteral:

[¬x≡empty ∧ f(x)≡mklist(u v) ∧ u≡min(f(x)) ∧
perm(f(delete(u x)) delete(u x))≡T ⟨H1⟩
$\qquad\qquad\qquad$ → [v≡f(delete(u x)) ⟨Z2⟩ ∧ u≡min(x)]] .

Nun kann die Konstruktorenregel angewandt werden. Um zu verhindern, daß im definierenden Term Variablen aus der Konstruktorbedingung für f(x) vorkommen, die ja durch Anwendung der Konstruktorenregel gerade eliminiert werden sollen, muß aber zunächst noch die Variable u in Z2 durch den Term min(x) ersetzt werden. Diese äquivalenzerhaltende Umformung liefert:

[¬x≡empty ∧ f(x)≡mklist(u v) ∧ u≡min(f(x)) ∧
perm(f(delete(u x)) delete(u x))≡T ⟨H1⟩
$\qquad\qquad\qquad$ → [v≡f(delete(min(x) x)) ⟨Z2⟩ ∧ u≡min(x)]] .

Durch Anwendung der Konstruktorenregel entsteht daraus

[¬x≡empty ∧ u≡min(f(x)) ∧
perm(f(delete(u x)) delete(u x))≡T ⟨H1⟩
$\qquad\qquad\qquad$ → f(x)≡mklist(min(x) f(delete(min(x) x)))] .

Die Induktionshypothese H1 kann nun eliminiert werden, ebenso die Bedingung u≡... , da die Variable u weder in der Definitionsgleichung noch in einer Konstruktorbedingung vorkommt. Damit haben wir folgende Definitionsformel abgeleitet:

∀x:list
[¬x≡empty → f(x)≡mklist(min(x) f(delete(min(x) x)))] .

Aus der Spezifikationsformel

∀x:list [perm(f(x) x)≡T ∧ ord(f(x))≡T]

wurde damit folgendes Programm zur Berechnung der Skolemfunktion synthetisiert:

DEF_f = { $\forall$x:list [x$\equiv$empty $\rightarrow$ f(x)$\equiv$empty] ,

      $\forall$x:list

      [$\neg$x$\equiv$empty $\rightarrow$ f(x)$\equiv$mklist(min(x) f(delete(min(x) x)))] } .

Die im Syntheseprozeß entstandenen Restformeln sind:

REM_f = {

$\forall$x:list

[x$\equiv$empty $\wedge$ $\neg$f(x)$\equiv$empty $\rightarrow$ [perm(f(x) x)$\equiv$T $\wedge$ ord(f(x))$\equiv$T]] ,

$\forall$x:list

[$\neg$x$\equiv$empty $\wedge$ f(x)$\equiv$empty $\rightarrow$ [perm(f(x) x)$\equiv$T $\wedge$ ord(f(x))$\equiv$T]] ,

$\forall$x,v:list $\forall$u:nat

[$\neg$x$\equiv$empty $\wedge$ f(x)$\equiv$mklist(u v) $\wedge$ $\neg$member(u x)$\equiv$T

                        $\rightarrow$ [perm(f(x) x)$\equiv$T $\wedge$ ord(f(x))$\equiv$T]] ,

$\forall$x,v:list $\forall$u:nat

[$\neg$x$\equiv$empty $\wedge$ f(x)$\equiv$mklist(u v) $\wedge$ member(u x)$\equiv$T $\wedge$

                ord(f(delete(u x)))$\equiv$T $\rightarrow$ v$\equiv$f(delete(u x))] ,

$\forall$x,v:list $\forall$u:nat

[$\neg$x$\equiv$empty $\wedge$ f(x)$\equiv$mklist(u v) $\wedge$ member(u x)$\equiv$T $\wedge$ $\neg$u$\equiv$min(f(x)) $\wedge$

perm(f(delete(u x)) delete(u x))$\equiv$T $\wedge$ ord(f(delete(u x)))$\equiv$T

                           $\rightarrow$ F$\equiv$T] } .

Bis auf die letzte sind alle Restformeln durch symbolische Auswertung der Funktion f mit den entsprechenden Definitionsaxiomen zu beweisen.
Bei der dritten Restformel wird zusätzlich noch das Axiom φ zum Falsifizieren der Prämisse benötigt.

Die letzte Restformel läßt sich auf folgendes Lemma reduzieren:

$\forall$x:list [$\neg$x$\equiv$empty $\rightarrow$ min(x)$\equiv$min(f(x))] .

Mit dem Beweis dieser Formel durch das Induktionssystem ist schließlich auch die Existenzaussage

$$\forall x{:}list\ \exists y{:}list\ [perm(y\ x){\equiv}T\ \wedge\ ord(y){\equiv}T] \qquad \text{gezeigt.} \qquad \blacksquare$$

9.4 Die Synthese von ganzzahligem Quotient und Rest

Das letzte Beispiel zeigt, wie ungeachtet der Beschränkung auf *einen* Existenzquantor simultan zwei Programme zur Berechnung von ganzzahligem Quotient bzw. Rest synthetisiert werden können.

Dazu wird eine Datenstruktur pair verwendet, die Paare von natürlichen Zahlen repräsentiert. Die zu beweisende Formel fordert dann für zwei natürliche Zahlen x und y die Existenz eines solchen Paares p , so daß die erste Komponente von p den ganzzahligen Quotienten, die zweite den ganzzahligen Rest der Division von x und y berechnet.

Die zulässige Theoriespezifikation $\mathcal{T} = (S, \Sigma, \text{Ax})$, von der dabei ausgegangen werden soll, sieht wie folgt aus:

S = {bool, nat} ,

$\Sigma = \Sigma^c \cup \Sigma^d$,

$\Sigma^c = \{ T_{\epsilon,\text{bool}} , F_{\epsilon,\text{bool}} , 0_{\epsilon,\text{nat}} , s_{\text{nat,nat}} , \text{pair}_{\text{nat,nat,pair}} \}$,

$\Sigma^d = \{ \text{plus}_{\text{nat,nat,nat}} , \text{times}_{\text{nat,nat,nat}} , \text{lt}_{\text{nat,nat,bool}} , \text{car}_{\text{pair,nat}} , \text{cdr}_{\text{pair,nat}} \}$,

Ax = $\text{REP}_{\text{bool}} \cup \text{REP}_{\text{nat}} \cup \text{DEF}_{\text{plus}} \cup \text{DEF}_{\text{times}} \cup \text{DEF}_{\text{lt}} \cup \text{DEF}_{\text{car}} \cup$
$\quad\quad\quad \text{DEF}_{\text{cdr}}$.

DEF_{plus} und $\text{DEF}_{\text{times}}$ berechnen die Addition bzw. die Multiplikation, DEF_{lt} (lt steht für "less than") repräsentiert das <-Prädikat auf den natürlichen Zahlen.

Die Funktionen car und cdr sind sogenannte *Selektoren*, die, angewandt auf ein Paar natürlicher Zahlen, dessen erste bzw. zweite Komponente liefern. Sie werden benötigt, um in der zu beweisenden Existenzaussage die Eigenschaften der Komponenten des gesuchten Paares zu beschreiben.

Die Programme sind wie folgt definiert:

DEF_{plus} = { $\forall$x,y:nat [y$\equiv$0 $\rightarrow$ plus(x y)$\equiv$x] ,

$\quad\quad\quad\quad \forall$x,y,v:nat [y$\equiv$s(v) $\rightarrow$ plus(x y)$\equiv$s(plus(x v))] } ,

$DEF_{times} = \{\ \forall x,y{:}nat\ [x{\equiv}0 \to times(x\ y){\equiv}0]\ ,$

$\qquad\qquad \forall x,y,u{:}nat\ [x{\equiv}s(u) \to times(x\ y){\equiv}plus(times(u\ y)\ y)]\ \}\ ,$

$DEF_{lt} = \{\ \forall x,y{:}nat\ [y{\equiv}0 \to lt(x\ y){\equiv}F]\ ,$

$\qquad\quad \forall x,y,v{:}nat\ [y{\equiv}s(v) \wedge x{\equiv}0 \to lt(x\ y){\equiv}T]\ ,$

$\qquad\quad \forall x,y,u,v{:}nat\ [y{\equiv}s(v) \wedge x{\equiv}s(u) \to lt(x\ y){\equiv}lt(u\ v)]\ \}\ ,$

$DEF_{car} = \{\ \forall p{:}pair\ \forall x,y{:}nat\ [p{\equiv}pair(x\ y) \to car(p){\equiv}x]\ \}\ ,$

$DEF_{cdr} = \{\ \forall p{:}pair\ \forall x,y{:}nat\ [p{\equiv}pair(x\ y) \to cdr(p){\equiv}y]\ \}\ .$

Die zu beweisende Existenzaussage lautet nun

$\forall x,y{:}nat\ \exists p{:}pair$
$[\neg y{\equiv}0 \to [plus(times(car(p)\ y)\ cdr(p)){\equiv}x \wedge lt(cdr(p)\ y){\equiv}T]]\ .$

Als Spezifikation erhält man daraus die Formel

$\forall x,y{:}nat$
$[\neg y{\equiv}0 \to plus(times(car(f(x\ y))\ y)\ cdr(f(x\ y))){\equiv}x \wedge lt(cdr(f(x\ y))\ y){\equiv}T]\ .$

Der Übersichtlichkeit wegen beschränken wir die Darstellung des Syntheseprozesses auf die relevanten Transformationen.

Da mit $\neg y{\equiv}0$ bereits eine Konstruktorbedingung für ein Argument der Skolemfunktion vorliegt, erzeugt eine strukturelle Fallunterscheidung über die Variable y bereits eine Definitionsformel. Wir erhalten:

ψ_1:
$\forall x,y{:}nat$
$[y{\equiv}0 \wedge \neg y{\equiv}0$
$\qquad \to [plus(times(car(f(x\ y))\ y)\ cdr(f(x\ y))){\equiv}x \wedge lt(cdr(f(x\ y))\ y){\equiv}T]]$
und

ψ_2:

$\forall x,y,v{:}nat$

$[y{\equiv}s(v) \ \wedge \ \neg y{\equiv}0$

$\rightarrow \ [plus(times(car(f(x\ y))\ y)\ cdr(f(x\ y))){\equiv}x \ \wedge \ lt(cdr(f(x\ y))\ y){\equiv}T]]$.

ψ_1 gilt, ungeachtet, welchen Wert $f(x\ y)$ in diesem Falle annimmt, und wir erhalten die Definitionsformel

$\forall x,y{:}nat\ [y{\equiv}0 \ \rightarrow \ f(x\ y){\equiv}pair(0\ 0)]$.

Die Bedingung $\neg y{\equiv}0$ in ψ_2 ist redundant und kann daher eliminiert werden. Mit der Wahl von x als Induktionsvariable erzeugt die Induktionsregel dann aus

$\forall x,y,v{:}nat$

$[y{\equiv}s(v) \ \rightarrow \ [plus(times(car(f(x\ y))\ y)\ cdr(f(x\ y))){\equiv}x \wedge lt(cdr(f(x\ y))\ y){\equiv}T]]$

zwei Induktionsformeln:

$\forall x,y,v{:}nat$

$[x{\equiv}0 \ \wedge \ y{\equiv}s(v)$

$\rightarrow \ [plus(times(car(f(x\ y))\ y)\ cdr(f(x\ y))){\equiv}x \ \wedge \ lt(cdr(f(x\ y))\ y){\equiv}T]]$

und

$\forall x,y,u,v{:}nat$

$[x{\equiv}s(u) \ \wedge \ y{\equiv}s(v) \ \wedge$

$\forall y'{:}nat\ [plus(times(car(f(u\ y'))\ y')\ cdr(f(u\ y'))){\equiv}u \ \wedge \ lt(cdr(f(u\ y'))\ y'){\equiv}T]$

$\rightarrow \ [plus(times(car(f(x\ y))\ y)\ cdr(f(x\ y))){\equiv}x \ \wedge \ lt(cdr(f(x\ y))\ y){\equiv}T]]$.

Aus der Induktionsbasis entstehen nach dem Normalisierungsschritt die beiden Formeln

φ_1:

$[x{\equiv}0 \wedge y{\equiv}s(v) \ \rightarrow \ plus(times(car(f(x\ y))\ y)\ cdr(f(x\ y))){\equiv}x]$ und

φ_2:

$[x\equiv 0 \wedge y\equiv s(v) \;\rightarrow\; lt(cdr(f(x\ y))\ y)\equiv T]$.

Wir betrachten zuerst φ_1 .

Die Auswertung der Funktionsausdrücke erfolgt entsprechend der call-by-need-Strategie. Daher wird zunächst eine Konstruktorbedingung für $f(x\ y)$ eingeführt, um die symbolische Evaluierung der Selektorfunktion cdr zu ermöglichen. Da gleichzeitig auch die Funktion car ausgewertet werden kann, erhält man:

$[x\equiv 0 \wedge y\equiv s(v) \wedge f(x\ y)\equiv pair(q\ r) \;\rightarrow\; plus(times(q\ y)\ r)\equiv x]$.

Eine strukturelle Fallunterscheidung über die Variable r ermöglicht die Auswertung der Funktion plus . Es entsteht eine Restformel

$\forall x,y,v,w,q,r:nat$
$[x\equiv 0 \wedge y\equiv s(v) \wedge f(x\ y)\equiv pair(q\ r) \wedge r\equiv s(w) \;\rightarrow\; plus(times(q\ y)\ r)\equiv x]$

(Auswertungen in der Induktionsbasis dürfen nur mit nicht-rekursiven Definitionsformeln erfolgen), sowie die Formel

$[x\equiv 0 \wedge y\equiv s(v) \wedge f(x\ y)\equiv pair(q\ r) \wedge r\equiv 0 \;\rightarrow\; times(q\ y)\equiv x]$.

Auf gleiche Weise wird nun die Evaluierung der Funktion times durchgeführt. Es entsteht wieder eine Restformel

$[x\equiv 0 \wedge y\equiv s(v) \wedge f(x\ y)\equiv pair(q\ r) \wedge r\equiv 0 \wedge q\equiv s(z) \;\rightarrow\; times(q\ y)\equiv x]$ sowie

$[x\equiv 0 \wedge y\equiv s(v) \wedge f(x\ y)\equiv pair(q\ r) \wedge r\equiv 0 \wedge q\equiv 0 \;\rightarrow\; 0\equiv x]$.

Durch Anwendung der Extraktionsregel für die Gleichheit entsteht daraus die Formel

$[x\equiv 0 \wedge y\equiv s(v) \wedge f(x\ y)\equiv pair(q\ r) \wedge r\equiv 0 \;\rightarrow\; q\equiv x]$.

Um nun die Konstruktorenregel anwenden zu können, mit der allein hier eine Definitionsformel für f abgeleitet werden kann, muß die Konklusion dieser Formel um ein Konjunktionsglied der Form r≡... erweitert werden. Das geschieht mit Hilfe der Erweiterungsregel (vgl. Abschnitt 8.5) auf folgende Weise: Da die rechte Seite der Konstruktorbedingung r≡0 keine Variable enthält, wird die Formel zielgerichtet um die Tautologie 0≡0 erweitert:

[x≡0 ∧ y≡s(v) ∧ f(x y)≡pair(q r) ∧ r≡0 → [q≡x ∧ 0≡0]] .

Nun erzeugt die Extraktionsregel für die Gleichheit die Formel

[x≡0 ∧ y≡s(v) ∧ f(x y)≡pair(q r) → [q≡x ∧ r≡0]] .

Daraus erhalten wir mit der Konstruktorenregel sofort folgende Definitionsformel:

∀x,y,v:nat [x≡0 ∧ y≡s(v) → f(x y)≡pair(x 0)] .

Die zweite Formel der Induktionsbasis

φ_2:
[x≡0 ∧ y≡s(v) → lt(cdr(f(x y)) y)≡T]

wird zur Synthese nicht mehr benötigt und kann als Restformel geschlossen werden.

Wir betrachten nun den Induktionsschritt

∀x,y,u,v:nat
[x≡s(u) ∧ y≡s(v) ∧
∀y':nat [plus(times(car(f(u y')) y') cdr(f(u y')))≡u ∧ lt(cdr(f(u y')) y')≡T]
      → [plus(times(car(f(x y)) y) cdr(f(x y)))≡x ∧ lt(cdr(f(x y)) y)≡T]] .

Die Normalisierung erzeugt daraus zwei Formeln

ψ_1:

$[x\equiv s(u) \;\wedge\; y\equiv s(v) \;\wedge\; plus(times(car(f(u\;\mathbf{a}))\;\mathbf{a})\;cdr(f(u\;\mathbf{a})))\equiv u \;\langle H1\rangle$

$\wedge\; lt(cdr(f(u\;\mathbf{a}))\;\mathbf{a})\equiv T \;\langle H2\rangle$

$$\rightarrow \quad plus(times(car(f(x\;y))\;y)\;cdr(f(x\;y)))\equiv x \;\langle Z1\rangle]$$

und

ψ_2:

$[x\equiv s(u) \;\wedge\; y\equiv s(v) \;\wedge\; plus(times(car(f(u\;\mathbf{a}))\;\mathbf{a})\;cdr(f(u\;\mathbf{a})))\equiv u \;\langle H1\rangle$

$\wedge\; lt(cdr(f(u\;\mathbf{a}))\;\mathbf{a})\equiv T \;\langle H2\rangle \quad\rightarrow\quad lt(cdr(f(x\;y))\;y)\equiv T \;\langle Z2\rangle]$.

Wir betrachten zuerst ψ_1 . Wie bei der Transformation der Induktionsbasis erfolgt die symbolische Auswertung der Funktionsausdrücke in Z1 nach der call-by-need-Strategie.

Zunächst werden auch hier die Konstruktorbedingung für den Skolemterm eingeführt und die Selektorfunktionen car und cdr ausgewertet. Wir erhalten:

$[x\equiv s(u) \;\wedge\; y\equiv s(v) \;\wedge\; f(x\;y)\equiv pair(q\;r) \;\wedge$

$plus(times(car(f(u\;\mathbf{a}))\;\mathbf{a})\;cdr(f(u\;\mathbf{a})))\equiv u \;\langle H1\rangle \;\wedge\; lt(cdr(f(u\;\mathbf{a}))\;\mathbf{a})\equiv T \;\langle H2\rangle$

$$\rightarrow \quad plus(times(q\;y)\;r)\equiv x \;\langle Z1\rangle] \; .$$

Eine strukturelle Fallunterscheidung über r und die anschließende Auswertung der Funktion plus erzeugen daraus die beiden Formeln

ψ_3:

$[x\equiv s(u) \;\wedge\; y\equiv s(v) \;\wedge\; f(x\;y)\equiv pair(q\;r) \;\wedge\; r\equiv 0 \;\wedge$

$plus(times(car(f(u\;\mathbf{a}))\;\mathbf{a})\;cdr(f(u\;\mathbf{a})))\equiv u \;\langle H1\rangle \;\wedge\; lt(cdr(f(u\;\mathbf{a}))\;\mathbf{a})\equiv T \;\langle H2\rangle$

$$\rightarrow \quad times(q\;y)\equiv x \;\langle Z1\rangle]$$

und

ψ_4:

$[x\equiv s(u) \;\wedge\; y\equiv s(v) \;\wedge\; f(x\;y)\equiv pair(q\;r) \;\wedge\; r\equiv s(w) \;\wedge$

$plus(times(car(f(u\;\mathbf{a}))\;\mathbf{a})\;cdr(f(u\;\mathbf{a})))\equiv u \;\langle H1\rangle \;\wedge\; lt(cdr(f(u\;\mathbf{a}))\;\mathbf{a})\equiv T \;\langle H2\rangle$

$$\rightarrow \quad s(plus(times(q\;y)\;w))\equiv x \;\langle Z1\rangle] \; .$$

Aus ψ_3 erhält man durch erneute strukturelle Fallunterscheidung, diesmal über q und die anschließende Evaluierung der Funktion $times$ die Restformel

ψ_5:

[x≡s(u) ∧ y≡s(v) ∧ f(x y)≡pair(q r) ∧ r≡0 ∧ q≡0 ∧
plus(times(car(f(u **a**)) **a**) cdr(f(u **a**)))≡u ⟨H1⟩ ∧ lt(cdr(f(u **a**)) **a**)≡T ⟨H2⟩
$\qquad\qquad\qquad\qquad\qquad\qquad\qquad$ → 0≡x ⟨Z1⟩]

sowie die Formel

ψ_6:

[x≡s(u) ∧ y≡s(v) ∧ f(x y)≡pair(q r) ∧ r≡0 ∧ q≡s(z) ∧
plus(times(car(f(u **a**)) **a**) cdr(f(u **a**)))≡u ⟨H1⟩ ∧ lt(cdr(f(u **a**)) **a**)≡T ⟨H2⟩
$\qquad\qquad\qquad\qquad\qquad$ → plus(times(z y) y)≡x ⟨Z1⟩] .

Da der neu entstandene plus-Term in Z1 unmittelbar ausgewertet werden kann, entsteht aus ψ_6 zunächst die Formel

[x≡s(u) ∧ y≡s(v) ∧ f(x y)≡pair(q r) ∧ r≡0 ∧ q≡s(z) ∧
plus(times(car(f(u **a**)) **a**) cdr(f(u **a**)))≡u ⟨H1⟩ ∧ lt(cdr(f(u **a**)) **a**)≡T ⟨H2⟩
$\qquad\qquad\qquad\qquad\qquad$ → s(plus(times(z y) v))≡x ⟨Z1⟩] .

Die Anwendung der Substitutionsregel mit der ersten Bedingung ersetzt die Variable x in Z1 durch den Term s(u) :

[x≡s(u) ∧ y≡s(v) ∧ f(x y)≡pair(q r) ∧ r≡0 ∧ q≡s(z) ∧
plus(times(car(f(u **a**)) **a**) cdr(f(u **a**)))≡u ⟨H1⟩ ∧ lt(cdr(f(u **a**)) **a**)≡T ⟨H2⟩
$\qquad\qquad\qquad\qquad\qquad$ → s(plus(times(z y) v))≡s(u) ⟨Z1⟩] .

Die Extraktionsregel für Funktionsausdrücke erzeugt daraus die Formel

[x≡s(u) ∧ y≡s(v) ∧ f(x y)≡pair(q r) ∧ r≡0 ∧ q≡s(z) ∧
plus(times(car(f(u **a**)) **a**) cdr(f(u **a**)))≡u ⟨H1⟩ ∧ lt(cdr(f(u **a**)) **a**)≡T ⟨H2⟩
$\qquad\qquad\qquad\qquad\qquad$ → plus(times(z y) v)≡u ⟨Z1⟩] .

Zur weiteren Angleichung des Ziels Z1 an die Induktionshypothese H1 ersetzt die Spezialisierungsregel die Variable **a** in H1 durch den Term y :

$[x\equiv s(u)$ $\wedge$ $y\equiv s(v)$ $\wedge$ $f(x\ y)\equiv pair(q\ r)$ $\wedge$ $r\equiv 0$ $\wedge$ $q\equiv s(z)$ $\wedge$
$plus(times(car(f(u\ y))\ y)\ cdr(f(u\ y)))\equiv u\ \langle H1\rangle$ $\wedge$ $lt(cdr(f(u\ y))\ y)\equiv T\ \langle H2\rangle$
$$\to\ plus(times(z\ y)\ v)\equiv u\ \langle Z1\rangle]\ .$$

Die Extraktionsregel für die Gleichheit erzeugt daraus die Formel

$[x\equiv s(u)$ $\wedge$ $y\equiv s(v)$ $\wedge$ $f(x\ y)\equiv pair(q\ r)$ $\wedge$ $r\equiv 0$ $\wedge$ $q\equiv s(z)$ $\wedge$
$lt(cdr(f(u\ y))\ y)\equiv T\ \langle H2\rangle$
$$\to\ plus(times(z\ y)\ v)\equiv plus(times(car(f(u\ y))\ y)\ cdr(f(u\ y)))\ \langle Z1\rangle]\ .$$

Nun scheitert die Anwendung der Extraktionsregel für Funktionsausdrücke am Konflikt zwischen v und cdr(f(u y)) .
Da die Variable v aus der Konstruktorbedingung $y\equiv s(v)$ stammt, die durch keinen Transformationsschritt eliminiert werden kann, und der Term cdr(f(u y)) einen (rekursiven) Aufruf der Skolemfunktion enthält, darf folgende binäre Fallunterscheidung durchgeführt werden, um die Anwendung der Extraktionsregel doch noch zu ermöglichen:

ψ_7:
$[x\equiv s(u)$ $\wedge$ $y\equiv s(v)$ $\wedge$ $\hat{f}(x\ y)\equiv pair(q\ r)$ $\wedge$ $r\equiv 0$ $\wedge$ $q\equiv s(z)$ $\wedge$ $cdr(f(u\ y))\equiv v$ $\wedge$
$lt(cdr(f(u\ y))\ y)\equiv T\ \langle H2\rangle$
$$\to\ plus(times(z\ y)\ v)\equiv plus(times(car(f(u\ y))\ y)\ cdr(f(u\ y)))\ \langle Z1\rangle]\ ,$$

ψ_8:
$[x\equiv s(u)$ $\wedge$ $y\equiv s(v)$ $\wedge$ $f(x\ y)\equiv pair(q\ r)$ $\wedge$ $r\equiv 0$ $\wedge$ $q\equiv s(z)$ $\wedge$ $\neg cdr(f(u\ y))\equiv v$
$\wedge$ $lt(cdr(f(u\ y))\ y)\equiv T\ \langle H2\rangle$
$$\to\ plus(times(z\ y)\ v)\equiv plus(times(car(f(u\ y))\ y)\ cdr(f(u\ y)))\ \langle Z1\rangle]\ .$$

Aus ψ_7 entsteht dann durch Anwendung der Substitutionsregel mit der neuen Bedingung (ersetze v in Z1 durch den Term cdr(...)) die Formel

[x≡s(u) ∧ y≡s(v) ∧ f(x y)≡pair(q r) ∧ r≡0 ∧ q≡s(z) ∧ cdr(f(u y))≡v ∧
lt(cdr(f(u y)) y)≡T ⟨H2⟩
→ plus(times(z y) cdr(f(u y)))≡plus(times(car(f(u y)) y) cdr(f(u y))) ⟨Z1⟩]

und daraus durch zweimaliges Anwenden der Extraktionsregel für Funktionsausdrücke

[x≡s(u) ∧ y≡s(v) ∧ f(x y)≡pair(q r) ∧ r≡0 ∧ q≡s(z) ∧ cdr(f(u y))≡v ∧
lt(cdr(f(u y)) y)≡T ⟨H2⟩ → z≡car(f(u y)) ⟨Z1⟩] .

Das Zielliteral wird mit Hilfe der Implikationenregel und dem Injektivitäts-
axiom für den Konstruktor s ersetzt durch das Literal s(z)≡s(car(f(u y))) .
Anschließend entsteht durch Anwendung der Extraktionsregel für die
Gleichheit mit der Bedingung q≡s(z) die Formel

[x≡s(u) ∧ y≡s(v) ∧ f(x y)≡pair(q r) ∧ r≡0 ∧ cdr(f(u y))≡v ∧
lt(cdr(f(u y)) y)≡T ⟨H2⟩ → q≡s(car(f(u y))) ⟨Z1⟩] .

Wie im Falle der Induktionsbasis erhält man nun durch Erweiterung der
Formel um die Tautologie 0≡0 und anschließende Extraktion mit der Bedingung r≡0 :

[x≡s(u) ∧ y≡s(v) ∧ f(x y)≡pair(q r) ∧ cdr(f(u y))≡v ∧
lt(cdr(f(u y)) y)≡T ⟨H2⟩ → [q≡s(car(f(u y))) ∧ r≡0]] .

Konstruktorenregel und Elimination der Hypothese H2 erzeugen daraus
schließlich die Definitionsformel

∀x,y,u,v:nat
[x≡s(u) ∧ y≡s(v) ∧ cdr(f(u y))≡v → f(x y)≡pair(s(car(f(u y))) 0)] .

Aus ψ_8 kann keine Definitionsformel abgeleitet werden. Es ist jedoch noch
eine Definitionsformel mit der zusätzlichen Bedingung ¬cdr(f(u y))≡v zu
erzeugen.
Der nächste Aufsetzpunkt ist die Formel ψ_4 , die, anstatt nun als Restformel geschlossen zu werden, erweitert um die zusätzliche Bedingung
¬cdr(f(u y))≡v , weiter transformiert werden muß.

ψ'_4:

[x≡s(u) ∧ y≡s(v) ∧ f(x y)≡pair(q r) ∧ r≡s(w) ∧ ¬cdr(f(u y))≡v ∧
plus(times(car(f(u y)) y) cdr(f(u y)))≡u ⟨H1⟩ ∧ lt(cdr(f(u y)) y)≡T ⟨H2⟩
→ s(plus(times(q y) w))≡x ⟨Z1⟩] .

Die Substitutionsregel ersetzt die Variable x in Z1 durch den Term s(u) ,
und durch Anwenden der Extraktionsregel für Funktionsausdrücke entsteht
dann die Formel

[x≡s(u) ∧ y≡s(v) ∧ f(x y)≡pair(q r) ∧ r≡s(w) ∧ ¬cdr(f(u y))≡v ∧
plus(times(car(f(u y)) y) cdr(f(u y)))≡u ⟨H1⟩ ∧ lt(cdr(f(u y)) y)≡T ⟨H2⟩
→ plus(times(q y) w)≡u ⟨Z1⟩] .

Die Extraktionsregel für die Gleichheit liefert

[x≡s(u) ∧ y≡s(v) ∧ f(x y)≡pair(q r) ∧ r≡s(w) ∧ ¬cdr(f(u y))≡v ∧
lt(cdr(f(u y)) y)≡T ⟨H2⟩
→ plus(times(car(f(u y)) y) cdr(f(u y)))≡plus(times(q y) w) ⟨Z1⟩] .

Mit der erweiterten Extraktionsregel für Funktionsausdrücke entsteht daraus zunächst

[x≡s(u) ∧ y≡s(v) ∧ f(x y)≡pair(q r) ∧ r≡s(w) ∧ ¬cdr(f(u y))≡v ∧
lt(cdr(f(u y)) y)≡T ⟨H2⟩
→ times(car(f(u y)) y)≡times(q y) ∧ cdr(f(u y))≡w] ,

eine erneute Anwendung dieser Regel liefert:

[x≡s(u) ∧ y≡s(v) ∧ f(x y)≡pair(q r) ∧ r≡s(w) ∧ ¬cdr(f(u y))≡v ∧
lt(cdr(f(u y)) y)≡T ⟨H2⟩ → [car(f(u y))≡q ∧ cdr(f(u y))≡w]] .

Das Literal cdr(...)≡w wird mit Implikationenregel und Injektivitätsaxiom
für s in s(cdr(...))≡s(w) überführt.
Mit der Extraktionsregel für die Gleichheit entsteht dann die Formel

[x≡s(u) ∧ y≡s(v) ∧ f(x y)≡pair(q r) ∧ ¬cdr(f(u y))≡v ∧
lt(cdr(f(u y)) y)≡T ⟨H2⟩   →   [car(f(u y))≡q ∧ s(cdr(f(u y)))≡r]] .

Die Konstruktorenregel, gefolgt von der Elimination der Hypothese H2 , liefert schließlich die Definitionsformel

∀x,y,u,v:nat
[x≡s(u) ∧ y≡s(v) ∧ ¬cdr(f(u y))≡v
                          →   f(x y)≡pair(car(f(u y)) s(cdr(f(u y))))] .

Damit konnte aus der Spezifikation

∀x,y:nat
[¬y≡0 → [plus(times(car(f(x y)) y) cdr(f(x y)))≡x ∧ lt(cdr(f(x y)) y)≡T]]

folgendes Programm zur Berechnung von f synthetisiert werden:

DEF$_f$ = { ∀x,y:nat [y≡0 → f(x y)≡pair(0 0)] ,

       ∀x,y,v:nat [x≡0 ∧ y≡s(v) → f(x y)≡pair(x 0)] ,

       ∀x,y,u,v:nat
       [x≡s(u) ∧ y≡s(v) ∧ cdr(f(u y))≡v → f(x y)≡pair(s(car(f(u y))) 0)] ,

       ∀x,y,u,v:nat
       [x≡s(u) ∧ y≡s(v) ∧ ¬cdr(f(u y))≡v
                          →   f(x y)≡pair(car(f(u y)) s(cdr(f(u y))))] } .

DEF$_f$ berechnet für zwei natürliche Zahlen x und y den ganzzahligen Quotienten (car(f(x y))) , sowie den Rest (cdr(f(x y))) .

Bei der Synthese dieses Programms sind folgende Restformeln entstanden:

$REM_f = \{$

$\forall x,y,v,w,q,r{:}nat$
$[x{\equiv}0 \;\wedge\; y{\equiv}s(v) \;\wedge\; f(x\ y){\equiv}pair(q\ r) \;\wedge\; r{\equiv}s(w) \;\rightarrow\; plus(times(q\ y)\ r){\equiv}x]\;,$

$\forall x,y,v{:}nat$
$[x{\equiv}0 \;\wedge\; y{\equiv}s(v) \;\rightarrow\; lt(cdr(f(x\ y))\ y){\equiv}T]\;,$

$\forall x,y,u,v{:}nat$
$[x{\equiv}s(u) \;\wedge\; y{\equiv}s(v) \;\wedge\; plus(times(car(f(u\ y))\ y)\ cdr(f(u\ y))){\equiv}u \;\wedge$
$lt(cdr(f(u\ y))\ y){\equiv}T \;\rightarrow\; lt(cdr(f(x\ y))\ y){\equiv}T]\;,$

$\forall x,y,u,v,r,q{:}nat$
$[x{\equiv}s(u) \;\wedge\; y{\equiv}s(v) \;\wedge\; f(x\ y){\equiv}pair(q\ r) \;\wedge\; r{\equiv}0 \;\wedge\; q{\equiv}0 \;\wedge$
$plus(times(car(f(u\ y))\ y)\ cdr(f(u\ y))){\equiv}u \;\wedge\; lt(cdr(f(u\ y))\ y){\equiv}T \;\rightarrow\; 0{\equiv}x]\;,$

$\forall x,y,u,v,q,r,z{:}nat$
$[x{\equiv}s(u) \;\wedge\; y{\equiv}s(v) \;\wedge\; f(x\ y){\equiv}pair(q\ r) \;\wedge\; r{\equiv}0 \;\wedge\; q{\equiv}s(z) \;\wedge$
$\neg cdr(f(u\ y)){\equiv}v \;\wedge\; lt(cdr(f(u\ y))\ y){\equiv}T$
$\qquad \rightarrow\; plus(times(z\ y)\ v){\equiv}plus(times(car(f(u\ y))\ y)\ cdr(f(u\ y)))]\;\}\;.$

Die erste, vierte und fünfte Restformel sind sehr leicht zu zeigen: Unter Verwendung der entsprechenden Definitionsformel aus DEF_f kann jeweils die Prämisse falsifiziert werden.
Die zweite Restformel folgt sofort aus der zweiten Definitionsformel für f, sowie dem zweiten Definitionsaxiom der Funktion lt.

Zum Beweis der dritten Restformel wird zunächst unterschieden: Für den Fall, daß zusätzlich die Bedingung $cdr(f(u\ y)){\equiv}v$ erfüllt ist, folgt die Behauptung sofort aus der dritten Definitionsformel für f und dem entsprechenden Axiom aus DEF_{lt}.

Für den Fall $\neg cdr(f(u\ y)){\equiv}v$ erhält man nach einer Generalisierung (Elimination der Bedingung $plus(\ldots){\equiv}u$) und symbolischer Auswertung des Terms $f(x\ y)$ die Formel:

$\forall$x,y,u,v:nat

[x$\equiv$s(u) $\wedge$ y$\equiv$s(v) $\wedge$ lt(cdr(f(u y)) y)$\equiv$T $\wedge$ $\neg$cdr(f(u y))$\equiv$v

$$\rightarrow \quad lt(s(cdr(f(u\ y)))\ y)\equiv T] \ .$$

Sie wird an den Induktionsbeweiser gegeben, dessen Generalisierungskomponente entsprechenden Strategien folgend den mehrfach auftretenden Subterm cdr(f(x y)) durch eine neue Variable z ersetzt (vgl. [Hummel 87] und [Hummel 90]).

Wird zusätzlich für s(v) die Variable y eingesetzt, so entsteht schließlich folgende Formel

$\forall$z,v:nat

[lt(z s(v))$\equiv$T $\wedge$ $\neg$z$\equiv$v $\rightarrow$ lt(s(z) s(v))$\equiv$T] ,

die das System durch Induktion über z und v beweist.

Nun sind alle Restformeln gezeigt und damit schließlich auch die Existenzaussage

$\forall$x,y:nat $\exists$p:pair

[$\neg$y$\equiv$0 $\rightarrow$ [plus(times(car(p) y) cdr(p))$\equiv$x $\wedge$ lt(cdr(p) y)$\equiv$T]] .

■

10. Schlußbemerkungen

Zusammenfassung.
In dieser Arbeit ist eine Methode vorgestellt worden, mit der Induktionsbeweise von Existenzaussagen automatisch geführt werden können. Sie beruht auf der Synthese von konstruktiven Definitionen für Skolemfunktionen.
Die synthetisierten Funktionsdefinitionen werden als rekursive Programme formuliert, so daß diese Beweismethode zugleich ein deduktives Programmsyntheseverfahren darstellt.
Basierend auf dieser Methode wurde ein System entwickelt, das vollautomatisch rekursive Programme erzeugt. Es arbeitet mit einer statischen 4-Phasen-Strategie, die den Transformationsprozeß grob vorschreibt. Sie garantiert, daß die synthetisierten Programme korrekt sind bzgl. ihrer Spezifikation, vorausgesetzt, die zusätzlich erzeugten Verifikationsbedingungen können bewiesen werden.
Zahlreiche Heuristiken steuern die Anwendung der Transformationsregeln innerhalb der einzelnen Phasen und sorgen dafür, daß in vielen Fällen auch der kürzeste Lösungsweg gefunden wird.

Implementierung und Leistungsdaten.
Das Synthesesystem wurde in den Induktionsbeweiser INKA integriert und dient dort als Systemkomponente zum vollautomatischen Beweis von Existenzaussagen. Damit ist dieses Beweissystem, im Gegensatz zu demjenigen von Boyer und Moore, in der Lage, Existenzaussagen ohne jegliche Benutzerunterstützung zu beweisen.
Die Leistungsfähigkeit des gegenwärtig implementierten Systems ermöglicht die automatische Synthese von Programmen der Art, wie sie in den zahlreichen Beispielen der Arbeit beschrieben worden sind. Dazu gehören Programme zur Berechnung einfacher arithmetischer Funktionen ebenso, wie die in der Programmsynthese-Literatur immer wieder zitierten "Standard"-Beispiele "Synthese einer Sortierfunktion" und "Synthese von ganzzahligem Quotient und Rest".
Besonders zu erwähnen ist der Vollständigkeitsbeweis eines Entscheidungsverfahrens für aussagenlogische Formeln durch die automatische Synthese der falsify-Funktion (vgl. Abschnitt 9.1). Dieses Beispiel dokumentiert den

hier verfolgten Ansatz in zweierlei Hinsicht besonders gut: Zum einen zeigt
es die Leistungsfähigkeit des Systems bezüglich der Synthese komplexerer
Programme: zum anderen demonstriert es, wie dem ausschließlich an Existenzbeweisen interessierten Benutzer geholfen wird:
Es nimmt ihm die lästige Arbeit der Definition von Hilfsfunktionen ab, an
denen er im Grunde gar nicht interessiert ist, ohne die er aber bei der Verwendung eines automatischen Induktionsbeweisers sonst nicht auskommt.
Das Synthesesystem ist in Common Lisp auf einer Symbolics 3640 und einer
µVax II Workstation implementiert. Seine Größe beträgt 250 KByte, es umfaßt ca. 4000 Zeilen Lisp-Code. Zur Berechnung des umfangreichen Beispiels aus Abschnitt 9.1 (Synthese der falsify-Funktion) benötigt das System
auf der Symbolics 3640 etwa eine Minute Rechenzeit.

Grenzen des Ansatzes.
Als Rekursionsordnung für die zu synthetisierenden Programme läßt das
gegenwärtig implementierte System nur die strukturelle Ordnung zu. Diese
Einschränkung ist jedoch nicht prinzipieller Natur: Werden in den Funktionsdefinitionen der zugrundeliegenden Axiomenmenge Rekursionsordnungen verwendet, die von der strukturellen verschieden sind, so können diese
Ordnungen auch für die zu synthetisierenden Programme übernommen
werden.
Im Gegensatz zu dem von Manna und Waldinger vorgeschlagenen Ansatz
zur deduktiven Programmsynthese sieht das hier beschriebene Verfahren
keinerlei Möglichkeit vor, *Hilfsfunktionen* einzuführen. Das bedeutet, daß
beispielsweise für folgende Spezifikation der Sortierfunktion aus Abschnitt
9.3

$$\forall x{:}\text{list } \exists y{:}\text{list } [\text{perm}(x\ y) \wedge \text{ord}(y)]$$

keine Lösung gefunden werden kann. Im Verlauf der Transformation wird
dann nämlich eine Formel

$$x{\equiv}\text{mklist}(u\ v) \wedge \ldots \rightarrow f(v){\equiv}\text{delete}(u\ f(x))$$

erzeugt, aus der mit den dort zur Verfügung stehenden Axiomen keine Definitionsformel abgeleitet werden kann. Mit dem Verfahren von Manna und
Waldinger dagegen, kann in einer solchen Situation eine Hilfsfunktion g

synthetisiert werden, die durch entsprechendes Einfügen von u in die Liste
f(v) eine Lösung des Problems liefert (vgl. [Traugott 86]).

Deduktives Planen.

Die Analogie zwischen deduktiver Programmsynthese und deduktivem Planen formuliert Bibel wie folgt:

> *... the plan generation problem appears to be very much*
> *of the same nature except that the actions to be carried*
> *out by the plan (resp. program)   are actions in the*
> *environment rather than in the computer.*

(vgl. [Bibel 86]). In [Bibel 86] und [Bibel et al. 89] beschreibt er ein deduk-
tives Plangenerierungsverfahren, das nach dem Paradigma der deduktiven
Programmsynthese arbeitet. Aus einem (speziellen) Existenzbeweis einer
Planspezifikationsformel wird schließlich ein ausführbarer Plan extrahiert.
Auf ähnliche Weise verwenden auch Manna und Waldinger ihr Programm-
syntheseverfahren zum Planen. Sie benutzen einen speziellen Situationskal-
kül (vgl. [Manna/Waldinger 86]) und modifizieren ihr Verfahren in einer
Weise, die auch die Synthese vom imperativen Programmen, bzw. Plänen,
zuläßt (vgl. [Manna/Waldinger 87]).
Wir beschreiben in [Biundo 90], wie auch unser Verfahren zur deduktiven
Plankonstruktion eingesetzt werden kann. Planspezifikationen werden als
Existenzaussagen in einem Situationskalkül, so wie er von Kowalski in [Ko-
walski 79] vorgeschlagen worden ist, formuliert. Strategie und Heuristiken
des Systems müssen etwas modifiziert werden, um den speziellen Anforde-
rungen der Plangenerierung gerecht zu werden. Insbesondere ist eine Methode unverzichtbar, die das Einführen von Hilfsfunktionen, bzw. von Teil-
plänen, erlaubt.
So modifiziert kann das Verfahren also auch zur Lösung von Planungspro-
blemen eingesetzt werden. Im Gegensatz zu anderen Planungsverfahren erlaubt es, wie auch das Verfahren von Manna und Waldinger, die Erzeugung
von rekursiven Plänen (vgl. [Biundo 90]).

Literatur

[Aubin 76]   Aubin R.
Mechanizing Structural Induction.
Ph.D. Dissertation, University of Edinburgh (1976)

[Aubin 79a]   Aubin R.
Mechanizing Structural Induction Part I: Formal System.
Theoretical Computer Science Vol. 9 (1979)

[Aubin 79b]   Aubin R.
Mechanizing Structural Induction Part II: Strategies.
Theoretical Computer Science Vol. 9 (1979)

[Bergmann/Noll 77]   Bergmann E. und Noll H.
Mathematische Logik mit Informatik-Anwendungen.
Springer Verlag (1977)

[Beth 59]   Beth E. W.
The Foundations of Mathematics. Amsterdam (1959)

[Bibel 80]   Bibel W.
Syntax-Directed, Semantics-Supported Program Synthesis.
Artificial Intelligence Vol. 14 No 3 (1980)

[Bibel 86]   Bibel W.
A Deductive Solution for Plan Generation.
New Generation Computing Vol. 4 (1986)

[Bibel/Hörnig 84]   Bibel W. und Hörnig K. M.
LOPS - A System Based on a Strategical Approach to Program Synthesis.
in: Automatic Program Construction Techniques. A. Biermann, G. Guiho
und Y. Kodratoff (Ed.), Macmillan Publishing Company (1984)

[Bibel et al 89]   Bibel W., L. Farinas del Cerro, B. Fronhöfer und
A. Herzig *Plan Generation by Linear Proofs: On Semantics.*
Proc. of the German Workshop on Artificial Intelligence, Eringerfeld,
1989, Springer Informatik-Fachberichte Vol. 216 (1989)

[Biermann 85]   Biermann A. W.
Automatic Programming: A Tutorial on Formal Methodologies.
Journal of Symbolic Computation Vol. 1 No 2 (1985)

[Biundo 87]   Biundo S.
A Synthesis System Mechanizing Proofs by Induction.
in: Advances in Artificial Intelligence - II. B. Du Boulay, D. Hogg und
L. Steels (Ed.), North Holland (1987)

[Biundo 88]   Biundo S.
Automated Synthesis of Recursive Algorithms as a Theorem Proving Tool.
Proc. of the 8th European Conference on Artificial Intelligence, München,
1988, Pitman Publishing, London (1988)

[Biundo 90]   Biundo S.
Plan Generation Using a Method of Deductive Program Synthesis.
Research Report RR-90-09, Deutsches Forschungszentrum für Künstliche
Intelligenz, Saarbrücken (1990)

[Biundo/Zboray 84]   Biundo S. und Zboray F.
Automated Induction Proofs Using Methods of Program Synthesis.
Computers and Artificial Intelligence 3, No 6 (1984)

[Biundo et al. 86] Biundo S., Hummel B., Hutter D. und Walther C.
The Karlsruhe Induction Theorem Proving System.
Proc. of the 8th International Conference on Automated Deduction, Oxford,
1986, Lecture Notes in Computer Science, Vol. 230 Springer (1986)

[Boyer/Moore 79]   Boyer R. S. und Moore J S.
A Computational Logic. Academic Press (1979)

[Boyer/Moore 88]   Boyer R. S. und Moore J S.
A Computational Logic Handbook. Academic Press, Boston (1988)

[Brotz 74]   Brotz D.
Proving Theorems by Mathematical Induction.
Ph.D. Thesis, Computer Science Department, Stanford University, Stanford
(1974)

[Burstall 69]   Burstall R. M.
Proving Properties of Programs by Structural Induction.
Computer Journal Vol. 12 No 1 (1969)

[Cartwright 76]   Cartwright R.
*A Practical Formal Semantic Definition and Verification System for Typed
LISP.* Ph.D. Thesis, Stanford University, Stanford (1976)

[Chang/Lee 73]   Chang C.-L. und Lee, R. C.
Symbolic Logic and Mechanical Theorem Proving.
Computer Science and Applied Mathematics Series. Rheinboldt W. (Ed.),
Academic Press, New York (1973)

[Cohn 81]   Cohn P. M.
Universal Algebra. D. Reidel Publishing Company (1981)

[Davis 57]   Davis M.
A Computer Program for Pressburger's Procedure.
Summaries of Talks presented at the Summer Institute for Symbolic Logic
(1957) auch in: [Siekmann/Wrightson 83]

[Ebbinghaus 79]   Ebbinghaus H.-D.
Einführung in die Mengenlehre.
Wissenschaftliche Buchgesellschaft, Darmstadt (1979)

[Ebbinghaus et al 78]   Ebbinghaus H.-D., Flum J. und Thomas W.
Einführung in die mathematische Logik.
Wissenschaftliche Buchgesellschaft, Darmstadt (1978)

[Franova 84]   Franova M.
CM-Strategy-Driven Deductions for Automatic Programming.
in: Advances in Artificial Intelligence - I. T. O'Shea (Ed.), North Holland,
(1984)

[Franova 88]   Franova M.
*Fundamentals of a New Methodology for Program Synthesis from formal
Specifications: CM-Construction of Atomic Formulae.*
These, Universite de Paris-Sud, Orsay (1988)

[Goad 80]   Goad C. A.
Computational Uses of the Manipulation of Formal Proofs.
Ph.D. Thesis, Stanford University (1980)

[Goguen 80]   Goguen J. A.
*How to Prove Algebraic Inductive Hypotheses Without Induction, With
Applications to the Correctness of Data Type Implementation.*
Proc. of the 5th International Conference on Automated Deduction, Les
Arcs, 1980, Lecture Notes in Computer Science Vol. 87 Springer (1980)

[Goguen et al. 78]   Goguen J. A., Thatcher J. W. und Wagner E. G.
*An Initial Algebra Approach to the Specification, Correctness, and Imple-
mentation of Abstract Data Types.*
in: Current Trends in Programming Methodology. R. T. Yeh (Ed.), Pren-
tice Hall (1978)

[Hoare 75]   Hoare C. A. R.
Recursive Data Structures.
International Journal of Computer and Information Science Vol. 4 (1975)

[Hsiang 83]   Hsiang J.
Topics in Automated Theorem Proving and Program Generation.
Ph.D. Thesis, University of Illinois, Urbana (1983)

[Huet/Hullot 80]   Huet G. und Hullot J. M.
Proofs by Induction in Equational Theories with Constructors. 21st IEEE
Annual Symposium on Foundations of Computer Science, Syracuse (1980)

[Huet/Oppen 80]   Huet G. und Oppen, D. C.
Equations and Rewrite Rules A Survey.
in: Formal Language Theory: Perspectives and Open Problems. R. Book
(Ed.), Academic Press (1980)

[Hummel 87]   Hummel B.
*An Investigation of Formula Generalization Heuristics for Induction
Proofs.* Interner Bericht Nr. 6, Universität Karlsruhe (1987)

[Hummel 90]   Hummel B.
*Generierung von Induktionsformeln und Generalisierung beim automati-
schen Beweisen mit vollständiger Induktion.*
Dissertation, Universität Karlsruhe (1990)

[Hutter 86]   Hutter D.
Using Resolution and Paramodulation for Inductive Proofs.
Proc. of the German Workshop on Artificial Intelligence, Zwettl, 1986,
Springer Informatik-Fachberichte Vol. 124 (1986)

[Hutter 90]   Hutter D.
Guiding Induction Proofs. Proc. of the 10th International Conference on
Automated Deduction, Kaiserslautern, 1990, Lecture Notes in Computer
Science Vol. 449, Springer (1990)

[JAR 89]   Journal of Automated Reasoning
Special Issue on System Verification Vol. 5 No 4 (1989)

[Kapur/Musser 87]   Kapur D. und Musser D. R.
Proof by Consistency. Artificial Intelligence Vol. 32 No 2 (1987)

[Kowalski 79]   Kowalski R.
Logic for Problem Solving. North Holland Publishing Company (1979)

[Loveland 78]   Loveland D. W.
Automated Theorem Proving: A Logical Basis.
North Holland Publishing Company (1978)

[Manna et al. 73]   Manna Z., Ness S. und Vuillemin J.
Inductive Methods for Proving Properties of Programs.
Communications of the ACM Vol. 16 No 8 (1973)

[Manna/Waldinger 79]   Manna Z. und Waldinger R.
Synthesis: Dreams ⇒ Programs
IEEE Transactions on Software Engineering Vol. SE-5 No 4 (1979)

[Manna/Waldinger 80]   Manna Z. und Waldinger R.
A Deductive Approach to Program Synthesis.
ACM Transactions on Programming Languages and Systems Vol. 2 No 1
(1980)

[Manna/Waldinger 83]   Manna Z. und Waldinger R.
Deductive Synthesis of the Unification Algorithm.
in: Computer Program Synthesis Methodologies. A. W. Biermann und
G. Guiho (Ed.), D. Reidel Publishing Company (1983)

[Manna/Waldinger 85]   Manna Z. und Waldinger R.
The Origin of the Binary-Search Paradigm.
Proc. of the 9th International Joint Conference on Artificial Intelligence,
Los Angeles (1985)

[Manna/Waldinger 86]   Manna Z. und Waldinger R.
How to Clear a Block: Plan Formation in Situational Logic.
Proc. of the 8th International Conference on Automated Deduction, Oxford
1986, Lecture Notes in Computer Science Vol. 230 Springer (1986)

[Manna/Waldinger 87]   Manna Z. und Waldinger R.
The Deductive Synthesis of Imperative LISP Programs.
Proc. of the 6th National Conference on Artificial Intelligence, Seattle
(1987)

[Nilsson 82]   Nilsson N. J.
Principles of Artificial Intelligence. Springer, Berlin (1982)

[Reynolds/Yeh 76]   Reynolds C. und Yeh R. T.
Induction as the Basis for Program Verification.
IEEE Transactions on Software Engineering Vol. SE-2 No 4 (1976)

[Russinoff 85]   Russinoff D. M.
An Experiment with the Boyer-Moore Theorem Prover: A Proof of Wilson's Theorem. Journal of Automated Reasoning Vol.1 No 2 (1985)

[SFB 87]   Sonderforschungsbereich 314
Arbeits- und Ergebnisbericht für die Jahre 1985-1986-1987
Universität Karlsruhe (1987)

[SFB 90]   Sonderforschungsbereich 314
Arbeits- und Ergebnisbericht für die Jahre 1988-1989-1990
Universität Karlsruhe (1990)

[Shankar 86]   Shankar N.
Proof Checking Metamathematics. University of Texas at Austin (1986)

[Siekmann/Wrightson 83]   Siekmann J. H. und Wrightson G. (Ed.)
Automation of Reasoning 1. Springer, Berlin (1983)

[Steele 84]   Steele G. L.
Common Lisp - The Language. Digital Press (1984)

[Traugott 86]   Traugott J.
Deductive Synthesis of Sorting Programs.
Proc. of the 8th International Conference on Automated Deduction, Oxford, 1986, Lecture Notes in Computer Science Vol. 230 Springer (1986)

[Walther 87]   Walther C.
A Many-Sorted Calculus Based on Resolution and Paramodulation.
Research Notes in Artificial Intelligence, Pitman, London, and Morgan Kaufmann Publ., Los Altos, California (1987)

[Walther 88]   Walther C.
Beweisen durch vollständige Induktion.
Kursunterlagen für die 6. Frühjahrsschule Künstliche Intelligenz, Günne
(1988)

[Walther 90]   Walther C.
Automatisierung von Terminierungsbeweisen.
Reihe "Künstliche Intelligenz", Vieweg Verlag Braunschweig (1990) .

Anhang A

Sorten

Sei S eine nicht leere Menge von *Sortensymbolen*.

Für eine nicht leere Menge M bezeichnet M^* die Menge aller endlichen Folgen von Elementen aus M, einschließlich der leeren Folge ε.
$M^+ = M^* \setminus \{\varepsilon\}$.
Für eine S-indizierte Familie von Mengen $M=(M_s)_{s \in S}$ und ein $w \in S^*$ mit $w = s_1 \ldots s_n$ bezeichnet M_w die Menge aller endlichen Folgen $m_1 \ldots m_n \in M^*$ mit $m_i \in M_{s_i}$ für $1 \leq i \leq n$.
Für $w = \varepsilon$ ist $M_w = \{\varepsilon\}$.

Eine Abbildung $\mu: M \to N$ mit $M=(M_s)_{s \in S}$ und $N=(N_s)_{s \in S}$ heißt *sortenerhaltend* (Schreibweise: $\mu: M \to_S N$) gdw. $\mu(M_s) \subset N_s$ für jedes $s \in S$.
Eine sortenerhaltende Abbildung $\mu: M \to_S N$ kann für $w \in S^*$ zu einer Abbildung $\mu: M_w \to_S N_w$ erweitert werden, gemäß:
$\mu(\varepsilon) = \varepsilon$ und $\mu(m_1 \ldots m_k) = \mu(m_1) \ldots \mu(m_k)$ für $w = s_1 \ldots s_k$ und $m_1 \ldots m_k \in M_w$.

Stellen

Um formal mit den Subtermen eines Terms umgehen zu können und einen Zugriff auf Terme in Formeln zu haben, definieren wir zunächst den Begriff der *Stelle* (engl. *occurrence*), wie in [Huet/Oppen 80], als eine endliche Folge natürlicher Zahlen, die einen Zugriffspfad in einem Term darstellt.
Anschließend erweitern wir diesen Begriff auf Zugriffspfade in prädikatenlogischen Formeln.
Sei N^+ die Menge aller endlichen Folgen von natürlichen Zahlen, ε die

leere Folge und . die Konkatenation auf Folgen. Die Elemente aus N^+ heißen *Stellen* und werden mit m, n etc. bezeichnet.

Für einen Σ-Term $t \in T(\Sigma,V)$ sind die Stellen $O(t)$ in t eine endliche Teilmenge von N^+ , gemäß:

(1) $\varepsilon \in O(t)$

(2) Für $s \in S$, $w \in S^*$, $g \in \Sigma_{w,s}$ und $t^* \in T(\Sigma,V)_w$ mit $t^* = t_1 \ldots t_n$ ist

   $i.m \in O(gt^*)$, falls $1 \leq i \leq n$ und $m \in O(t_i)$.

Für $n \in O(t)$ definieren wir den Subterm an der Stelle n in t (geschrieben t/n) wie folgt:

(1) $t/\varepsilon = t$

(2) $gt_1 \ldots t_n \, / \, i.m = t_i \, / \, m$, falls $1 \leq i \leq n$ und $m \in O(t_i)$.

Wir erweitern Stellen in naheliegender Weise auf Zugriffspfade in Formeln:

Für eine Σ-Formel $\varphi \in F(\Sigma,V)$ sind die Stellen $O(\varphi)$ in φ definiert gemäß:

(1) Für zwei Σ-Terme $q,r \in T(\Sigma,V)_w$, $w \in S^*$ ist

   $i.m \in O(q \equiv r)$, falls $\quad$ i=1 und $m \in O(q)$ oder

   $\qquad\qquad\qquad\qquad\qquad$ i=2 und $m \in O(r)$

(2) Für zwei Σ-Formeln $\varphi,\psi \in F(\Sigma,V)$ ist

   $i.m \in O([\varphi \wedge \psi])$, falls $\quad$ i=1 und $m \in O(\varphi)$ oder

   $\qquad\qquad\qquad\qquad\qquad$ i=2 und $m \in O(\psi)$

(3) Für $\varphi \in F(\Sigma,V)$, $s \in S$ und $x \in V_s$ ist

   $i.m \in O(\forall x{:}s \, \varphi)$ gdw. $i.m \in O(\varphi)$

(4) Für $\varphi \in F(\Sigma,V)$ ist $m \in O(\neg\varphi)$ gdw. $m \in O(\varphi)$

Analog ist der Term an der Stelle n in φ (geschrieben: φ/n) wie folgt definiert:

(1) $q \equiv r \, / \, i.m = q/m$, falls i=1 und $m \in O(q)$

   $q \equiv r \, / \, i.m = r/m$, falls i=2 und $m \in O(r)$

(2) $[\varphi \wedge \psi] \, / \, i.m = \varphi/m$, falls i=1 und $m \in O(\varphi)$

   $[\varphi \wedge \psi] \, / \, i.m = \psi/m$, falls i=2 und $m \in O(\psi)$

(3) $\forall x{:}s \, \varphi \, / \, n = \varphi/n$

(4) $\neg\varphi/n = \varphi/n$.

$\varphi[\![m,t]\!]$ bezeichnet eine Formel $\varphi \in F(\Sigma,V)$, für die gilt:

der Term $t \in T(\Sigma,V)$ tritt in φ an der Stelle m auf, d.h. es ist

$m \in O(\varphi)$ und $\varphi/m = t$.

Wir schreiben $\varphi[\![t]\!]$ für eine Σ-Formel φ , in der t auftritt; d.h. es gibt mindestens ein $m \in O(\varphi)$ mit $\varphi/m = t$.

∎

Ordnungsrelationen

Seien $A=(A_s)_{s \in S}$ eine S-indizierte Familie von Mengen und $w \in S^*$.

Eine Relation $R \subset A_w \times A_w$ heißt *irreflexiv* gdw. $(a^*,a^*) \notin R$ für alle $a^* \in A_w$.

R ist *transitiv* gdw. für alle $a^*,b^*,c^* \in A_w$ gilt:

Wenn $(a^*,b^*) \in R$ und $(b^*,c^*) \in R$, dann ist auch $(a^*,c^*) \in R$.

R ist eine *Ordnungsrelation* gdw. R irreflexiv und transitiv ist.

Seien R eine Ordnungsrelation auf A_w und $B_w \subset A_w$.

Dann ist $b^*_0 \in B_w$ *R-minimal* in B_w gdw. $(b^*,b^*_0) \notin R$ für alle $b^* \in B_w$.

R erfüllt die *Minimalbedingung* gdw. jede nicht leere Teilmenge von A_w (mindestens) ein R-minimales Element besitzt.

Eine Ordnungsrelation R heißt *fundierte Ordnungsrelation* gdw. R die Minimalbedingung erfüllt. ∎

Anhang B

B.1 Zeichenerklärung

$\setminus$ steht für die Mengendifferenz.

N bezeichnet die Menge der natürlichen Zahlen.

Eine Indexmenge I ist eine endliche, nichtleere Teilmenge von N.

Für eine Menge M bezeichnet **P**(M) die Potenzmenge von M.

■ kennzeichnet das Ende einer Definition, eines Beweises oder eines Beispiels.

□ kennzeichnet das Ende eines Teilbeweises.

gdw. steht für genau dann wenn.

B.2 Verzeichnis der Symbole und Abkürzungen

Band 256: W. Pillmann, A. Jaeschke (Hrsg.), Informatik für den Umweltschutz. 5. Symposium, Wien, September 1990. Proceedings. XV, 864 Seiten. 1990.

Band 257: A. Reuter (Hrsg.), GI–20. Jahrestagung I. Stuttgart, Oktober 1990. Proceedings. XVIII, 602 Seiten. 1990.

Band 258: A. Reuter (Hrsg.), GI–20. Jahrestagung II. Stuttgart, Oktober 1990. Proceedings. XVIII, 602 Seiten. 1990.

Band 259: H.-J. Friemel, G. Müller-Schönberger, A. Schütt (Hrsg.), Forum '90 Wissenschaft und Technik. Trier, Oktober 1990. Proceedings. XI, 532 Seiten. 1990.

Band 260: B. J. Frommherz, Ein Roboteraktionsplanungssystem. XI, 134 Seiten. 1990.

Band 261: W. Zimmermann, Automatische Komplexitätsanalyse funktionaler Programme. VII, 194 Seiten. 1990.

Band 262: W. Gerth, P. Baacke (Hrsg.), PEARL 90 - Workshop über Realzeitsysteme. 11. Fachtagung, Boppard, November 1990. Proceedings. X, 187 Seiten. 1990.

Band 263: H. Eckhardt, Entwurfstransaktionen für modulare Objektsysteme. VIII, 144 Seiten. 1990.

Band 264: T. Härder, H. Wedekind, G. Zimmermann (Hrsg.), Entwurf und Betrieb verteilter Systeme. Fachtagung, Dagstuhl, September 1990. Proceedings. XII, 283 Seiten. 1990.

Band 265: U. Herrmann, Mehrbenutzerkontrolle in Nicht-Standard-Datenbanksystemen. VIII, 183 Seiten. 1991.

Band 266: R. Cunis, A. Günter, H. Strecker (Hrsg.), Das PLAKON-Buch. VIII, 279 Seiten. 1991

Band 267: W. Effelsberg, H. W. Meuer, G. Müller (Hrsg.), Kommunikation in verteilten Systemen. GI/ITG-Fachtagung, Mannheim, Februar 1991. Proceedings. X, 589 Seiten. 1991.

Band 268: J. Raczkowsky, Multisensordatenverarbeitung in der Robotik. X, 168 Seiten. 1991.

Band 269: G. Hommel (Hrsg.), Prozeßrechensysteme '91. Berlin, Februar 1991. Proceedings. XIV, 449 Seiten. 1991.

Band 270: H.-J. Appelrath (Hrsg.), Datenbanksysteme in Büro, Technik und Wissenschaft. GI-Fachtagung, Kaiserslautern, März 1991. Proceedings. XIII, 507 Seiten. 1991.

Band 271: A. Pfitzmann, E. Raubold (Hrsg.), VIS '91, Verläßliche Informationssysteme. GI-Fachtagung, Darmstadt, März 1991. Proceedings. VIII, 355 Seiten. 1991.

Band 272: R. Grebe, C. Ziemann, Parallele Datenverarbeitung mit dem Transputer. Aachen, September 1990. Proceedings. X, 300 Seiten 1991.

Band 273: M. Timm (Hrsg.), Requirements Engineering '91. VIII, 208 Seiten. 1991.

Band 274: R. Denzer, H. Hagen, K.-H. Kutschke (Hrsg.), Visualisierung von Umweltdaten. Workshop, Rostock, November 1990. Proceedings. VII, 97 Seiten. 1991.

Band 275: D. P. F. Möller, O. Richter (Hrsg.), Analyse dynamischer Systeme in Medizin, Biologie und Ökologie. Bad Münster, April 1990. Proceedings. XI, 258 Seiten. 1991.

Band 276: H. Maurer (Hrsg.), Hypertext/Hypermedia '91. Tagung der GI, SI und OCG, Graz, Mai 1991. Proceedings. VIII, 299 Seiten. 1991.

Band 277: U. Borgolte, Flexible, realzeitfähige Kollisionsvermeidung in Mehrroboter-Systemen. XIII, 105 Seiten. 1991.

Band 278: H. W. Meuer (Hrsg.), SUPERCOMPUTER '91. Proceedings. VIII, 266 Seiten. 1991.

Band 279: G. Schwichtenberg (Hrsg.), Organisation und Betrieb von Informationssystemen. 9. GI – Fachgespräch über Rechenzentren, Dortmund, März 1991. Proceedings. IX, 337 Seiten. 1991.

Band 280: B. Westfechtel, Revisions- und Konsistenzkontrolle in einer integrierten Softwareentwicklungsumgebung. X, 321 Seiten. 1991.

Band 281: W. Emde, Modellbildung, Wissensrevision und Wissensrepräsentation im Maschinellen Lernen. XI, 204 Seiten. 1991.

Band 282: P. Buchholz, Die strukturierte Analyse Markovscher Modelle. VII, 192 Seiten 1991.

Band 283: M. Dal Cin, W. Hohl (Hrsg.), Fault-Tolerant Computing Systems. 5th International GI/ITG/GMA Conference, Nürnberg, September 1991. Proceedings. XII, 425 Seiten. 1991.

Band 284: R. Stadler, Ausführbare Spezifikation von Directory-Systemen in einer logischen Sprache. X, 142 Seiten. 1991.

Band 285: T. Christaller (Hrsg.), GWAI-91. 15. Fachtagung für Künstliche Intelligenz, Bonn, September 1991. IX, 273 Seiten. 1991.

Band 286: A. Lehmann, F. Lehmann (Hrsg.), Messung, Modellierung und Bewertung von Rechensystemen. 6. GI/ITG-Fachtagung, Neubiberg, September 1991. Proceedings. VIII, 338 Seiten. 1991.

Band 287: H. Kaindl (Hrsg.), 7. Österreichische Artificial-Intelligence-Tagung, Wien, September 1991. Proceedings. VIII, 180 Seiten. 1991.

Band 288: G. Helm, Symbolische und konnektionistische Modelle der menschlichen Informationsverarbeitung. X, 161 Seiten. 1991.

Band 289: N. Fuhr (Hrsg.), Information Retrieval. GI/GMD-Workshop, Darmstadt, Juni 1991. Proceedings. VII, 162 Seiten. 1991.

Band 290: B. Radig (Hrsg.), Mustererkennung 1991. 13. DAGM-Symposium, München, Oktober 1991. Proceedings. XVIII, 584 Seiten. 1991.

Band 291: W. Brauer, D. Hernández (Hrsg.) Verteilte künstliche Intelligenz und kooperatives Arbeiten. 4. Internationaler GI-Kongreß, München, Oktober 1991. Proceedings. IX, 546 Seiten. 1991.

Band 292: P. Gorny (Hrsg.), Informatik und Schule 1991. GI-Fachtagung, Oldenburg, Oktober 1991. Proceedings. IX, 335 Seiten. 1991.

Band 293: J. Encarnação (Hrsg.) Telekommunikation und multimediale Anwendungen der Informatik. GI-21. Jahrestagung, Darmstadt, Oktober 1991. Proceedings. XII, 710 Seiten. 1991.

Band 294: R. Möller (Hrsg.), 2. Workshop Sichtsysteme. Bremen, November 1991. Proceedings, 1991. VII, 118 Seiten. 1991.

Band 295: W. A. Halang (Hrsg.), PEARL 91 – Workshop über Realzeitsysteme. 12. Fachtagung, Boppard, November 1991. Proceedings, 1991. X, 197 Seiten. 1991.

Band 296: M. Hälker, A. Jaeschke (Hrsg.), Informatik für den Umweltschutz – Computer Science for Environmental Protection. 6. Symposium, München, Dezember 1991. Proceedings. XX, 657 Seiten. 1991.

Band 297: Th. Ruf, Featurebasierte Integration von CAD/CAM – Systemen. XVII, 314 Seiten. 1991.

Band 298: A. Kemper, Zuverlässigkeit und Leistungsfähigkeit objekt-orientierter Datenbanksysteme. VIII, 207 Seiten. 1992.

Band 299: P. Baumann, Software-Bewertung. VIII, 106 Seiten. 1992.

Band 300: M. Mohnhaupt, Prinzipien piktorieller Repräsentationssysteme. XVI, 186 Seiten. 1992.

Band 301: O. Günther, H. Kuhn, R. Mayer-Föll, F. J. Radermacher (Hrsg.), Konzeption und Einsatz von Umweltinformationssystemen. Proceedings. X, 494 Seiten. 1992.

Band 302: S. Biundo, Automatische Synthese rekursiver Programme als Beweisverfahren. VIII, 259 Seiten. 1992.

Band 303: R. Studer (Hrsg.), Informationssysteme und Künstliche Intelligenz: Modellierung. 2. Workshop, Ulm, Februar 1992. Proceedings. VII, 168 Seiten. 1992.

Band 306: D. Krönig, M. Lang (Hrsg.), Physik und Informatik – Informatik und Physik. Arbeitsgespräch, München, November 1991. Proceedings. XIII, 326 Seiten. 1992.

Band 307: G. Klose, E. Lang, Th. Pirlein (Hrsg.), Ontologie und Axiomatik der Wissensbasis von LILOG. X, 255 Seiten. 1992.